LIEFDE IN KLEUR

BOLU BABALOLA

Liefde in kleur

Vertaald door Dennis Keesmaat
en Lara Visser

UITGEVERIJ ORLANDO | OXFAM NOVIB

Oorspronkelijke titel *Love in Colour*
Oorspronkelijke uitgever Headline Publishing Group, Londen

Omslagontwerp Caroline Young / Headline Publishing Group
Bewerkt door Mariska Cock

Uitgave in samenwerking met Oxfam Novib
Zetwerk Pre Press Media Groep
ISBN 978 90 8317140 1
NUR 302

www.uitgeverijorlando.nl

MIX
Papier van verantwoorde herkomst
FSC® C004472

Voor mijn ouders, die me leerden wat liefde is
Voor mijn God, die liefde is
Voor mijn grote liefde

INHOUD

NIEUWE VERHALEN

VOORWOORD

Zeggen dat ik van 'liefde' houd zou waarschijnlijk hetzelfde zijn als zeggen dat ik gek ben op het inademen van zuurstof. Liefde is het prisma waardoor ik naar de wereld kijk. Ik geloof oprecht dat liefde ons verbindt en onze drijfveer is. Dit is geen naïeve ontkenning van de donkere kant van de wereld, maar eerder een weigering me te laten verteren door verwoesting, verschrikkingen of liefdesverdriet. Het is de bevestiging van de wetenschap dat er licht is. Liefde is dat licht. Romantiek verzacht de terloopse verbittering waarmee we te maken kunnen krijgen; ze verheft het alledaagse en maakt het aardse bovenaards. In werkelijkheid duurt het misschien een paar milliseconden voordat twee paar lippen elkaar vinden, maar het voelt alsof de tijd voor onbepaalde tijd is uitgerekt; je wordt getransponeerd naar een andere wereld, je éígen wereld, waarin alleen jij en het object van je affectie bestaan. Je wordt je heel erg bewust van je lichaam en ziel, het zet je met beide benen op de grond en het tilt je op. Liefde verrijkt de wereld waarin we leven.

Ik heb de eer en het voorrecht gehad om in dit boek te onderzoeken hoe er in een veelheid van culturen over de hele wereld uitdrukking is gegeven aan de kracht van liefde. Ik bewijs eer aan het weefsel van elk origineel verhaal, terwijl ik ze ook aanpas aan een nieuwe, moderne tijd. Hierdoor hoopte ik te achterhalen wat deze verhalen ons kunnen leren over onszelf en over de liefde. Het was mijn persoonlijke missie om te benadrukken dat liefde en affectie vele prachtige aspecten hebben, die zowel universeel als diep persoonlijk zijn, en net zo genuanceerd, divers en gecompliceerd als de mensheid zelf.

Liefde is teder, onzeker, meedogenloos en schaamteloos. Het is chaotisch en magisch. Het kan het meest angstaanjagende ter wereld zijn, alleen omdat het voelt als veiligheid, en die veiligheid is afhankelijk van het totale vertrouwen in de ander, met wie we ons hart delen, aan wie we onszelf blootgeven en ons ware gezicht laten zien. Maar als we onszelf overgeven aan dat vertrouwen, kunnen we een gevoel van vrijheid verwerven, een glorieus gevoel.

Dit boek gaat over gezien worden in al je verschijningsvormen, in elke dynamiek, helder en in kleur. Het gaat over de vreugde en hoop die gepaard gaan met de viering van dat fenomeen. Ik hoop dat dit boek je vreugde brengt.

Veel liefs,
Bolu Babalola

Ọṣun

Ọṣun was eraan gewend dat mensen naar haar keken. Vol ontzag, wellustig en nieuwsgierig. Ze voelde instinctief dat mensen hun blik over haar lichaam lieten gaan en zoveel mogelijk informatie probeerden te halen uit haar figuur. Uit haar kin die een beetje naar voren stak, haar armen en benen die slank en atletisch waren, en haar brede, wiegende heupen die zo'n natuurlijke vrouwelijkheid uitstraalden dat die met geen mogelijkheid te bedwingen was. Voor sommigen had het een onweerstaanbare aantrekkingskracht, voor anderen was het een uiting van kracht, iets waar ze vrees en ontzag voor moesten hebben. Als wedstrijdzwemster aan de Ifá Academie vloog ze met een natuurlijke verleidelijkheid door de lucht voordat ze het water indook. Haar prijswinnende ledematen vlogen majestueus door het chloorwater, alsof het de zee was en zijzelf de stroming, de energie en de zwaartekracht van de maan ineen. Ze transformeerde het zwembad in een zonovergoten meer. Hoewel ze zich met een vlijmscherpe snelheid voortbewoog, wist ze haar bovennatuurlijke gave er terloops uit te laten zien. Het was achteloze grootsheid. Ze duwde en trok alsof ze kracht putte uit het water. Toeschouwers kregen dikwijls het idee dat het water louter bestond om haar voort te drijven.

Ọṣun was eraan gewend een spektakel te zijn, dat mensen

vol bewondering naar haar keken en zoveel mogelijk over haar te weten probeerden te komen op basis van wat ze zagen. En daarom verstopte ze zich zo goed als ze kon en hield ze zoveel mogelijk van zichzelf voor zichzelf. Zwemmen was heilig voor haar, het was alleen jammer dat er publiek bij aanwezig moest zijn. Tijdens wedstrijden sloeg ze geen acht op het geschreeuw vanaf de tribune of de overbodige opmerkingen van haar coach (de coach was slechts decoratie, een symbool dat de macht van de school over Ọṣuns triomfen representeerde, alsof Ọṣun toen ze drie jaar oud was niet een droog bassin in een meer had veranderd door erin te dansen). Tijdens die wedstrijden focuste ze op het geluid van het water dat tegen haar huid sloeg, als een hand tegen het strakgespannen vel van een *dundun*. Haar zwemmen werd een dans op het ritme dat ze creëerde met het water. Bij iedere heupdraai sneed een hand door het water totdat ze niet langer een lichaam tussen lichamen was in een kunstmatige waterbak, betegeld en steriel. Nee, zij was hét lichaam, het enige lichaam, vibrerend en zwaar ademend. Tegen de tijd dat de muziek stopte, was ze over de finishlijn, alleen. Het enige wat zij zagen was een geweldige atlete, alleen zíj wist dat ze een danseres was.

Ọṣun was eraan gewend dat er naar haar werd gekeken en dat te negeren. De meeste mensen zouden zeggen dat wanneer ze in het water keken ze zichzelf zagen, maar eigenlijk zagen ze hun reflectie: licht dat werd teruggekaatst. Een reflectie was slechts het water dat een ongewenste indringing afstootte. Water was genereus, maar het wilde vooral met rust gelaten worden. Kom er maar in als je wilt, drink als je wilt, maar staar er niet in zonder je er verder mee in te laten. Maar wanneer Ọṣun naar de golven keek, zag ze eigenlijk zichzelf. Haar haar was zacht, donker en golvend, met dikke vlechten die als een enorme vloed opbolden rond haar gezicht. Ze had diepliggende, opvallende ogen die een klein beetje schuin naar binnen stonden, alsof ze te zwaar waren om recht te blijven staan. Ze droegen een te zware last, ze droegen het hele universum, en waren even onpeilbaar als de oceaan. Haar huid was zo diep en glad als een groot meer, waarvan het glinsterende oppervlak een onpeilbare diepte onder zich herbergde, een hele wereld. Het water wenkte haar alsof ze familie was. Ze was hooggeboren, ondoorgrondelijk, onbereikbaar en ontembaar. Men kon van haar genieten, maar haar nooit bezitten. Men kon haar ervaren, maar niet vangen.

Maar Ọṣun voelde zich gevangen door de blik die nu op haar was gericht. Hij was allesverslindend en drong door tot in haar huid. Ze voelde dat het deel van haar dat ze het diepst had weggestopt zich roerde en naar de oppervlakte werd getrokken. Ze wist niet wat de bron was, maar ze voelde het. Tijdens de viering van het Ojude Oba Festival op de academie zat ze met een handjevol mensen die zichzelf als haar vrienden beschouwden op een groot kleed van dierenhuid palmwijn te drinken uit halve kokosnoten. Haar lippen glommen van de olie van de gefrituurde zoete broodjes terwijl ze naar de festiviteiten keek. De lucht was zwanger van gelach, muziek, de geur van gebakken banaan, geroosterd vlees en gekruide rijst. Zwarte paarden gehuld in kleurrijk leer wiegden heen en weer, hun manen ingevlochten met rode, gele en groene linten, en werden de parade in geleid door de jockeys van de academie, die goed pasten bij de pracht en praal van hun paarden met hun felgekleurde, loshangende *agbada* en *fila*. Ze lieten hun paarden elegant en bekwaam ingewikkelde figuren uitvoeren, ondanks hun zware, logge kostuums. Dunduns voerden luidruchtige gesprekken met elkaar, georkestreerd door de Tellers, de vermaarde drummersgroep van de academie, die met hun muziek de geschiedenis vertelden en vastlegden. Ze verspreidden nieuws, zorgden voor vermaak en daagden mensen uit met hun schertsende teksten. Ze hadden blote, glimmende bovenlijven en hun armen waren gespannen terwijl ze op het dierenvel sloegen en klopten met zowel hun hand als een stok, waarbij ze steeds noten afwisselden en iedere slag wisten om te zetten in een harmonie. Studenten dansten op het verhaal van de oorsprong van hun dorp, op liefdesverhalen die werden verteld door de cadans, ze lachten, draaiden met hun heupen en lieten met hun stampende voeten rood stof opwaaien. Ze vereerden de goden en godinnen die hun voorgangers waren, zij die tot de hoogste hoogten waren opgestegen. Dwars door al dit vertier heen voelde Ọṣun die blik op haar huid branden, waardoor haar hart sneller ging kloppen en samenviel met het ritme van de trommels.

De reden waarom Ọṣun niet wist wie er naar haar keek was deels van praktische aard. Ze kon zich niet omdraaien om te kijken. Haar nek zat vastgepind onder de stevige, gespierde arm van Ṣàngó, voorzitter van de studentenraad van de Ifá Academie, aanvoerder van de sporters (van alle sporten), aanvoerder van de meisjesversierders (van alle meisjes), wiens charme even vurig was als zijn opvliegendheid en wiens grijze ogen afhankelijk van zijn stemming oplichtten of donker werden. Het was algemeen bekend dat Ọṣun de enige was binnen de academie en het hele district die hem kon kalmeren wanneer hij bulderde dat iemand geen respect had getoond of zijn aangeboren autoriteit in twijfel had getrokken.

Ọṣun was de enige die Ṣàngó's ogen van dichtbij zag veranderen van leigrijs naar zilverkleurig. Ze kon zo een broeierig gevecht in lopen, waarbij de menigte voor haar uiteenweek, een hand om zijn gespannen kaak leggen en naar hem opkijken. Moorddadig vuur veranderde dan in een verliefde vlam en woedende ademstoten in een zachtjes deinende ademhaling. Dan pakte ze zijn hand en leidde hem uit zijn eigen chaos. Al die meisjes van Ṣàngó deden er niet toe, want Ọṣun wist dat zij meer was dan al die meisjes bij elkaar. Ze waren slechts mindere verschijningsvormen van haar. Er was een goedlachs meisje dat een paar blokken van Ṣàngó af woonde en met wie hij graag tijd doorbracht. Ọṣun vond het niet erg. Ze wist dat wanneer zij lachte – wat zelden gebeurde, maar het kwam voor – haar lach stralend was en net zo intens als de zon als ze op haar hoogst stond. Het kon de mensen om haar heen tot zo'n euforie brengen dat wanneer dat gelukzalige gevoel weer wegebde, het leek alsof ze neerstortten in de diepte van alle wanhoop ter wereld. Ọṣun wist niet wat er zou gebeuren als ze lachte. Dat wist ze nooit. Dan was er het meisje dat bij Ọṣun in de sterrenkundeklas zat. Ṣàngó bezocht haar vaak na festiviteiten, wanneer de palmwijn hem losser had gemaakt. Ze was het soort meisje dat zich gedroeg alsof ze vanaf haar geboorte niet had gedronken en wier dorst alleen kon worden gestild door Ṣàngó's zweet op haar tong. Ook dat vond Ọṣun niet erg. Ze wist dat wanneer zij en Ṣàngó samen waren, hij in haar verdronk, stierf en weer tot leven kwam, en dat wanneer hun heupen samen op en neer bewogen, ze stormachtige golven veroorzaakten, almachtige, opwindende, angstaanjagende golven.

Ze wist dat ze naar honing en likeur smaakte en dat ze hem zowel verzadigd als onverzadigbaar achterliet, dronken en geheel onderworpen aan haar grillen. Ọṣun wist dat ze alles had wat Ṣàngó's hart begeerde, en meer nog. Ze wist ook dat juist dat 'meer' hem angst aanjoeg. Het teveel tergde hem. Ze wist dat wanneer je alles hebt wat je hart begeert, je je soms afvraagt wat je zelf eigenlijk waard bent. Ṣàngó kon niet goed omgaan met zijn onzekerheden. Hij vroeg zich liever niet af of hij genoeg was voor haar teveel, dus hij moest een balans vinden met slappe aftreksels van haar. Dat vond ze allemaal prima, tot een week geleden, zes dagen voor het Ojude Oba Festival, op het feestje ter ere van de aardereis van haar zus Jemọja.

Het feest werd gehouden in hun dorp en Ọṣun was het omringende bos ingelopen om zich even terug te trekken. Ze bewonderde haar zus, die een jaar eerder was afgestudeerd, maar ze vond haar vaak dominant aanwezig. Als Jemọja lachte, klonk het als golven die stuksloegen tegen de kust, en Ọṣun voelde zich vaak als de steile, afbrokkelende klif waartegen de golven beukten. De twee zussen hadden hetzelfde gezicht dat in verschillende vormen was gegoten. Ọṣun vond haar zus een verfijndere versie van zichzelf. Jemọja was langer en sierlijker, terwijl Ọṣun kleiner was en meer rondingen had, waardoor ze niet voldeed aan het prototypische beeld van een atlete. Jemọja was een ervaren zeevrouw, die tijdens ontdekkingsreizen vaak vloten van dertig of veertig schepen aanvoerde. Ze had de wateren bedwongen, zodat ze nooit kopje-onder hoefde te gaan. Ọṣun voelde zich zwak omdat zij het nodig had de golven tegen haar huid te voelen. Jemọja maakte zichtbaar waaraan het bij Ọṣun ontbrak, en hoewel Ọṣun van haar zus hield en haar zus ook van haar, kon ze er niets aan doen dat ze zich in vergelijking met haar minderwaardig voelde. De mensen hingen aan Jemọja's lippen en Ọṣun zag hoe ze haar woorden gebruikten om zichzelf spiritueel te verheffen en hoe ze gecharmeerd waren en zich gesterkt voelden door Jemọja's aanwezigheid. Toen ze dat zag, had Ọṣun geprobeerd een gesprek aan te knopen op het feest, in een moedige poging het charisma van haar zus te evenaren, maar ze merkte dat wanneer ze mensen aansprak, ze aandachtig keken naar haar bewegende lippen en dat ze met hun ogen volgden hoe haar mond woorden vormde in plaats van dat ze luisterden. Dus liet Ọṣun de drukte van het feest achter zich en maakte een wandeling door het bos, met als eindbestemming de rivier, een plek waar ze zich vredig voelde. Het kwam als een verrassing toen ze door de bosjes bij de rivierbedding de brede, gespierde schouders van Ṣàngó zag, die nog geen halfuur daarvoor een stevige arm om Ọṣuns middel had geslagen, haar tegen zich aan had getrokken en gefluisterd had dat zij zijn grote liefde was en dat hij het vervelend vond dat hij aandacht aan anderen moest schenken, terwijl hij alleen maar bij haar wilde zijn, maar dat hij met een paar van zijn mannen meer bier moest gaan halen bij de verkoper. En nu lag die arm om iemand anders heen. Door takken die leken terug te deinzen van schaamte zag Ọṣun dat Ṣàngó's nek gebogen was terwijl hij iets fluisterde in het oor van die Iemand Anders voordat hij er een kus op drukte.

Toen zei hij iets harder: 'Ọṣun houdt niet van dansen. Ik mis het dansen. Dans met me.'

Ṣàngó verplaatste zich een beetje en onthulde Oba, zijn voormalige geliefde, uit het pre-Ọṣun-tijdperk. Haar babyronde ogen waren zacht en dom, ze had een mooi klein bloemvormig mondje en haar middel bewoog met soepele, respectvolle eerbied terwijl Ṣàngó haar riep met zijn heupen en stotende bewegingen maakte op de maat van de trommels in de verte. De manier waarop ze haar middel bewoog was beleefd en bescheiden, technisch gezien ritmisch, maar zonder hartstocht. Zelfs tijdens het dansen boog ze voor Ṣàngó. Ọṣun rolde met haar ogen. Dit was waar Ọṣun moeite mee had. Ọba was zachtmoedig en irritant lief, een liefheid die Ọṣun klef vond. Ook nadat Ọṣun met succes Ṣàngó's aandacht had getrokken, was Ọba aardig tegen haar geweest en had ze benadrukt dat ze geen vijandigheid koesterde en dat ze alleen maar wilde dat Ṣàngó gelukkig was. Ọṣun had dit buitengewoon belachelijk gevonden en zou meer respect voor het meisje hebben gehad als ze bloedwraak had gezworen en haar als een strijdster recht in haar gezicht had gezegd dat ze hem niet zou laten gaan. Maar het was niet Ọba's betrokkenheid bij deze situatie die Ọṣun zo hard raakte dat ze bijna achteroverviel. Het waren Ṣàngó's woorden. Hij loog. Ọṣun was gek op dansen. Zij en Jemọja dansten elke avond bij zonsondergang op het strand, waarbij tromgeroffel opsteeg uit de oceaan en hun gelach samensmolt met het gebulder van de branding. Ọṣun danste iedere keer wanneer ze in het water was. Ze dacht dat Ṣàngó dat in ieder geval zag. Het enige wat haar ondanks alles aan Ṣàngó bond was dat hij haar zág. Ze zagen elkaar. Soms, niet vaak, maar soms wanneer ze samen was met Ṣàngó voelde ze zich bijna net zoals wanneer ze in het water was. Nu besefte ze dat dat een illusie was. Soms, wanneer je genoeg honger hebt, kun je de smaak van zoet brood oproepen in je mond. Maar het maakt je nog hongeriger en je maag voelt nog leger. En soms weet je niet hoe verstoken van eten je bent, totdat het te laat is.

Na een tijdje zag Ọba Ọṣun tussen de takken door en ze

verstijfde. Ṣàngó volgde Ọba's blik en zag Ọṣun ook, waarop zijn ogen paniekerig begonnen te knipperen en een bliksemschicht over zijn gezicht vormden. Ọṣun zag zijn ogen veranderen van zilverkleurig naar leigrijs. Hij deed een stap in haar richting, maar Ọṣun stak haar hand op. Ọba leek medelijden te hebben met Ọṣun, wat haar misselijk maakte. Dus lachte ze: breeduit, stralend, oogverblindend en angstaanjagend. Het liet Ṣàngó de regenwolken aanroepen en de hemel kleurde grijs. Het gaf Ọba het gevoel dat ze kopjeonder ging in de rivier achter haar en ze geen adem kon halen, niets kon zien en niet kon praten. Toen draaide Ọṣun zich om en keerde terug naar het feest, alsof er niets was gebeurd. Sinds die dag voelde het voor Ọba alsof het oor waarin Ṣàngó had gefluisterd verstopt zat met water. Wat ze ook probeerde, ze kreeg het er niet uit. Kruidendokters konden het niet oplossen, priesters waren er bang voor. Het voelde voorgoed alsof ze half was ondergedompeld in de rivier. Sinds die dag was Ṣàngó te bang om ooit nog met Ọba te praten en durfde hij ook zijn andere meisjes niet langer te bezoeken. Om redenen die Ọṣun aan niemand wilde toegeven, niet eens aan zichzelf, bleef ze bij hem. Ṣàngó vroeg Ọṣun nog steeds nooit ten dans.

Hij praatte nu met zijn jongens, terwijl de palmwijn uit zijn beker gutste. Ọṣun rolde met haar ogen. Ṣàngó stond graag in het middelpunt van de belangstelling en trakteerde zijn publiek op verhalen over sporttoernooien en de plekken die hij had bezocht en geprobeerd te overwinnen toen hij hogerop kwam binnen de academie. Zijn publiek lachte op afroep, als een koor in een lied van vraag en antwoord, en kon alleen maar kruiperige blijdschap laten zien toen Ṣàngó vertelde hoe een marktman ooit had geweigerd hem een mantel van leeuwenhuid te verkopen. De man had tegen hem gezegd dat de mantel alleen was bedoeld voor mannen van eer, en dat hij in Ṣàngó niet genoeg eer zag om deze aan hem te kunnen verkopen.

'Ik zei tegen hem dat ik ooit over hem zou heersen. Die ouwe gek zei dat hij dat wist. Hij zei dat hij hoopte dat ik genoeg eer zou verwerven om de leeuwenhuid te kunnen kopen en dat mijn rug er breed genoeg voor zou worden. Kun je het je voorstellen? Dat zei hij tegen mij! Ik, die een os op mijn rug kan dragen! Twee ossen! Ik dacht dat hij een grapje maakte.' Ṣàngó spuugde op de grond terwijl zijn ogen donkerder dan leigrijs werden bij de herinnering. 'Dus ik lachte hem in zijn gezicht uit.'

Ṣàngó's boze gelach ging gepaard met donder, en na de donder kwam de bliksem.

'Het enige probleem was dat de leeuwenhuid daarna onder de asvlekken zat. Gekleurd met het bloed van een idioot.'

Zijn publiek barstte uit in spottend gebrul. Ọṣun werd misselijk.

Ze schudde Ṣàngó's arm van haar nek en deed alsof ze de veelkleurige kralen die om haar hals hingen weer netjes op hun plaats bracht. Het gevoel dat ze werd bekeken werd sterker. Ze draaide zich om en tussen de verhitte, dansende lichamen door zag ze een lange, lenige, gespierde figuur, leunend tegen een boom. Zijn armen leken op takken die met elkaar verstrengeld waren tot een boomstam, waardoor het bijna leek alsof hij de spot dreef met de kracht van de kinaboom. Hij at een roosappel, waarbij hij zijn witte tanden eerst in de schil en vervolgens in het vruchtvlees liet zinken, terwijl hij zijn speelse ogen onafgebroken op Ọṣun gericht hield. Zijn linkeroor glinsterde door het zilveren maantje dat in zijn oorlel gestoken was en dat goed paste bij de glinstering in zijn ogen. Het was anders dan het licht dat ze in Ṣàngó's ogen zag, dat karakteristiek was voor hem en zijn grillen. In Ṣàngó's ogen flitsten bliksemstralen als hij in de stemming was om in haar te verdrinken, maar hij vroeg nooit of hij haar in brand had gezet. De ogen van deze man riepen haar en drongen tot diep in haar door. Hij keek in haar ziel en boog niet. Hij had drie opvallende littekens aan de linkerkant van zijn gespierde borst, striemen waar ze het liefst meteen met haar vingers overheen wilde gaan. Hij glimlachte naar haar alsof hij dat wist.

Geschrokken draaide ze zich weer om. Ze kneep in de arm van haar zus, die naast haar zat, en trok haar uit het gesprek waarin ze verwikkeld was. Jemọja was Ọṣuns beste vriendin, en ook haar enige vriendin. Ze waren niet alleen bloedverwanten, maar ook met elkaar verbonden door water.

'Kijk langzaam achterom, alsof je iemand zoekt. Weet jij wie die nieuwe lange jongen is?'

Ọṣun zei 'jongen' om zichzelf te kalmeren en nog een beetje het gevoel te hebben dat ze controle had over deze man, die met zijn blik het deel van haar dat ze diep had weggestopt naar boven haalde en in volle glorie liet opbloeien.

Jemọja knipperde een paar keer met haar ogen, verbaasd dat Ọṣun het met haar had over dingen waarover normale zussen het met elkaar hadden. Jemọja's kleine zusje was uitzonderlijk mooi, en op een mooie manier uitzonderlijk vreemd. Toen ze ooit eens op een bankje naast het sportveld op school zaten en toekeken hoe Ṣàngó en zijn jongens een team van een ander district versloegen, had Ọṣun een wazige blik in haar ogen gekregen en gezegd: 'Wist je dat onweer niet altijd gepaard gaat met regen? Dat is jammer, want de rivieren horen de donder en zien de bliksem en verwachten gevuld te worden, maar komen bedrogen uit. Droge onweersbuien zijn alleen maar opscheppers. Ze jagen vogels schrik aan en branden bomen plat terwijl de rivier zucht. Ze vergeten dat de rivier de wolken laat ontstaan waaruit onweersbuien worden gevormd.' Ze hield haar ogen onafgebroken op het sportveld gericht terwijl ze sprak. Vlak daarna scoorde Ṣàngó het winnende doelpunt.

Jemọja begreep bijna nooit waar Ọṣun het over had. Ze knikte en glimlachte vaak wanneer Ọṣun dit soort dingen uitkraamde, omdat ze wist dat welke reactie dan ook een schaduw van ongeduld zou veroorzaken in Ọṣuns ogen en ervoor zou zorgen dat ze zich snel weer zou terugtrekken wanneer haar intelligente gevoeligheid niet werd beantwoord. Jemọja hoorde bij de oceaan, terwijl Ọṣun bij de rivier hoorde, maar Jemọja was aards, praktisch, verbonden met de dingen van deze wereld, verbonden met de niet-gezalfde volkeren, zodat ze zich in hen kon inleven en over hen kon moederen. Haar jongere zus was vrij om verbonden te blijven met de hemelen en haar psyche buiten deze wereld te laten verblijven. Jemọja was de wortel en Ọṣun was de bloesem, die altijd naar de hemel reikte. En dus deed Jemọja alsof ze begreep waar Ọṣun het over had en deed Ọṣun alsof ze begrepen werd. Het was een aardig gebaar naar elkaar toe, waar ze allebei profijt van hadden. Maar nu begreep Jemọja Ọṣun heel goed, en ze was blij. Ọṣun had meer nodig dan Ṣàngó. Ṣàngó wilde zich liever groter voelen met vrouwen die minder sterk waren dan Ọṣun in plaats van zich aan haar op te trekken. Jemọja deed wat haar gezegd werd: ze draaide zich achteloos om en toen ze zich weer tot Ọṣun wendde, lachte ze vrolijk.

‘Ah, dat is Erinle. Hij begint volgend jaar aan de academie. Hij heeft een plekje bemachtigd door de nationale competitie te winnen en is uitgenodigd voor dit festival om alvast kennis te maken.’ Ze hadden zich afgewend van Ṣàngó en zijn jongens. Niet dat het uitmaakte, want boven het geluid uit van hun eigen stemmen en het gegiechel van de meisjes om hen heen konden ze de zussen toch niet horen praten.

Ọṣun knikte en nam een slokje van haar palmwijn. Jemọja’s lach werd nog breder. Ọṣun dronk bijna nooit. ‘Waarmee heeft hij hier een plek verworven?’ Hun academie was zeer selectief, het was een trainingscampus voor de zeer begaafden. Sommigen werden toegelaten op basis van hun goddelijke afkomst, de zogenaamde hooggeborenen (zoals Ọṣun, Jemọja en Ṣàngó), anderen werden gescout vanwege hun bijzondere gave, waarover in alle districten krachtige en vaak mystieke verhalen rondgingen. Zij stonden bekend als de aardgeborenen en kwamen uit de gewortelde wereld.

‘Met jagen, lieverd,’ zei Jemọja, die ervan genoot haar zus liefkozend aan te spreken. Tot haar plezier gaf Ọṣun geen krimp.

Ọṣun knikte en schonk meer wijn uit een kalebas in hun bronzen bekers.

‘Dus hij is een aardgeborene.’

Jemọja haalde haar schouders op. ‘*Aburo mi*, dat zegt niets. Hier zijn we allemaal gelijk. Zij die zogenaamd hooggeboren zijn gedragen zich vaak alsof ze onder de grond geboren zijn.’ Jemọja wierp een schuine blik op de plek waar een aangeschoten Ṣàngó spottende opmerkingen zat te maken en Ọṣun probeerde haar lachen in te houden.

Jemọja praatte weer verder terwijl ze dichter naar Ọṣun toe schoof zodat hun schouders elkaar raakten. Als vreemden hen zouden zien, zouden ze waarschijnlijk aannemen dat ze altijd zo waren geweest, metgezellen, vertrouwelingen, zussen en vriendinnen, dat ze tussen elkaars knieën zaten en al roddelend elkaars haar vlochten.

'Hij is een meesterlijke boogschutter. En ook een meesterlijke boer. Ze zeggen dat hij met één enkele aanraking gewassen tot leven brengt. Hij is goed met zijn handen.' Ze wierp een veelbetekenende, speelse blik op Ọṣun en tot Jemọja's verbazing kon er zowaar een heel klein glimlachje af bij Ọṣun. Het gaf Jemọja het gevoel dat ze iets had gewonnen en ze voelde zich gesterkt om door te gaan. 'Ze zeggen dat de littekens op zijn borst een overblijfsel zijn van een gevecht met een leeuw. Ze zeggen dat de leeuw zijn hart wilde eten vanwege zijn kracht.'

Ọṣun nam een slokje van haar wijn. 'Of de leeuw wilde zijn hart eten omdat hij een leeuw was.'

Tot Ọṣuns verbazing liet Jemọja haar bulderende oceaanlach horen, hij borrelde spontaan uit haar op. Mensen moesten niet vaak om haar lachen. Had ze iets grappigs gezegd? Dat had ze dan niet doorgehad, maar ze vond het fijn dat er genoten werd van wat ze zei.

'Nou, Erinle won. Duidelijk. Zoals je kunt zien.' Ọṣun keek op en zag dat Erinle nu recht voor haar stond, in het midden van de binnenplaats, met een dundun tussen zijn strakke bovenlijf en arm geklemd, terwijl hij zich aansloot bij de muziek. Ze sloeg haar ogen neer en besefte dat hij om zijn middel een strook zandkleurige huid over zijn roestkleurige geweven gewaad droeg. Leeuwenhuid.

Erinle lachte terwijl hij de dundun liet zingen en moeiteloos meespeelde met de Tellers. De Tellers stonden erom bekend dat ze niet bepaald gastvrij waren voor nieuwkomers.

Het was een elitaire groep van ervaren muzikanten die afstamden van ervaren muzikanten. Maar ze namen hem helemaal op en Erinle paste niet alleen heel goed bij hen, maar maakte ze zelfs beter. Nu hij dichterbij was, kon ze hem beter bestuderen. Zijn huid was diep roodbruin: precies de kleur van de aarde bij de rivierbedding op haar favoriete zwemplek.

Kan ik je even spreken?

Ze hoorde een zachte, koele stem waarvan ze meteen wist dat hij van Erinle was, maar toch bewoog zijn mond niet. Hij keek haar doordringend aan. Ze verroerde zich niet. Ọṣun wist zeker dat hij gesproken had zonder te spreken.

Het lijkt erop dat je jezelf die eer al hebt gedaan, waagde Ọṣun te denken, spelend met de gedachte dat hij haar kon horen. Aan zijn breder wordende lach en het licht in zijn ogen was duidelijk te zien dat dat zo was.

Nee, ik klopte alleen even aan. Om te testen. Om te kijken. We weten allebei dat als je niet met me zou willen praten, ik hier niet zou zijn.

Ọṣun besefte dat de tijd stilstond. De rode aarde en het diepe groen van het bos smolten samen tot een dikke mist. Ṣàngó's gelach klonk alsof het vanonder water kwam en de warmte van haar zus was weggeëbd. Iedereen zag er wazig uit. Het festival voltrok zich in slow motion, alsof het een droom was. Plotseling stond ze vlak voor Erinle. Ze was zo dicht bij hem dat ze als ze dat wilde de verdikte huid van zijn littekens kon aanraken.

Ọṣun dwong zichzelf haar blik van zijn borst af te wenden en keek hem recht in de ogen. *Waarom zou ik jou in mijn hoofd willen? Ik ken je niet.*

Erinles blik liet Ọṣuns bloed kolken.

Ik ken je niet, maar je zat in mijn hoofd. Alleen niet op dezelfde manier. Niet in letterlijke zin.

Ọṣun probeerde haar nieuwsgierigheid te onderdrukken (ze was dit gevoel niet gewend, aangezien ze wat mannen te zeggen hadden zelden interessant vond), maar het was te sterk en er ontsnapte een vraag aan haar mond. *In welke zin dan?*

In de zin van een jongeman die zich verwondert over de vrouw die op een dag zijn hart zal bezitten.

Ọṣun bracht zichzelf ertoe met haar ogen te rollen en iets van afkeuring te laten blijken, ondanks het feit dat elke vezel in haar lichaam jubelde over het feit dat deze man zich niet bediende van de gebruikelijke oppervlakkige vleierijen. Deze aantrekkingskracht had niets te maken met hoe hij zich zou voelen als hij haar in zijn bezit had. Hij sprak duidelijk over de macht die ze over hem had en hij gaf geen krimp, hij zette zijn borst niet op om te overcompenseren.

En hoe weet je dat ik dat ben?

Erinle haalde nuchter zijn schouders op. *Hoe weten kraaien dat er een aardbeving aankomt?*

Ọṣun trok een wenkbrauw op. *Dus je voelde je eigen vernietiging aankomen?*

Enrinle lachte met glinsterende ogen. *Ik voelde dat mijn wereld zou verschuiven.*

Normaal gesproken had Ọṣun altijd een rustige hartslag, maar nu ging haar hart als een razende tekeer, wat een groot contrast vormde met de stilte om hen heen.

Hoewel Ọṣuns stem kraakhelder was, schraapte ze haar keel. *Is dit je kracht? Mensen uit de wereld halen en ze in hun eigen wereld ontmoeten?*

Erinle deed een stap in haar richting. *Het is jouw kracht. Jij riep me. Ik ben een aardgeborene: ik ben gezegend met mijn gaven. Maar ik heb gelezen dat dit soms kan gebeuren wanneer twee energieën iets in elkaar vinden waardoor ze tot elkaar aangetrokken worden.*

En wat aan jou zou mij moeten aantrekken? Afgezien van zijn lach, zijn warmte en het feit dat ze voelde dat ze zich voor hem openstelde. *Ik heb niemand nodig.*

Erinle lachte en knikte. *Daarvan ben ik me bewust. Het gaat niet om iemand nodig hebben, maar om verlangen naar iemand.*

Ọṣun slikte. *Waar ik naar verlang is weten waarom een vreemde jongen van veraf naar me staarde. Ik wil weten waardoor hij zichzelf verloor en zo vrijpostig was openlijk naar Ṣàngó's geliefde te kijken.*

Erinle haalde zijn schouders op. *Ik verloor mezelf niet, ik vond mezelf. Het doet er voor mij niet toe of je wel of niet Ṣàngó's geliefde bent. Je bent niet zijn bezit. Dat is een leugen waarin hij gelooft om zich beter te laten voelen over zichzelf. Ik keek niet naar Ṣàngó's geliefde, ik keek naar jou.*

Ọṣun zweeg even en keek naar hem. Ze voelde diep vanbinnen iets in zich opzwellen dat haar ertoe aanzette toe te geven aan haar neiging een vinger over de lijnen op zijn huid te laten gaan en de regels te overtreden die ze zelf had opgesteld, regels die niet toestonden dat iemand haar diepste verlangens kon zien. Terwijl ze de littekens aanraakte die waren achtergelaten door een jaloers beest, glinsterden de allang geheelde en dichtgegroeide wonden onder haar aanraking en gloeiden ze helder en amberkleurig op.

Erinle keek naar haar. De speelse blik in zijn ogen werd serieus terwijl hij zijn hand uitstak om haar kin op te tillen, zodat hij haar ongegeneerd recht in de ogen kon kijken.

Wat wil je, Ọṣun?

Ọṣun opende haar mond, maar de woorden bleven steken. Wat ze wilde? Ọṣun had al heel lang niets meer gewild. Ze was verplicht haar gaven te ontwikkelen, verplicht de academie te vertegenwoordigen, en in veel opzichten voelde ze zich verplicht samen te zijn met Ṣàngó, de hoogste van de hooggeborenen. Maar Ọṣun kon zich de laatste keer dat iemand haar vroeg wat zij eigenlijk wilde niet herinneren. Mensen raakten haar aan zonder haar verlangen geliefkoosd te worden te erkennen, ze namen haar zonder te beseffen dat ze er alleen maar naar hunkerde om vastgehouden te worden. Ze keken naar haar, maar zagen haar nooit.

Erinle keek haar doordringend aan, alsof hij haar 'meer' zag. Hij lachte en er stroomde zonlicht door haar heen.

Ọṣun, o, Ọṣun…

Ọṣun verstijfde. Zong hij? Zijn mond bewoog en hij leek een refrein in te zetten met haar naam terwijl hij op de trommel sloeg en haar strak bleef aankijken. De wereld nam zijn scherpe vormen weer aan en met een bijna pijnlijke helderheid stroomde het geluid weer in Ọṣuns oren, net op tijd om te horen dat Ṣàngó's gesprek abrupt stilviel.

'Sprak hij net je naam uit?' klonk Ṣàngó's stem vol ongeloof.

'Ja, dat deed hij,' antwoordde Jemọja zelfvoldaan vanaf de andere kant van Ọṣun, terwijl Ọṣun zichzelf dwong snel weer te wennen aan de wereld om haar heen. Haar gesprek met Erinle in de tijdelijke atmosfeer had niet langer dan een fractie van een seconde geduurd, maar haar hele lichaam voelde levendiger dan ooit, alles om haar heen leek levendiger en helderder. Ọṣun voelde dat er meer van haar was overgebracht naar de gewortelde wereld. Ze voelde over het algemeen meer van zichzelf.

Erinles gezang was een dappere daad. Niemand zong, behalve de Tellers. Als je wilde zingen moest je door hen gekozen worden of auditie voor ze doen voor een publiek. Niemand zong rechtstreeks voor een ander, tenzij het vrienden waren die elkaar plaagden, feliciteerden, of wanneer ze verkering kregen. Het ging om meer dan alleen een toon vasthouden: je moest ter plekke zelf een lied verzinnen, het mocht niet van tevoren gecomponeerd zijn. Zo wist je zeker dat het uit het hart kwam, en dat was een vereiste. Ṣàngó had nog nooit voor iemand gezongen. Hij was er trots op dat hij dat nooit hoefde te doen.

Ọṣun hoorde hoe Ṣàngó naast haar begon te bulderen en ze draaide zich naar hem toe terwijl ze haar blik zo onpeilbaar mogelijk maakte. 'Wees stil.'

Ṣàngó's kaak verstijfde, maar ze voelde het gebulder onmiddellijk afnemen. Of hij het nu leuk vond of niet, Ọṣun had zijn hart in haar handpalm. Hij was bang voor haar. Iedereen op het festival had zijn aandacht nu gericht op het spektakel en Erinles kleine, gebogen stok sloeg een ingewikkelde, delicate melodie die het beeld van Ọṣun leek op te roepen. Het kabbelde als de zachte stroming van een rivier, het klonk lief en krachtig en weelderig. Erinle liep langzaam naar haar toe met zijn trommel om zijn bovenlijf gehangen en net zo stevig onder zijn arm gedrukt als hij zijn ogen op haar gericht hield.

Ọṣun, mag ik je lenen,
Ik zal duizend leeuwen doden voor je bruidsschat,
Ik zal bergen beklimmen om de sterren te plukken voor je bruidsjuwelen,
De wolken slaan om ze te laten huilen zodat je rivieren altijd zullen overstromen.

Ọṣun lachte. Dat is wat ze wilde. Ze wilde lachen. Ze wilde alle delen van haar die ze wegstopte vrijlaten. Niet langer voldoen aan alle verwachtingen. Ze wilde zíjn. De mensen zaten met open mond te kijken. Niemand had haar ooit horen lachen. Ṣàngó had haar nooit horen lachen. Het klonk als vogelgezang en het gekabbel van een rivier. Erinle wenkte haar door haar recht in de ogen te kijken. Het timbre van zijn stem liet haar bloed kolken en de haartjes op haar huid recht overeind staan. Plotseling voelde het alsof ze werd opgetild, alsof ze zwom. Het tromgeroffel voelde als golven die tegen haar huid sloegen en haar wenkten als een verwante.

Recht je schouders, mijn koningin. Ik zou je het universum geven maar hoe
Kan ik je jezelf geven? Ik geef je mijn hart, sterk en oprecht,
Ik kan geen onweer oproepen, maar
Ik zal een bos voor je aanplanten, bloemen zaaien die zullen bloeien
In jouw aanwezigheid, fruit dat smaakt als jouw geur.

Het was de bedoeling dat het pikant was, dat waren deze liedjes meestal. Maar de manier waarop hij zong liet elektrische stromen door Ọṣuns lichaam lopen op een andere manier dan wanneer ze met Ṣàngó was. Deze stromen waren van haar afhankelijk. Het was alsof zijn energie vlam vatte door contact met haar. Ze moest ermee instemmen voordat het kon opvlammen.

Erinle stond nu vlak voor haar.

Ọṣun, o, Ọṣun,
Mijn tromgeroffel roept je heupen,
Geef je geen antwoord?
Geef je geen antwoord?
Je ziet eruit als een vrouw die van dansen houdt.

Ọṣun stond op en haar benen ontvouwden zich net zo gemakkelijk als de wolken voorbijdreven. Ze schonk geen aandacht aan Ṣàngó. Ze volgde Erinle naar het midden van de binnenplaats, wiegde met haar heupen op de maat van de muziek en zwaaide lachend met haar armen in de lucht terwijl Erinle diep vooroverboog met zijn trommel en op en neer ging terwijl zij bewoog, de roep van haar heupen beantwoordend. Er was donder, maar Erinles trommel steeg erbovenuit, vervlochten met Ọṣuns lach. Er was bliksem, maar die werd overschaduwd door Ọṣuns glimlach. Ọṣun was eraan gewend dat er naar haar werd gekeken, maar vanaf dat moment zou ze eraan gewend raken dat ze werd gezien.

Sjeherazade

Als ik ons verhaal wil vertellen, denk ik dat ik bij het begin moet beginnen. Zo hoort het, toch?

Er was eens, lang geleden... Alleen voelen jij en ik ons niet gebonden door het tijdelijke. Niet op een pretentieuze, mystieke manier, want dat is niets voor mij, maar heel fundamenteel: we waren nooit eenmalig en we waren nooit vastgepind aan een tijd.

Dat voelde ik, ook al zei ik tegen mezelf dat het slechts een kortstondige affaire was. Ik denk niet dat ik me een tijd zou kunnen voorstellen waarin ik hem niet kende – niet volledig, niet uitgebreid. Aanvankelijk dacht ik dat ik gewoon verder zou gaan, want dat is wat ik normaal gesproken deed, en ik was er goed in. Ik doe in het algemeen graag dingen waar ik goed in ben. Ik dacht dat er vanzelfsprekend een eind aan ons zou komen. Aan alles komt een eind, en daarom laat ik mijn romantische ervaringen nooit te lang duren. Door ze kort te houden, kun je er meer van genieten, net als van een seizoen met zes afleveringen van je favoriete tv-serie. Een korte serie zal je minder snel teleurstellen, minder snel de ontwikkeling van de karakters verprutsen en losse draadjes laten hangen. Mijn karakterontwikkeling was eindig en ik hield mijn draadjes graag strak. Ik vond dat er schoonheid lag in het vluchtige en dat ik een estheet was door het einde van een relatie te bespoedigen. Maar als ik eerlijk ben – en ik heb niets te verliezen door hier eerlijk over te zijn – heb ik er eigenlijk nooit rustig over nagedacht wat het voor mijn leven zou betekenen als hij er geen deel van uitmaakte. Ik denk dat ik het niet durfde. Normaal gesproken ben ik nergens bang voor. Ik had toen moeten weten wat deze liefde inhield.

Dus wat was ons begin? Toen we elkaar voor het eerst ontmoetten? Toen we verliefd werden? Maar verliefd worden is een voortdurend en eeuwigdurend proces, een activiteit die voortduurt onder de bescherming van Liefde met een hoofdletter. Misschien was het toen we voor het eerst de liefde *bedreven*, zoals hij het noemde… Ik noemde het onze Eerste Neukpartij, wat hij vreselijk vond. Hij zei dat ik het daarmee verpestte, ik zei dat het speels was. Het was tegelijkertijd heerlijk, euforisch, primitief en bovennatuurlijk. Onze Eerste Neukpartij had beslist de kracht om een begin te markeren. Het was het soort vrijen waardoor je je de volgende dag mooier voelt en je zelfvoldaan en met wiegende heupen gaat lopen, met een lichtkrans van kracht en blijdschap om je heen, alsof je een godin tussen stervelingen bent, omdat je de avond ervoor in de hemel was. Je was het enige wat een persoon kon zien, proeven, horen en voelen.

De volgende ochtend stuurde ik mijn beste vriendinnen een berichtje:

Ik: *Mijn god, wat heb ik gedaan?*

Zij: *Was het zo erg?!!*

Ik: *Zo góéd. Te goed. Ik heb een verschrikkelijke fout gemaakt.*

De eerste keer dat we elkaar ontmoetten voelde niet als een kennismaking en ook niet als een reünie. We waren gewoon twee zielen die voor elkaar bestemd waren. Ik was misschien begonnen met de eerste flirt, de flikkering van het vuur dat oplaaide toen onze knieën elkaar voor het eerst raakten, maar zelfs toen leerden we op een formele manier de grammatica van een taal die onze lichamen en zielen al kenden. Wat nog het dichtst bij een begin van ons komt, of misschien de eerste keer dat we allebei inzagen en erkenden dat er sprake was van een ons, was onze eerste ruzie.

'Zeg iets,' zei ik.

Ik keek naar hem terwijl hij aan de andere kant van mijn keukeneiland zat. Hij nam een slok van zijn wijn. We hadden de fles samen opgepakt en hij had het etiket voorgelezen, '*een volle wijn met donkere en zoete tonen*', en me met opgetrokken wenkbrauwen een ondeugende blik toegeworpen voordat hij hem in het mandje legde. 'Precies mijn smaak,' zei hij met een glimlach.

Het was zo banaal, hij wist het en ik wist het, en ik maakte kokhalsgeluiden, en hij tilde me op in het gangpad van de wijn voor een publiek van sauvignons en pinots, en kuste me. Omdat het op een openbare plek was, was het kortstondig, maar daarom niet minder hartstochtelijk. Hij kuste me en ik had het gevoel dat ik een heel schap met de beste wijnen van de supermarkt had leeggedronken. Mijn knieën werden slap. Hij kuste me en mijn op één na favoriete spijkerbroek paste me automatisch beter, volgde mijn rondingen beter met zijn hand in de achterzak gestoken. Hij kuste me, duwde een beetje tong in mijn mond, een kleine belofte, meer niet, een voorproefje om me hongerig te maken, waarna hij in mijn oor fluisterde: 'Precies mijn smaak.'

Die avond nam hij een slok van die wijn terwijl hij aan

mijn kookeiland zat. Hij had een onverstoorbare blik. Het aroma van verschillende kruiden en stoofvlees steeg op en vermengde zich met de geur van mijn pioenrozenkaars en zijn eau de cologne. Een zacht gemurmel van R&B vulde de schemerige kamer en neuriede voor ons, zwoel, plagerig, bijna angstaanjagend: '*Nobody else but you...*'

Hij haalde zijn schouders op. 'Wat wil je dat ik zeg, Sjeherazade?'

Ik rolde met mijn ogen. Hij was zo dramatisch, geen 'Sjer', geen vertrouwelijkheid. Hij had de volle lengte van mijn naam nodig om afstand te bewaren. Hij praatte tegen me alsof ik een van zijn studenten was die met hem probeerde te flirten. Hij had me net zo goed mevrouw Sjirvani kunnen noemen.

Hij werkte als docent en onderzoeker aan een universiteit en was de jongste binnen zijn faculteit, en de beste. Hij doceerde Iraanse politicologie en geschiedenis (met precies de juiste mengeling van strengheid en zachtheid). Hij leek (te veel) op een personage uit een boek of een sprookje; hij leek op een prins voor wie meisjes op de markt in zwijm vielen. Hij straalde iets edels uit met zijn kroon van dik golvend haar, oogverblindende lach en karamelkleurige huid die bijna blonk als goud. Hij zag er zo puur en perfect uit dat het buitengewoon bevredigend was om te zien hoe zijn lieve ogen zich vulden met hartstocht als hij op het punt stond me te kussen, zijn haar door de war te gooien als ik er met mijn vingers doorheen ging en zijn kalme stem te laten veranderen in een ongecontroleerd gegrom als ik mijn tanden in zijn hals zette.

Maar op dat moment bleef zijn toon vlak. Het was hoogst irritant. 'Je bent erg passief-agressief nu, Sjahriaar.'

Hij lachte en stak met vaste hand een vork met saffraanrijst en kruidige stoofpot in zijn mond. Zijn ogen waren helder.

'Ik ben passief-agressief? Denk je niet dat boven een bord *ghormeh sabzi* bekennen dat je het hebt gedaan met een ex-vriendje op het verjaardagsfeestje van een gezamenlijke vriend nog iets meer passief-agressief is? Je weet dat het mijn lievelingsgerecht is…'

O, hij was goed. Beter dan ik had verwacht.

Ik schudde mijn hoofd en nam een slokje wijn. 'Ik heb helemaal niets bekend. Bekennen impliceert dat ik vind dat ik iets verkeerds heb gedaan. Ik dacht gewoon dat je het zou willen weten. Maar het spijt me. Had je liever gehad dat ik het je tijdens een pizza had verteld?'

Sjahriaar knikte. 'Ja, eigenlijk wel. Ik denk liever niet aan jou, neukend met je verderfelijke ex, elke keer als ik ghormeh sabzi eet. Maar pizza? Daar kan ik wel zonder. Volgens mij ben ik toch lactose-intolerant.'

'Verdérfelijk? Verderfelijk! Wie gebruikt nou het woord "verderfelijk"? Bovendien hebben we helemaal niet geneukt. We hebben alleen een beetje gezoend. Getongzoend. En hij heeft twee, hooguit drie keer mijn borsten aangeraakt.'

Ik had bijna verloren door vraagtekens te plaatsen bij zijn gebruik van zo'n pretentieus woord, maar ik was trots op hoe ik me had herpakt en weer terrein had gewonnen. Dat 'verderfelijk' maakte me echt boos. Waar haalde hij de tegenwoordigheid van geest vandaan om het woord 'verderfelijk' te gebruiken nadat ik hem had verteld dat er iets was gebeurd tussen mij en mijn waardeloze ex-vriend, die ik ooit had omschreven als de budgetversie van *The Wolf of Wall Street* (*The Coyote of Canary Wharf*, had Sjahriaar toen lachend opgeworpen)? Kon het hem dan helemaal niets schelen? Hoe kon zijn brein zo relaxed zijn dat woorden als 'verderfelijk' zo makkelijk toegankelijk waren? Het was om gek van te worden.

Sjahriaar keek me een paar tergend lange seconden aan voordat hij met opgetrokken mondhoeken knikte. Hij schepte nog een vork eten in zijn mond en kauwde langzaam terwijl hij zijn blik strak op mij gericht hield, een blik die geladen was met iets wat de tijd vertraagde en mijn hartslag versnelde. Er schoot een vonk door me heen en ik nam een grote slok wijn in een poging hem te blussen, maar de vonk laaide er alleen maar door op tot een vlam.

Ik was vergeten dat hij me kende. Ik was er zo aan gewend met mannen te zijn die me niet kenden. Ik was er zo aan gewend om ervoor te zorgen dat het ging zoals ik het wilde dat ik Sjah voor lief had genomen. Ik had de fout gemaakt mijn ondoorgrondelijkheid als een vaststaand feit te zien. Uit zelfbescherming was ik er te afhankelijk van geworden.

Toen Sjahriaar en ik voor de eerste keer ruzie kregen, waren we drie maanden bij elkaar. We hadden elkaar leren kennen tijdens een politieke lunch, hij als onderzoeker en organisator en ik als strateeg, gestuurd om mensen als hij onder controle te krijgen en te bedwingen. Ik zag hem toen mijn cliënt – een veelbelovende en gedreven politicus met veel ambitie – een toespraak hield. Zoals gewoonlijk zat ik in het publiek en keek ik rond om te zien wie er om me heen zaten, toen ik zijn blik ving. Er verscheen een kleine glimlach om zijn mond. Een hoekig, scherp en veelbetekenend lachje. Het strookte niet met hoe hij eruitzag: lief, knap en charmant in zijn geruite overhemd, zachte trui en chino, en met een chique schildpadbril. Je zou denken dat het meest bedreigende dat hij je kon aandoen, was je bronnen controleren van een paper die je op het laatste moment nog had geschreven. Dat glimlachje tijdens de toespraak had een textuur die ik aantrekkelijk vond, een smaak die ik niet goed kon plaatsen: een soort umami-smaak. Het wekte een eetlust op waarvan ik niet wist dat ik die in me had. In die fase dacht ik dat mijn nieuwsgierigheid puur professioneel was: lokaliseer een potentieel probleem en ruim het uit de weg voordat het kan ontploffen.

Na de toespraak liep ik naar hem toe in het café van het conferentiecentrum, waar hij met een laptop zat. Mijn leren, handgemaakte tas was een statement, dus ik zette hem midden op de tafel om er één te maken. Langzaam keek hij naar me op.

'Goed dan, je mag een koffie voor me bestellen.'

Zijn wenkbrauwen schoten omhoog. 'Dat klinkt als een bevel.'

Ik glimlachte. 'Het klínkt alleen maar zo? Ik probeer het nog een keer...'

Sjahriaar leunde achterover in zijn stoel, liet zijn blik over me gaan en nam me in zich op. Ik droeg mijn formele outfit: kokerrok, blouse en pumps, en ik had mijn donkere haar op een ingewikkelde manier in een okergele sjaal geknoopt. En ik droeg herfstbruine lippenstift, ook al was het zomer. Maar dat was niet waarom hij naar me keek.

'Sjeherazade Sjirvani.'

Ik viel stil. Hij wist wie ik was. Mijn baan was gebaseerd op het feit dat bijna niemand mijn baan kende, tenzij ze moesten weten wie ik was. Ik hield me bezig met discretie. Ik was een verhalenverteller en een wereldvormer. Ik opereerde achter de schermen van de grote culturele en politieke manifestaties. Ik ruimde de troep op, ik zag de troep aankomen, en als het nodig was máákte ik de troep. Op mijn tweeëndertigste was ik een van de beste strategen van de stad en ik stond mijn mannetje tegenover de grootste roofdieren. Mijn verhaal was nogal treurig: ik was moederloos, was liever vaderloos geweest, ik was ongeliefd, ongewild, en dus schreef ik mijn eigen verhaal en zoog ik mezelf uit mijn duim bij elkaar. Ik zat tot sluitingstijd in bibliotheken en maakte mijn school af. Ik spon goud van stof. Al snel ontdekte ik dat de glimmende glazen torens in de stad de smerigste plekken waren, dus maakte ik er mijn werk van. De mensen in de glazen torens wilden dat hun verhalenverteller onzichtbaar was, zodat hun nieuwe verhalen zouden werken.

Ik schoof een stoel bij. 'Wie ben je en wat doe je?'

'Sjahriaar Javid. Docent aan de Stadsuniversiteit. Politicologie en geschiedenis.'

Ik knikte. 'Juist. En laat me raden: daarnaast ben je voorzitter van de belangenvereniging? Die de machthebbers ter verantwoording roept? Jullie mogen jezelf dan een belangenvereniging noemen, maar wat jullie eigenlijk doen is spioneren en saboteren.'

Sjahriaar lachte luchtig. 'Helemaal niet. Ik ben hier alleen om te leren en mijn burgerlijke plicht te doen. Op te gaan in de opwindende wereld van de lokale politiek.' Hij haalde zijn schouders op. 'Ik sta aan de kant van de vrede.'

Dat was onzin. Deze man was een stille krijger. Nu ik zo dicht bij hem was, kon ik dat aan hem ruiken. De geur beviel me wel.

Ik sloeg mijn benen over elkaar en hield mijn hoofd schuin. 'Dat zegt iedereen. Je geloofde geen woord van wat mijn cliënt net zei, of wel soms?'

'Geloofde jij het?'

Ik was van mijn à propos gebracht, en ik was van mijn à propos gebracht doordat ik van mijn à propos was gebracht. 'Daar gaat het niet om...'

Hij nam een slok koffie en zijn warme honingkleurige ogen fonkelden. 'Je geloofde het niet. Dat verbaast me niets. Je bent slimmer dan alle anderen in die zaal. Inclusief mezelf. Jij had op dat podium moeten staan. Ik heb gehoord dat je de beste verhalen vertelt. Noemen ze jou niet de Verhalenverteller?'

Aha. Ik knikte langzaam, met een glimlach. Hij was niet zomaar een aardige universitair docent, hij was míj... Hij was mij op een ander niveau, niet een hoger niveau, maar een ander niveau. Zijn organisatie stond recht tegenover die van mij en was net zo gevaarlijk en verborgen, maar zijn rol vergde iets meer discretie. Daarom had hij ook die baan als docent. Daarom wist hij wie ik was, terwijl ik geen idee had wie hij was. Er trok een rilling door me heen. Het was al een tijdje geleden dat ik voor een uitdaging stond.

'Ga jij een probleem voor me vormen, Sjahriaar?'

Sjahriaar grijnsde naar me. 'Laat me die koffie voor je bestellen.'

Het begon losjes. Dat moest wel. Hoewel we twee mensen vertegenwoordigden die technisch gezien dezelfde ideologie aanhingen, waren ze tegenstanders die opgesloten zaten in een burgeroorlog, die ruziemaakten over semantiek en bevrijding. Een escalatie zou heel naar geweest kunnen zijn en dreigde het ook vaak te worden, maar daarvoor hadden ze ons. Wij hielden ze in het gareel. We waren hun generaals, en dus hadden we geen tijd voor zoiets gewoons en ordinairs als daten. Moesten we soms 'uit eten en naar de film gaan' na een dag van strategieën uitdenken hoe onze cliënten elkaar konden vernietigen? Onmogelijk.

Sjahriaar kon geen vriendin in bedwang houden en ik wilde geen vriend om me in bedwang te houden, en dus was de afspraak dat we elkaar alleen zouden ontmoeten als we elkaar toevallig tegen het lijf liepen tijdens een evenement. We liepen elkaar vaak tegen het lijf tijdens evenementen. Al snel begonnen we hotelkamers te boeken waar we elkaar nog meer tegen het lijf konden lopen, en toen liep hij me op een dag tegen het lijf in mijn huis, kookte hij voor me, en liepen we elkaar tegen het lijf op mijn keukenvloer.

Op een dag, nadat we elkaar een paar keer tegen het lijf waren gelopen in zijn huis en we samen op de bank lagen – ik terwijl ik tv keek en hij terwijl hij een boek las – streelde hij mijn haar en mompelde: 'Dit is goed, hè?'

Mijn lichaam en ziel ontspanden zich zo goed bij hem dat het me veel moeite kostte om mijn muur weer op te trekken. Maar ik deed het wel, want dit zette me op scherp. Ik zei: 'Ja, dat is het zeker…' terwijl ik mezelf omhoogduwde van zijn borst en nonchalant met mijn rug tegen de leuning van de bank ging zitten. 'Wat het zo goed maakt, is dat we allebei weten wat het is, toch?'

Sjahriaar legde zijn boek opzij, vouwde zijn bril op en ging verzitten op de bank zodat hij me kon aankijken met die lieve amberkleurige ogen van hem, waardoor ik me altijd tegen hem wilde oprollen. Zijn gezicht verried geen greintje emotie. 'Juist. Wat is het ook alweer?'

Ik haalde mijn schouders op. 'We hebben een losse relatie. Twee vrienden van wie de gezamenlijke interesses behoorlijk op één lijn liggen en één van die interesses is toevallig seks hebben met elkaar.'

Hij zweeg even waarna hij langzaam knikte en zei: 'Natuurlijk. Ik heb op dit moment contact met twee andere vrouwen.'

Ik reageerde met een stralende lach, misschien net iets te stralend. 'Goed zo. Dat is geweldig. Ik ben heel blij voor je.'

Ik vleide me weer tegen hem aan en snoof de zachte katoenachtige warmte van zijn borst op. Hij was gestopt met het strelen van mijn haar. Toen ik tegen Sjahriaar zei dat hij contact moest blijven houden met die vrouwen, dacht ik echt dat ik het meende. Het was pijnlijk, maar juist die pijn liet me weten dat ik het juiste deed. Ik zag het als een noodzakelijke aderlating om gezond te blijven. Ik moest de infectie wegsnijden, en in dit geval was de infectie mijn diepe liefde voor Sjah. Ik was zover gekomen door alleen te zijn en mezelf niet toe te staan zacht te worden. Dat is wat ik kende en hoe ik was opgegroeid. Zo voelde ik me veilig. Door alleen te zijn. Het feit dat ik zenuwachtig was door hoe ik me voelde bij de gedachte dat hij die vrouwen kuste, of zachtjes in hun oor fluisterde zoals hij bij mij deed, bevestigde dat ik de juiste keuze had gemaakt.

Het was onbegrijpelijk dat het me iets zou kunnen schelen. Wanneer ik 's avonds zijn (weinige en beperkte) socialemediapagina's doorlas en met monomane vastberadenheid zijn lijst met volgers doornam, waarbij ik probeerde in te schatten wie van hen zijn type zou kunnen zijn, was ik ervan overtuigd dat ik dat uit professionele gewoonte deed. Ik was alleen maar aan het onderzoeken, ik was alleen maar hongerig naar kennis. Was het soms een zonde om nieuwsgierig te zijn… Oké, ben ik nu gek of lijkt die Ziba precíés op mij, behalve dan dat dit kapsel mij wel staat?

Ik werd er een slecht persoon door, en niet bepaald het

leuke soort slechte persoon, maar het soort dat ik verafschuwde: jaloers, kleinzielig en kritisch over de kleur lippenstift van een andere vrouw. Dus deed ik mijn werk en loste ik het op. Ik veranderde de verhaallijn zodat hij me van pas kwam. We waren allebei even beschikbaar en het was nu eenmaal zo dat ik kieskeuriger was dan hij. Het was niet zo dat ik in het openbaar glimlachte als ik aan hem dacht, het was niet zo dat ik na mijn werk huppelend naar huis ging op dagen dat hij zou langskomen. Ik geloofde in het verhaal dat ik had bedacht omdat ik niet anders kon. Het alternatief was dat ik de controle had verloren over mijn eigen verhaallijn, dat ons verhaal mijn vastgestelde grenzen had overschreden, dat er helemaal geen grens aan zat. Dan zou ik er geen controle meer over hebben en zou ik mezelf niet meer kunnen beschermen. En dat kon ik niet toelaten.

Maar nu ik naar Sjahriaar keek aan de andere kant van mijn keukeneiland en zag hoe hij naar mij keek, met ogen die dwars door me heen boorden, besefte ik dat ik hiertegen onmogelijk beschermd kon worden, en erger nog, dat ik dat niet wilde. Hij schudde zijn hoofd en wreef over de brug van zijn neus, waarbij hij zijn bril omhoogduwde. 'Laten we erover praten, Sjer.'

Ik trok een schouder op en knipperde onschuldig naar hem. 'Waarover?'

Sjahriaar haalde zijn schouders op. 'Over het feit dat jouw tandenborstel in mijn badkamer ligt. Over het feit dat de yoghurt die jij graag eet voor het ontbijt in mijn koelkast staat.'

'Dat lijkt me een nogal saai gespreksonderwerp...'

'Oké, het zit zo: ik vind dit fijn. Ik vind ons fijn. En ik denk dat jij het ook fijn vindt. Ik denk dat het een stuk makkelijker zou kunnen zijn als je stopt met ons te saboteren en jezelf eruit te manipuleren. Ik weet dat je me hebt verteld dat je het met een ander hebt gedaan omdat je dacht dat ik boos zou worden en het uit zou maken, maar ik zal niet degene zijn die het uitmaakt. Dat zul jij moeten doen. Ik ben geen politieke pion die je kunt kneden en vormen, ik ben een man die verliefd op je is. Wat je daarbuiten doet kun je hierbinnen niet doen.' Hij gebaarde naar de ruimte tussen ons in. 'Hierbinnen gaat het om óns. Hierbinnen is dat heilig. Jij en ik. Beledig ons niet door dat te doen. Als je er een punt achter wilt zetten, doe dat dan, maar je kunt het mij niet laten doen. Als je ervandoor wilt gaan, ga dan, maar je kunt mij je niet laten wegduwen. Ik dacht dat dit een liefdesverhaal was, maar als dat niet zo is, zeg dan dat ik ernaast zit. Maar als ik gelijk heb, kan ik je beloven dat het nooit zal eindigen doordat ik je verlaat. Ik wil je voor altijd.'

Met glinsterende ogen staarde ik hem aan over de tafel. Tot dat moment wist ik niet dat mijn traanbuisjes nog werkten. Wat een manier om daarachter te komen.

'Die twee andere vrouwen bestaan niet, hè?'

'Je hebt geprobeerd ze te vinden, hè?'

'Klootzak. Dat was heel slim van je.'

Hij glimlachte. Ik schraapte mijn keel. 'Dit is mijn keuken. Ik kan er niet vandoor gaan.'

Sjahriaar knikte en schoof zijn stoel naar achteren. 'Zeg dan maar dat ik moet vertrekken.'

Ik schoof mijn stoel ook naar achteren en liep naar zijn kant van de tafel, ging op zijn schoot zitten en kuste hem hartstochtelijk. Ik proefde de kruiden en specerijen en hem. Hij sloeg zijn armen om me heen en trok me dicht tegen zich aan. Ik liet mijn voorhoofd tegen dat van hem rusten. 'Het spijt me, ik ben hier niet goed in.'

Hij streek mijn haar uit mijn gezicht. 'Ik ook niet. Laten we het samen leren.'

Ik knikte. 'Oké, laten we dat doen. Ik vond het vreselijk om met hem te zoenen. En hij mocht mijn borsten niet aanraken. Zelfs niet één keer. Ik dacht alleen dat ik door het te doen niet meer verliefd zou zijn op jou.'

Sjahriaar bracht mijn lippen voorzichtig weer naar de zijne terwijl hij met zijn duim over mijn kaak wreef. 'En hoe ging dat?'

'Mijn eerste mislukte missie.'

'Ik ondersteun al je inspanningen en ik ben trots op je omdat je heel erg succesvol bent in alles wat je doet, maar ik ben blij dat te horen. Ik hoop dat iedere poging van je niet langer verliefd op me te zijn mislukt. En ik weet dat je waarschijnlijk vele pogingen zult doen.'

Ik begon de knopen van zijn overhemd los te maken. 'Hm, waarschijnlijk heb je gelijk.'

'Kunnen we afspreken dat we vanaf nu niemand anders zoenen behalve elkaar?' Hij trok aan de banden van mijn gebreide wikkeljurk.

Ik lachte met mijn mond tegen de zijne. 'Goed hoor. Maar seks is wel toegestaan, toch?'

'Natuurlijk.'

Ik hield er niet van dingen te doen waar ik niet goed in was, maar ik hield er blijkbaar wel van met hem te leren hoe je moest liefhebben.

Ik vertelde hem alles over mezelf, niet doelbewust, het ging vanzelf. Het was een natuurlijke reactie op het feit dat ik me zo op mijn gemak voelde bij hem en het was onweerstaanbaar om zo vrij te zijn. Het voelde zo goed dat ik het niet vertrouwde en het als een minpunt beschouwde, terwijl het eigenlijk misschien juist goed voor me was. Misschien was het iets goeds wat ik verdiende? Het voelde alleen te goed, te sprookjesachtig, te té, omdat ik er niet aan gewend was. Mijn gestel moest zich eraan aanpassen.

De transitie van hem niet kennen naar hem kennen was een naadloze transfiguratie. Delen van mij vielen op hun plek; ik groeide uit tot wat ik hoorde te zijn. We groeiden. Het was niet zozeer dat onze liefde me vormde, ik werd erdoor opgezweept en ik werd er sterker door omdat hij me helemaal zag, de beste kanten en de slechtste kanten. Ik hield bij hoeveel nachten we in hetzelfde bed sliepen. Hij was de eerste man die bij me mocht blijven slapen, en nog een keer mocht blijven slapen, en nog een keer mocht blijven slapen en ik vond het aanvankelijk zo'n bijzonder, onverklaarbaar fenomeen dat ik de stand bijhield. Ik dacht dat ik me op een gegeven moment zou gaan vervelen. En diep vanbinnen dacht ik dat hij zich op een gegeven moment zou gaan vervelen. 1001 nachten. Elke nacht voelde uniek, ondanks het groeiende gevoel van welbehagen en vertrouwdheid. Het was als een steeds verder uitdijend wandtapijt en ons verhaal verdiepte zich steeds meer. We bouwden onze eigen wereld op. Sommige nachten praatten we met woorden, andere alleen met onze lichamen. We ontwikkelden onze eigen taal en ontdekten nieuwe manieren om 'ik hou van je' te zeggen: ik zie je, ik hoor je, ik en jij. Veel nachten lieten we ons alleen maar zwijgend neervallen op het bed en kropen we tegen elkaar aan en vaak waren dat de nachten waarin ik het best begreep hoe wankel onze relatie was. Ik viel heel diep in slaap naast hem, veilig en tevreden. Ik had nooit gedacht dat ik vredig kon slapen terwijl er iemand anders naast me lag. 1001 nachten. Wat ik dacht dat een affaire van een paar weken zou zijn, duurde nu al ongeveer twee jaar en zeven maanden. 1001 nachten in jouw armen en elke nacht voelde als een geweldige eeuwigheid. Het voelde alsof er geen einde kwam aan onze affiniteit, alsof onze band zo peilloos diep was dat het uitgesloten was dat we begrensd zouden worden door zoiets alledaags als de dageraad. Wij waren onze eigen twee zonnen.

Maar ons soort werk was gevaarlijk. We spraken er niet veel over, omdat het een gegeven was, we spraken er niet veel over, want wat had het voor zin? We wisten allebei dat samen zijn ons machtig maakte en dat het daarom het risico exponentieel verhoogde. Voor veel mensen in de glazen torens vormden we een dubbele bedreiging. We spraken er niet vaak over, maar toen we een plek zochten om te wonen, werd het een gemoedelijke buitenwijk, omheind en met beveiliging. We spraken er niet vaak over, maar we waren het erover eens dat we geen kinderen wilden, ook al kirden we allebei boven de wiegjes van je nichtjes. Ik zag de blik in je ogen. We spraken er niet vaak over, maar op een dag begon je me langer te zoenen voordat je het huis verliet, begon je 'wees voorzichtig, schatje' tegen me te zeggen, waarbij je met je duim over mijn lippen streek en een lach bij me losmaakte, waarop ik je tegen me aan trok en zei: 'Hé, wees jij maar voorzichtig, schatje, anders krijgen we nog een baby.' We spraken er niet vaak over, maar op een ochtend trok je me terug in bed en fluisterde je in mijn hals dat we allebei niet naar ons werk zouden moeten gaan. Onze cliënten maakten het ons moeilijk, wat frustrerend was, aangezien ze grotere, gezamenlijke vijanden hadden op wie ze zich moesten focussen. Het was voor ons allebei stressvol, zo erg zelfs dat we het mee naar huis begonnen te nemen. We brachten de hele dag door in ons bed, wit en vol kussens, tussen de wolken zelf. Ik heb me nog nooit zo levend gevoeld als toen jij me de adem benam, en toen ik jou de adem benam voelde ik me zoals God zich moet hebben gevoeld toen hij de aarde leven schonk.

Toen ik gebeld werd met de mededeling dat je een auto-ongeluk had gehad, een auto-ongeluk dat geen ongeluk was, smolt al het ijzer in mijn bloed samen tot blokken die me naar de vloer trokken, me verzwaarden en daar hielden. Ik voelde me niet langer als God. Ik was zo betreurenswaardig sterfelijk. Wij waren zo betreurenswaardig sterfelijk.

En jij wist het, hè? Ik heb dingen ontdekt, onderzoek gedaan en je vergrendelde lades doorzocht. Hoe kon je het voor me verborgen houden? Ze zaten achter mij aan, maar jij vond hen eerst en hebt hun operatie ontmanteld. 1001 nachten heb je me in leven gehouden zonder dat ik het wist. Ze kwamen erachter dat jij het was en dachten dat jou vermoorden erger zou zijn dan mij vermoorden. Ze kennen me niet. Alleen ík beneem je de adem. Alleen ík heb dat recht. Het universum weet dat. Ik heb het ze betaald gezet. Het was niet moeilijk, ze zijn zwak. Ze zullen niet meer in onze buurt komen. Het is mijn beurt om jou te beschermen.

Dus hier ben je nu, mijn liefste, tussen leven en dood, met slangetjes en snoeren en piepjes, je zachte amberkleurige ogen voor mij gesloten, je verhalenboek dichtgeslagen, en ik wil dat je je ogen opent, want we zijn geen 'er was eens'-verhaal, maar een 'voor altijd binnen een óóit'-verhaal, en ik heb gisteren de hele fles wijn leeggedronken om te zien of ik mezelf kon proeven door jou, maar ik werd er alleen maar zwaar en traag door en kon alleen nog maar huilen aan jouw kant van het bed…

Ik haat je.

Breek je belofte niet.

Ze zeiden dat ik elke dag met je moest praten, dat het je uit die vage staat zou kunnen halen, dat je me misschien zou horen en terug zou komen – kom alsjeblieft bij me terug –, en dus heb ik tegen je gepraat. Eerst wist ik niet wat ik moest zeggen. Ik worstelde. Iedere keer wanneer ik het probeerde, begon ik te huilen. Ik huil niet. Dat weet je. Dus vandaag heb ik je ons verhaal verteld, ik sprak over je alsof je iemand anders was, want op de een of andere manier is het makkelijker om míjn jou te scheiden van de jou die hier in dit bed ligt, ademend door een apparaat. Maar ze zijn allebei mijn jou. 1001 nachten, maar er moet meer zijn. Dit is heilig.

Dit is een liefdesverhaal.

Psyche

Dit kan niet waar zijn.

Psy zag hoe de vetvrije soja latte zich over haar witte trui verspreidde en erdoorheen sijpelde, waardoor de stof tegen haar huid plakte. Ze staarde ernaar alsof ze de vlek kon laten verdwijnen door pure wilskracht. Het was haar zowaar gelukt nu al haar promotie-outfit te ruïneren. Na twee jaar lang koffie halen, laat in de avond telefoontjes beantwoorden over het in orde maken van kopij en anti-angstzetpillen inbrengen in de anus van een dwergkees had Psy besloten dat de dag was aangebroken waarop ze Venus Lucius – moderedactrice van *Olympus Magazine* en tevens haar baas, mentor en kwelgeest – zou vragen of ze van assistente kon promoveren tot volwaardig redactrice. Hoewel het waar was dat ze iedereen al twee jaar lang vertelde dat ze een baan als 'redactrice' had, was ze eindelijk zover dat ze een einde wilde maken aan deze leugen, die ze had bedacht om indruk te maken op tantes, vroegere zogenaamde vriendinnen van school en mannen met een master in fine arts op dating apps. Ze had zich speciaal gekleed voor deze gelegenheid en hoopte dat haar outfit 'klaar met hondenpoep voor je op te rapen, Venus – en echt, voer haar geen kaviaar meer' uitstraalde. Met haar mouwloze, witte coltruitje wilde ze laten zien dat ze een ontwikkelde, sterke vrouw was die niet bang was haar vrouwelijkheid te omarmen, maar door de koffievlek straalde ze nu uit: idioot die niet in staat is niet te morsen met warme dranken, laat staan dat ze in staat zou zijn niet te morsen met cruciale roddels uit het modewereldje.

'Shit!' Ze greep een handjevol servetjes uit haar bruine leren tas, een overblijfsel van de late avonden op kantoor met fastfood, en begon als een gek vergeefs te deppen. Ze wist dat de vlek niet zou verdwijnen, maar misschien kon ze de stank van een koffiezaak in de binnenstad verminderen.

Naast het missen van haar ochtendkoffie had Venus een hekel aan misplaatste geuren, zoals lipgloss die naar aardbei ruikt of kaarsen die naar 'kerst' zouden moeten ruiken, en zo stond ook vast dat ze een assistente die naar vetvrije soja latte rook, verafschuwde. Psy had eens de fout begaan van parfum te veranderen en toen had Venus haar bij zich geroepen in haar kantoor en gevraagd waarom ze haar reukzin verstoorde met een buitenlands geurtje terwijl ze net gewend was aan het onaangename luchtje dat ze had gekocht tijdens de 70%-sale van een warenhuis in haar buitenwijk. Het waren een paar lange jaren geweest. Toen Psy haar proeftijd succesvol had doorlopen, waarin ze beproevingen had moeten doorstaan als het sorteren van een grote hoop mysterieuze kleding zonder label op ontwerper (en daarna op seizoen, en daarna op jaar), had ze gedacht dat haar situatie zou verbeteren. Maar, net zoals ze had gedacht dat Venus het niet erg zou vinden dat ze een spinaziesalade voor haar meenam toen de boerenkool uitverkocht was in de delicatessenwinkel, had Psy het volledig bij het verkeerde eind. Hoe capabeler Psy zich toonde, hoe meer Venus haar op de proef leek te stellen. Als Psy drie stappen vooruitliep, zorgde Venus ervoor dat ze haar weg naar succes verlengde. Dus deze keer had Psy besloten de sprong te wagen en haar eigen weg te creëren door echt met een idee te komen in plaats van aan te haken bij een bestaand idee, en ze had het gevoel dat Venus eerder geneigd zou zijn haar aan te horen als ze niet verscheen met een vlek op haar trui.

Ze was de vlek agressief aan het boenen toen de zachte, zoetgevooisde stem van Eros binnen haar gehoorsafstand kwam met: 'Wat een statement. Is het een transformatie van een naakt? Een klodder bruin tegen een witte achtergrond? Hoe poëtisch. Hoe subversief.'

Psy keek op en ving de blik van de eigenaar van de vrolijke stem. Het was irritant dat deze man er zelfs om kwart voor negen in de ochtend en onder de lelijke tl-lampen van de kantoorlobby nog aantrekkelijk uitzag. Zijn donkere krullen waren perfect door de war gehaald en vochtig gemaakt, zijn bronskleurige huid zag eruit alsof hij net was teruggekeerd uit Mykonos, en hij was nonchalant stads gekleed in een kaki overhemd over een dun wit T-shirt dat de contouren van zijn bovenlijf strak omspande. Er was geen koffievlek te bekennen.

'Geweldig, dank je, Eros. Heel leuk,' zei ze.

'Dank je, jij bent ook heel leuk. Eigenlijk doe je me denken aan koffie: heet, donker, zoet, laat mijn hart sneller kloppen…'

Psy kreunde, rolde met haar ogen en moest onwillekeurig lachen. Zo zat hun vriendschap in elkaar: Eros flirtte met Psy als een soort oefening in losbandige koketterie omdat er geen gevaar was dat zij zou denken dat het echt was, en Psy deed alsof Eros een wezen was om te observeren tijdens een soort playboysafari, waarbij ze aantekeningen maakte en leerde wat ze moest doen als ze hen tegenkwam in de wildernis.

'Stop. Vallen meisjes hiervoor? Echt?'

Hij haalde een schouder op. 'Nou ja... eigenlijk wel. Ze vinden het charmant en ontwapenend en dan leidt het er meestal toe dat ik aanbied een nieuwe koffie voor ze te halen, wat ze dankbaar accepteren...'

Ze leek niet onder de indruk, dus veranderde hij van onderwerp. 'Is vandaag niet de dag van je promotie?'

'Dat was wel het plan,' zei Psy nijdig, waarna ze een idee kreeg en naar Eros' outfit wees. 'En dit is wat we gaan doen om ervoor te zorgen dat dat nog steeds het geval is. Je geeft mij je overhemd als noodoplossing. Ik ga me beneden in het toilet in de lobby omkleden. Ik kan niet naar boven gaan en riskeren dat Venus me zo ziet. Ze heeft om minder carrières beëindigd. Weet je nog toen die stagiaire binnenkwam in een jegging?'

Eros schudde zijn overhemd al van zich af en ontblootte armen die bijna te obsceen waren om zo vroeg in de ochtend naar te kijken. 'Ze is... moeilijk, ja. Je moet gewoon weten hoe je met haar moet omgaan.'

Psy rukte haar blik los van zijn armen, greep zijn overhemd en ging snel naar het toilet in de hoek van de lobby, met Eros in haar kielzog. 'Misschien is het voor jou makkelijker om met haar om te gaan omdat ze je zus is... Maar weet je wat? Misschien heb je gelijk en gaat het om een positieve houding. Misschien vind ik als ik diep genoeg graaf dat het iets bevredigends heeft om mijn leven in dienst te stellen van een vrouw die ooit zei dat ik een "hardwerkende neus" heb. Wat betekent dat überhaupt, E?'

Psy was binnen een paar minuten het toilet in en uit. Toen ze weer tevoorschijn kwam, zat haar met koffie bevlekte trui in haar tas gepropt en het overhemd van Eros was getransformeerd tot een schattig mini-jurkje met een band om haar middel en een paar knopen smaakvol opengelaten. Hun gesprek werd zonder onderbreking voortgezet, hoewel Eros een moment nam om stilletjes te besluiten dat hij dat overhemd nooit meer terug zou vragen, ook al was het een van zijn lievelingsoverhemden, maar dat Psy het moest houden omdat het haar veel beter stond dan hem of wie dan ook. Hij schraapte zijn keel. 'Nou, ik vind dat je een schattige neus hebt.'

Psy wierp een koele blik op Eros. 'Nou en, ze zegt dat de rest van mijn gezicht zo onaantrekkelijk is dat mijn neus al het werk moet doen om me er nog een beetje fatsoenlijk uit te laten zien. Later zei ze ook nog tegen me dat iedereen die voor het tijdschrift werkt korting krijgt op niet-medische behandelingen in een zekere kliniek. Waarom zou ze dat zeggen?'

Ze liepen samen naar de lift en Eros slikte en haalde ongemakkelijk zijn schouders op. Hij wist precies hoe zijn oudere zus was, en als ze geen familie van elkaar waren geweest, waren ze waarschijnlijk niet bevriend geweest. Venus was sterk, slim en bekwaam, maar ook ongelooflijk meedogenloos en vol van zichzelf, zo erg dat ze op een borderlineachtige manier wreed kon zijn.

Psy was ook sterk, slim en bekwaam, maar in tegenstelling tot Venus was ze ook geliefd en charmant. Ze werkte harder dan wie dan ook, onderhield haar eigen populaire modeblog op Instagram (Psy's Style: meer dan 20.000 volgers) en na twee jaar had ze zeker een promotie verdiend. Venus zag dat ze potentie had en wist dat ze dezelfde vaardigheden bezat als zij, maar dan zonder die nogal moorddadige energie. Eros kende zijn zus goed genoeg om te weten dat ze zich bedreigd voelde en dat ze daarom alles deed wat ze kon om Psy te onderdrukken. Het enige grote obstakel in de vriendschap tussen Psy en Eros was dat het zijn eigen vlees en bloed was dat ervoor zorgde dat Psy zat te huilen op het toilet en dat ze zich niet goed genoeg voelde. Hij was zich ervan bewust dat Psy werd herinnerd aan de vrouw die de kloof tussen haar en haar dromen had veroorzaakt als ze hem zag. Het idee dat Psy ook maar een fractie van een seconde een hekel aan hem zou hebben, maakte hem misselijk.

Ze stapten de lift in en Psy drukte op de knop van hun verdieping. Ze waren de enige twee in de lift, iets wat zelden voorkwam en ervoor zorgde dat Eros' dag niet meer stuk kon. Een dubbele espresso in de vorm van een lief, aardig meisje met een scherpe tong en diamantvormige ogen, dat wist hoe ze naar hem moest kijken om zijn zintuigen in haar greep te houden. Nu keek ze naar hem met een enigszins afstandelijke blik en ze keek hem niet echt aan toen ze haar koffie van hem aanpakte en afwezig een slokje nam.

'Sorry, het is niet eerlijk tegenover jou om zo over je zus te praten. Het is af en toe nogal verwarrend dat je mijn beste werkmaatje bent en tegelijkertijd de broer van de slechtste baas ter wereld...'

'Ik dacht dat ik je werkechtgenoot was?'

'Dat zou je kunnen zijn, maar we zien elkaar alleen als je geen al te grote kater hebt omdat je de avond ervoor weer eens de gastheer uithing en mooie praatjes had in een of andere chique bar die net geopend is. Waarvoor je me overigens nooit uitnodigt...'

'Je haat dat soort tenten! En ik ook! Ik ga er alleen heen voor mijn werk! Het hoort erbij. Ik ben pr-directeur, weet je nog? Het gaat om het opbouwen van relaties...'

'Ironisch genoeg,' mompelde Psy met een spottende ondertoon.

Eros viel even stil. 'Wat bedoel je daarmee?'

Er gleed een schaduw over Psy's gezicht voordat ze lachte en haar hoofd schudde om de spanning te verbreken. 'Niets, je bent gewoon duidelijk geen type voor een relatie. Ik zou het vreselijk vinden om je op te sluiten in een werkhuwelijk. Ik heb al een dwergkees met constipatie als werkechtgenoot, maar ik kan wel een buitenechtelijke affaire met je beginnen, als je dat wilt.'

'Wat een eer. Dat zou ik heel leuk vinden.' Eros lachte, maar hij wist dat het geforceerd overkwam. 'En maak je geen zorgen over die promotie, Psy. Het komt goed, dat weet ik zeker. Ga er gewoon voor.'

Eros zag meteen dat zijn mantra 'ga ervoor' in dit geval verkeerd viel, want Psy keek naar hem alsof hij net had gezegd dat ze drieënhalve hersencel had.

'Jij denkt dat "ervoor gaan" genoeg is? Eros, ik ben jóú niet. Je snapt het niet. Voor jou staat er nooit iets op het spel. Jij krijgt altijd alles wat je wilt: banen, meisjes, wat dan ook…'

Eros wist uit ervaring dat hij Psy het beste kon laten doorpraten tot het scherpe randje eraf was.

De deuren van de lift pingden open.

'… intussen heb ik niet eens tijd om te daten, als ik dat al zou willen. Ik probeer hier al twee jaar lang een goede beurt te maken, en bijna net zo lang heeft niemand mij een goede beurt gegeven…'

Ondanks de ernst van het gesprek kon Eros het niet laten haar te onderbreken met: 'Dat was goed.'

Psy slaakte een zucht terwijl ze langzaam door de gang

liepen richting de afslag naar het kantoor waar hun wegen zich zouden scheiden. 'Ik weet het.'

'Ik geloof ook niet dat je twee jaar lang geen seks hebt gehad,' zei Eros uitdagend.

Psy haalde haar schouders op. 'Ik wil ook niet alleen maar seks. Als ik energie in een man stop, moet hij wel de moeite waard zijn. Want als aan het eind van de dag zijn tong niet in mijn mond zit, moet ik hem op een gegeven moment horen praten, en ik zou het fijn vinden als ik een goed gesprek met hem kon voeren, snap je? Want ik heb veel te geven en ik wil iemand die mij ook veel kan geven.'

Eros knikte. 'Je hebt gelijk. Maar ik vind het moeilijk te geloven dat er niemand is geweest die zijn kans heeft gegrepen. Je verdient het.'

Psy wist dat ze de woorden die op het puntje van haar tong lagen zou moeten inslikken, maar het lukte niet. Het was vroeg, ze had die nacht niet geslapen en Eros gedroeg zich als een neerbuigende eikel over de Griekse tragedie die haar liefdesleven was.

Ze verstijfde, keek met knipperende ogen op naar Eros en lachte hol. 'Je vindt me een kans die gegrepen moet worden, alsof het een hele prestatie is om verliefd op mij te worden? Ik weet niet waarom ik nog steeds single ben, Eros. Misschien heb jij een idee? Ik heb ooit overwogen iets te beginnen met een collega, omdat we het goed met elkaar konden vinden. Ik vond hem leuk en ik kon met hem lachen. Ik dacht dat hij hetzelfde voelde voor mij, maar toen ghostte hij me een maand lang...' Eros voelde zich een beetje misselijk worden. 'En toen hij terugkwam, waren we weer gewoon vrienden en deed hij alsof er niets was gebeurd. Heb je daar een theorie over?'

Psy's maag kromp samen van spijt, precies op het moment dat de deuren van de lift achter hen weer open pingden en hun collega's eruit begonnen te stromen. Psy's mond ging een beetje open. Shit. Het was niet haar bedoeling geweest dat allemaal te zeggen en nu was datgene waar ze nooit over spraken haar per ongeluk ontglipt.

Het was een halfjaar eerder gebeurd, nadat ze allebei tot laat hadden doorgewerkt. Eros had met een pizza en een fles wijn in zijn handen op de deur geklopt van het kantoor dat ze deelde met Venus. Het was een goede wijn, die hij had gestolen uit een mand die Venus cadeau had gekregen. Hij had haar honderduit vragen gesteld. Ze hadden gepraat, gelachen, naar muziek geluisterd, en daarna hadden ze gezoend en gezoend en gezoend, en het voelde zo goed dat het bijna schunnig was om het niet nog eens te doen.

Tot de volgende dag, toen Eros verdween. Blijkbaar werd hij onverwachts een maand lang gedetacheerd. Psy had dat op zich niet erg gevonden als Eros maar de moeite had genomen met haar te práten tijdens zijn afwezigheid, maar de paar keer dat hij had gereageerd op een berichtje waren zijn antwoorden kort, nonchalant, bijna koel geweest. Uiteindelijk was ze er gewoon maar mee gestopt. Ze had veel meer liefde en respect voor zichzelf dan voor Eros. Het was goed. Het was goed tussen hen. Het ging meer dan goed met haar. Ze was blij dat ze niet zo'n standaard afwijzingsberichtje had gekregen dat hij normaal naar zijn scharrels stuurde. Toen Eros terugkwam van zijn detachering was hij naar haar bureau gekomen en had hij haar luchtig omhelsd en gezegd dat hij haar had gemist, dat het hem speet dat hij zo lang weg was geweest, maar dat hij het erg druk had gehad. Hij had het luchtig gezegd, op een manier die zo verstoken was van ongemakkelijkheid en spanning dat ze wist dat hij het als vriend bedoelde. Ze had haar gevoelens weggestopt, met haar ogen gerold en gezegd dat ze hem helemaal niet had gemist, de arrogante eikel. Hij had geglimlacht en haar een leugenaar genoemd. Wat ze ook was. Ze had hem net zo erg gemist als ze van hem hield. En dat was veel.

Uiteindelijk waren ze weer vervallen tot hun gebruikelijke patroon van grapjes maken. Ze opereerden allebei binnen de stilzwijgende overeenkomst dat hun vriendschap te waardevol was om te verliezen. Op een gegeven moment werd het makkelijker voor Psy om hem om zich heen te hebben en in zijn buurt te ademen, en voelde ze geen steken meer in haar hart.

En nu was de herinnering aan die avond om de een of andere reden (misschien was de onderdrukte herinnering het zat om verstikt te worden) weer naar boven gekomen en uit haar mond gerold, waardoor er opnieuw een ongemakkelijk gevoel tussen hen ontstond.

Psy slikte. 'Ik, eh… Ik maakte een grapje. Het was niet mijn bedoeling daarover te beginnen, E,' stamelde ze terwijl de mensen uit de lift langs hen heen stroomden. 'Sorry, wat ik probeer te zeggen is dat ik veel heb opgegeven voor deze baan. Het betekent veel voor me. Ik weet dat je me probeert te helpen, maar… bagatelliseer het alsjeblieft niet. Begrijp alsjeblieft dat het heel belangrijk voor me is.'

'Psy…'

Psy gaf hem de koffie terug. 'Nee! We… Laten we dit niet doen. Serieus. Het gaat goed met me. Tussen ons is het goed. Ik ben heel zenuwachtig voor vandaag en ik zeg dingen die ik niet meen. Bedankt voor het overhemd. Ik waardeer je enorm. Ik moet gaan.'

En Eros liet haar gaan, net zoals hij een halfjaar eerder had gedaan.

Toen Eros op de dag dat ze elkaar voor het eerst ontmoetten aanbood Psy een rondleiding te geven, liet ze haar fonkelende, sluwe ogen gefascineerd over hem gaan alsof hij een specimen was voor wetenschappelijk onderzoek. Het was alsof ze zei: dus zo ziet een oppervlakkige *fuckboy* eruit...

'Doe je dat met alle nieuwe meisjes? Ze een rondleiding geven en onderweg de beste plekken aanwijzen om met ze te flikflooien? Jezelf voordoen als aardig en gastvrij zodat ze je volgen als een eendje?' Haar toon was vriendelijk informerend en niet beschuldigend. Ze had een kop koffie in haar hand terwijl ze tegen de kopieermachine leunde.

Eros zou het zo niet hebben verwoord. Hij stond op het punt haar een ontwapenende lach toe te werpen, maar de manier waarop ze naar hem keek maakte hem zich bewust van zijn eigen bullshit. Hij wreef in zijn nek, haalde een hand door zijn krullen en knikte. 'Ja... Ik bedoel, zo gaat het meestal. Maar het mooie is dat ze me daardoor op de eerste dag al vrij snel zat zijn. Een kantoorromance is een toegangsritueel, dus ik help ze zodat ze zich snel kunnen focussen op de bedrijfsladder...'

'Aha, dus je bewijst ze een dienst...'

'Precies.'

'En je denkt dat mensen je snel zat zijn?'

Psy liet hem nooit ergens mee wegkomen. Ze wist een gesprek altijd scherp een bepaalde kant op te sturen, waardoor het interessanter werd en hij niet goed wist waar het heen ging. Al zijn gebruikelijke luchtige geflirt vol zelfspot werd zwaarder als zij haar tanden erin zette, met haar scherpzinnige, nieuwsgierige brein binnenstebuiten keerde en weer aan hem teruggaf, en hem zo een kijkje gaf in zijn eigen ziel. Hij vond het doodeng, maar hij genoot er ook van. Hij genoot er echt van. Hij had zijn lot niet in eigen hand als zij er was.

Voordat hij een antwoord kon bedenken begon Psy te glimlachen. Haar glimlach was warm en zacht, en Eros zou zich er het liefst in willen wentelen. Hij wilde erin wegzinken. 'Laat me alle plekken op kantoor zien waar alcohol verstopt ligt. Ik vrees dat ik het nodig heb.'

Eros werd meteen verliefd op Psy toen hij haar voor het eerst ontmoette. Hij wist genoeg over wat liefde niet was om precies te weten wat het wel was. Hij had zo zijn flirts gehad, kortstondige affaires, lange avonden vol met tequila doordrenkte kussen, ritsen die opengetrokken werden en kleren die van het lijf werden gerukt, maar het was allemaal leeg geweest en beide partijen hadden geweten dat hun verbintenis slechts tot de volgende ochtend zou duren. Het was helder, het was gecontroleerd, en Eros was ervan overtuigd geweest dat het genoeg was. Totdat hij Psy ontmoette. Toen werd hij zich intens bewust van het gapende vacuüm dat het Genoeg omgaf. Hij besefte dat het mogelijk was om met iemand verbonden te zijn zonder fysiek verbonden te zijn, dat als het echt was, als het waar was, er geen helderheid was, en geen controle, maar dat het gewoon gebeurde en dat het mooi was, en rommelig, en dat hij ervan overliep, waardoor het spel dat hij normaal speelde niet meer werkte.

Psy keek moeiteloos dwars door Eros heen, en Eros kreeg nooit de kans zijn flirttechnieken op haar toe te passen omdat ze een energieveld om zich heen had dat ervoor zorgde dat elke vorm van pretentie werd vernietigd. Alle gladheid die Eros dacht te bezitten veranderde in haar aanwezigheid in onhandigheid. Hij stuntelde en was alleen nog maar in staat de waarheid te spreken, en die kwam er altijd een beetje afgezaagd uit, maar dat kwam hem goed van pas, omdat ze erom moest lachen. Hij vond het heerlijk als ze lachte. Het doorboorde zijn huid en liet hem van binnenuit oplichten. Eros wist dat Psy zijn gezelschap waardeerde, maar een deel van hem had het gevoel dat dat louter om antropologische redenen was. Ze was ambitieus, gedreven en sterk genoeg om Venus' kleinzielige tests van uithoudingsvermogen te doorstaan. Het was uitgesloten dat ze Eros als serieuze optie beschouwde. Eros was een tussendoortje, de Tijdelijke Ware die je had voordat je de echte Ware ontmoette. Hij was de man met de leuke anekdotes, de man van mooie herinneringen en even goede vrienden. Meisjes vonden het nooit erg dat het niet lang duurde, omdat ze nooit geloofden dat hij tot meer in staat was dan een vluchtige affaire. Maar zijn vriendschap met Psy gaf hem het gevoel dat hij maar voor dertig procent had gefunctioneerd. Dat hij onaangeboorde reserves had. Dat er meer was.

Die avond, toen ze op een deken op het dak van hun gebouw zaten, had Eros voordat ze hadden gezoend, toen zijn tong los was geworden door de wijn en de sterren vaag zichtbaar waren door de tranen van het lachen, tegen Psy gezegd dat ze de leukste persoon was die hij ooit had ontmoet. Hij zei dat hij blij was dat ze nooit iets met elkaar hadden gehad omdat het idee dat ze nooit meer met hem zou willen praten hem ondraaglijk leek.

Psy was heel stil geweest en had hem een paar seconden

vreemd aangekeken met samengeknepen ogen die zo fel en fonkelend waren dat ze een grote rivaal vormden van de sterren, die waarschijnlijk met grote verbazing naar hen keken. Als een soort lichamelijk zelfbeschermingsmechanisme tegen de enorme ongemakkelijkheid waar hij niet aan gewend was, had Eros plotseling het gevoel gekregen dat hij uit zijn lichaam was getreden en als een spookachtige toeschouwer naar het tafereel had gekeken. Op de een of andere manier wist zijn lichaam dat als zijn ziel in zijn lichaam was gebleven, ze uit pure vernedering zou zijn bezweken, en dus dreef het haar uit. Een lichaamloze versie van Eros keek van bovenaf naar het tafereel waarin een idioot met een te ver opengeknoopt overhemd wachtte tot het enige meisje voor wie hij ooit echt iets had gevoeld de beste manier had gevonden om hem af te wijzen.

Het zachte, nachtelijke briesje had voor de enige beweging gezorgd tijdens de paar seconden dat Psy hem aanstaarde, waarna de felheid in haar ogen omsmolt tot iets zachters.

'Is dat de enige reden waarom je blij bent dat het nooit iets geworden is?' had ze gevraagd terwijl ze een plastic bekertje liet zakken dat onder haar donkerroze lippenstift zat, zwart en roze, melasse en bessen. De spanning tussen hen nam toe en trok Eros' ziel terug in zijn lichaam, zodat hij dichter bij haar kon zijn.

'Dat is de enige reden,' had hij geantwoord.

Psy had alleen geknikt, haar plastic bekertje neergezet en gezegd: 'Ik zal je nooit zat zijn, E. Zo, nu heb je geen reden meer om me niet te kussen.'

De volgende ochtend was Eros huppelend naar zijn werk gegaan en had hij opgemerkt dat de vieze duiven een liedje van Stevie Wonder koerden. De lucht in de binnenstad rook naar een boomgaard in plaats van naar een mobiel toilet op een bouwplaats vermengd met de geur van vleeswaren. Het leven was in alle opzichten goed. De avond daarvoor hadden hij en Psy gezoend. Het was loom maar vurig geweest, aangeschoten maar niet dronken. Hij voelde zich er gebonden door, maar het gaf hem ook vleugels. Hij steeg op door de wetenschap dat Psy hem ook wilde. Meestal wanneer een vrouw zijn aandacht trok, merkte hij dat hij haar aandacht al had getrokken en dat er al 'ja' was gezegd voordat de vraag was gesteld.

Maar met Psy was het anders. Zij was anders.

De kus maalde nog steeds door zijn hoofd toen hij Venus' kantoor binnenliep omdat hij was opgeroepen voor een vergadering. Psy was er nog niet, dat wist hij. Ze had hem eerder een berichtje gestuurd dat Venus haar voor een ingewikkelde boodschap naar de andere kant van de stad had gestuurd, wat haar een halve dag zou kosten. Hij kon niet wachten haar weer te zien en de nieuwe status van hun relatie te bevestigen, en misschien, als ze dat wilde, een gangkast in te glippen en erover te praten, en – als ze dat wilde – erover te zoenen.

'Hoe gaat ie, zus?' Gelukzalig plofte Eros neer in de stoel tegenover haar bureau en Venus rolde met haar strak omlijnde ogen.

'Zus? Wat is dit? Zitten we soms in een aflevering van een kinderserie? Volgens mij heb je echt hersenschade opgelopen toen ik je als kind per ongeluk van de trap liet vallen, waardoor je nu altijd belachelijk vrolijk bent.' Venus' stem was vlak, koel en emotieloos.

Eros lachte. 'Fijn dat je me laat weten dat het feit dat ik

geen monster ben mogelijk het resultaat is van mishandeling door mijn zus. Waarover wilde je me spreken?'

'Ik wil dat je die throwbackfoto die je op Instagram hebt gepost van ons als tieners – die met mijn originele neus – verwijdert.' Venus' natuurlijke, dikke krullen waren steil gemaakt tot een naadloos gordijn dat als een waterval rond haar hoekige, perfecte gezicht viel en dat ze over haar schouder wierp.

Eros leunde achterover en zijn grijns werd nog breder. 'Ik vind hem juist schattig. Hij maakt een mens van je.'

Venus staarde haar broer ongelovig aan. 'Precies.'

Eros lachte en schudde zijn hoofd. 'Goed dan. Verder nog iets, of kan ik gaan?'

Venus keek naar haar computer. 'Ja, stop met wat je aan het doen bent met mijn assistente, anders ontsla ik haar.'

Eros ging rechtop zitten en zijn lach verdween van zijn gezicht. 'Pardon?'

Venus keek kalm op van haar scherm. 'Ik heb overal ogen. Ik wil dat ze gefocust blijft. Bovendien denkt ze waarschijnlijk dat ze een streepje voor heeft bij me als ze een relatie heeft met jou. Mensen in mijn kringen noemen haar naam al...'

'Dat is toch juist goed? Je zou trots moeten zijn...'

'Waarop? Een omhooggevallen trutje dat bij me in het krijt staat en dat vanwege een onbenullig blogje evenveel aanzien heeft als ik? Onze naam staat voor macht, Eros. Ik kan niet toestaan dat ze nog meer verbonden wordt aan mijn nalatenschap en helaas ben jij ermee verbonden. Laat haar dus gaan, anders ontsla ik haar.'

Eros' kaak verstrakte. 'Kom op, Venus. Dit is gestoord. Zelfs voor jou. Dit kun je niet maken...'

Venus wierp hem een geamuseerde blik toe. 'Want anders? Neem je ontslag? We weten allebei dat je dat niet zult doen. Deze baan komt je veel te goed van pas en je krijgt veel meer betaald dan je waard bent, dankzij mij. En als je ontslag neemt, ontsla ik haar ook.'

'Dat doe je niet.'

Venus gaf geen krimp. 'Wacht maar af.'

Eros had zijn zus nooit echt veracht, tot dat moment. Hij had oprecht van haar gehouden, maar nu haatte hij haar. Ze was geobsedeerd door macht omwille van de macht. Deze baan betekende alles voor Psy en Venus gebruikte dat om haar te straffen en haar gevangen te houden. Ze wist dat ze nooit meer zo'n toegewijde assistente zou kunnen krijgen. Het feit dat Psy en Eros om elkaar gaven was voor Venus gewoon nóg een ketting waaraan ze haar kon vastleggen.

Eros knikte. 'Ik zal er een punt achter zetten. Maar weet dat ik je dit nooit zal vergeven, Venus.'

Venus lachte voor de eerste keer tijdens hun gesprek. Ze was oogverblindend, schrikbarend mooi en als je niet beter wist, charmant. 'Ik heb je vergiffenis niet nodig, Eros. O, kijk niet zo verdrietig: dat verstoort mijn kantooraura. Luister, ik heb een klus van een maand voor je. Die begint vandaag. Ik heb een vlucht voor je geboekt. Je zult het leuk vinden en je zult lang genoeg weg zijn om je gevoelens voor haar te laten uitdoven. Op deze manier hoef je haar niet eens af te wijzen. Zie je wel dat ik een hart heb? Ik hou van je, broer.'

En dus liet Eros Psy gaan.

Psy hapte naar adem. Ze had niet moeten zeggen wat ze net had gezegd. Het zat haar alleen dwars dat híj zei dat het gek was dat ze niemand had gevonden, alsof ze hém een halfjaar eerder niet had gevonden. Het had emoties bij haar losgemaakt waarvan ze dacht dat ze die diep had weggestopt. Pijn en woede stroomden uit haar en veroorzaakten een vlek op hun vriendschap, net als, zeg, een vetvrije soja latte op een trui van een duur merk die ze in de uitverkoop had gekocht. Psy wist dat ze het Eros niet kwalijk had moeten nemen dat hij haar niet wilde zoals zij hem wilde: ze was zijn type niet en dat wist ze. Hij hield van vrouwen met minder scherpe randjes die een bruisende persoonlijkheid hadden en de voorkeur gaven aan matcha-en-lijnzaadsmoothies boven donuts, en dat was zijn goed recht. Eros was grappig en lief en Psy was gefocust en scherp. Toch bleef ze in haar gedachten maar teruggaan naar die avond en vroeg ze zich af wat ze had gemist. Ze had kunnen zweren dat ze iets had opgemerkt in de manier waarop hij naar haar keek, iets had geproefd in de manier waarop hij haar zoende en dicht tegen zich aan had getrokken. Het was alsof hij net zo begerig was geweest als zij en hij net zo lang had gewacht als zij.

Psy haalde diep adem buiten de glazen wand van de vergaderruimte. Ze was net op tijd voor de algemene vergadering. Haar plan was om een idee voor te stellen waar Venus en het team zo van onder de indruk zouden zijn dat Venus geen nee zou kunnen zeggen als ze om een promotie vroeg. Psy besloot zichzelf bij elkaar te rapen en later na te denken over het gedoe met Eros.

Ze deed de deur open en riep vrolijk tegen het team: 'Goedemorgen allemaal!'

'Mooie outfit, Psy!'

Psy glimlachte naar Pheme, een roddeljournaliste die ze nog geen greintje informatie zou toevertrouwen. Maar op dat moment was Psy dankbaar voor haar warme, hartelijke gezicht, aangezien Venus met haar blik ijspegels in haar borst plantte. Venus liet haar kin rusten op één enkele elegante vinger en de glanzende, zwarte kunstnagel leek op een wapen waarmee ze elk moment kon uithalen. Ze hield haar hoofd schuin en zei koeltjes: 'Fijn dat je er ook bent.'

Psy was precies op tijd. Ze had de avond ervoor ook Venus' documenten en notities uitgezocht en alvast voor haar klaargelegd in de vergaderruimte.

Psy lachte toch vriendelijk. 'Sorry dat ik laat ben.'

Psy probeerde zich te concentreren tijdens de vergadering terwijl ze een balans probeerde te vinden tussen de energie oproepen die ze nodig had om haar idee te pitchen en de energie die ze nodig had om te verwerken dat ze Eros net feitelijk had opgebiecht dat ze verliefd op hem was. Ze faalde in alle drie, wat betekende dat toen Hera, de oprichtster en hoofdredactrice van *Olympus*, vroeg of iemand nog iets had toe te voegen, ze alleen door Phemes nadrukkelijke kuchje geattendeerd werd op het moment. Psy slikte.

'Eh, ik.'

Venus richtte haar blik op Psy en draaide haar hoofd een klein beetje opzij. 'Is dat zo? Moet je dat niet eerst met mij overleggen?'

Shit. Psy had gehoopt initiatief te tonen, maar blijkbaar vertaalde dit zich in Venus' perfect opgemaakte ogen in het ondermijnen van haar autoriteit.

Hera stuurde een gulle lach in haar richting. Ze was een elegante vrouw met dikke, grijze lokken die ze elegant had opgestoken boven op haar hoofd, en grote, wijze ogen die alles leken te zien, ook al zei ze vaak niets omdat ze wilde zien hoe je het er zelf van afbracht voordat ze het zich verwaardigde tussenbeide te komen. Hera gaf je ruimte om te groeien en was meer een welwillende leidinggevende. 'Ga je gang, Psyche.'

Psy schraapte haar keel en probeerde Venus' kille blik te ontwijken terwijl ze door haar aantekeningen op haar tablet scrolde. 'Eh, dus, *Olympus* neemt een heel belangrijke plek in binnen de modewereld. Hera, toen jij het oprichtte, wilde je een statement maken over hoe krachtig vrouwen kunnen zijn door hun keuzes, hun vrijheid om die keuzes te maken en hoe die keuzes weerspiegeld kunnen worden in hun kledingstijl. De laatste tijd, eh, viel me op dat onze covers een nogal... homogeen soort schoonheid laten zien. Dat begrijp ik. Maar gezien onze macht, denk ik dat we een kans hebben om dat te veranderen, om het landschap van onze industrie een duwtje te geven en zich verder te laten ontwikkelen, zoals we dat altijd deden. Daarom wil ik graag een nieuwe campagne voorstellen genaamd Muze, met als doel de gewone vrouw centraal te stellen. Ze kan haar eigen muze zijn. Ze hoeft niet naar anderen te kijken, ze kan in zichzelf kijken, en we willen alle vrouwen inspireren hetzelfde te doen. Activisten, humanisten, influencers, met de kleren en de make-up waarmee ze zich het krachtigst voelen.'

Psy zag de vrouw die rechts van Hera zat, de chief strategy officer van *Olympus*, Athena, knikken, met tussenpozen en nauwelijks waarneembaar, en met haar scherpe, groene ogen half dichtgeknepen. Psy voelde zich gesterkt verder te gaan. 'Ik denk dat als we het zorgvuldig en grondig uitvoeren, we het concept van een universele schoonheidsstandaard kunnen revolutioneren en uitdagen. Ik bedoel, wat ís nou eigenlijk schoonheid? Wij hebben de mogelijkheid om mensen ervan te overtuigen dat de inspiratie voor kleding en esthetiek uiteindelijk moet komen uit wie we zijn...'

Hera stak haar hand op, net toen Psy dacht dat ze goed op dreef was. Ze voelde zich alsof ze tegen Hera's hand was aangelopen en op haar achterwerk was gevallen. Ze wist dat ze te ver was gegaan.

Met rustige ogen keek Hera haar recht aan. 'Dus je wilt zeggen dat mijn tijdschrift ouderwets is en verjonging nodig heeft? En je denkt dat... jij degene bent die dat moet doen?'

Psy slikte. 'Eh, nee, ik dacht alleen...' Psy was er zo aan gewend terug te krabbelen onder de boze blikken van Venus dat het een paar seconden duurde voordat ze besefte dat Hera met een kalme blik naar haar keek, zonder oordeel of afkeuring. Psy zag een grote uitnodiging in Hera's ogen om door te gaan. 'Ik denk niet dat je tijdschrift ouderwets is, maar ik denk wel dat we kunnen helpen een concept van schoonheid te vormen dat onze ziel omvat. Wie we zijn en wat we de wereld te bieden hebben.'

Hera knikte. 'Je wilt je eigen platform beginnen binnen de *Olympus*-organisatie?'

'Nee, ik... nou, nee, maar eigenlijk denk ik dat een platform dat gelieerd is aan Muze goed zou zijn. Ik hoef er geen leiding aan te geven, maar ik zou het graag willen faciliteren...'

'Waarom niet?'

Psy stikte bijna in haar eigen speeksel. 'Pardon? Ik, eh...'

'Waarom hoef je er geen leiding aan te geven? Je hebt twee jaar keihard gewerkt. Je hebt jezelf consequent bewezen in een moeilijke rol. Ik heb je in de gaten gehouden. Je zou er beslist leiding aan moeten geven. We plannen later een vergadering om het verder te bespreken. Als je tevreden bent met de voorwaarden laat ik Moirai van personeelszaken het papierwerk in orde maken. Je zult zelf een team moeten samenstellen en moeten werken binnen de socialemedia-afdeling.'

'Wat?' riepen Venus en Psy gezamenlijk uit, de eerste ijzig en de laatste vol ongeloof.

'D-dank je wel, Hera.' Psy's hart bonsde in haar keel terwijl de adrenaline door haar heen schoot.

Hera hield haar hoofd schuin en trok een mondhoek een heel klein beetje omhoog. 'Je hebt het verdiend.'

Toen Psy de vergaderruimte uitliep, zag ze dat Venus haar best deed haar woede te verbergen en een onbewogen Hera vroeg om 'een spoedvergadering voor hoge geesten'. Venus probeerde niet te laten blijken dat Psyches succes haar vanbinnen opvrat en daardoor werd haar schoonheid geweld aangedaan. Ze zag er enigszins demonisch uit. Psy lachte in zichzelf. Ze was vrij. Ze had het geflikt. Ze had zich losgerukt uit de klauwen van een losgeslagen tiran en nu dit tot haar doordrong voelde ze zich lichter, aangemoedigd en bewuster van haar capaciteiten.

Tegen de tijd dat ze bij haar bureau kwam voelde ze zich de machtigste vrouw bij *Olympus*. Ze zou Eros vertellen hoe ze zich voelde, dat hij haar had gekwetst en dat ze het niet oké vond hoe ze al die maanden geleden uit elkaar waren gegaan, en hoewel dat hun vriendschap kon verwoesten, zou het toch beter zijn dan het gestage afbrokkelen van haar hart te moeten verduren. Als het haar was gelukt indruk te maken op Hera, dan was de situatie met Eros niets om bang voor te zijn. Wat was een onbeduidende knipperlichtrelatie tussen twee collega's nu vergeleken met je idee pitchen voor de meest invloedrijke vrouw in de mediawereld? Niets. Ze was er klaar voor. Voordat ze haar telefoon oppakte van haar bureau zag ze een klein, wit sieradendoosje boven op haar laptop liggen. Op het gewatteerde leer van het kleine doosje stond in goud cursief *Ambrosia* gedrukt. Psy wist dat een cadeau van een van de meest prestigieuze luxemerken ter wereld voor Venus moest zijn, maar ze kon zich niet inhouden en maakte het open, voor de laatste keer gebruikmakend van haar privilege als assistente.

In de koningsblauwe fluwelen voering glinsterde een sierlijke gouden ketting waaraan een prachtige, delicate hanger hing in de vorm van een pijl-en-boog. Hij benam Psy de adem. En toen ze de blauwe post-it las die er opgevouwen bij zat, maakte haar hart een sprongetje:

Ik wist dat het je zou lukken. Kunnen we praten? Op het dak?

'Heeft Pheme het je verteld?'

Psy's stem haalde Eros uit zijn eigen malende gedachten terwijl hij over het dak ijsbeerde en zijn emoties probeerde op te graven en glad te strijken tot woorden die hij kon uitspreken. Eros stopte met ijsberen en draaide zich om naar de zware industriële deuren waar Psy net doorheen was gekomen. De ochtendzon scheen rechtstreeks op haar, waardoor haar bruine krullen goud oplichtten terwijl ze op en neer deinden bij elke stap die ze in zijn richting zette. Hoe dichterbij ze kwam, hoe meer van Psy de zon aan Eros liet zien: haar nabijheid onthulde de helderheid van haar ogen, haar lippen die zich omkrulden tot een half plagend, half verheugd lachje, en de fonkelende ketting met de pijl-en-boog die om haar hals hing en waarvan het goud de diepe koperen tonen van haar huid naar voren haalde. Alle woorden die Eros tot dan toe had bedacht om te zeggen verdwenen toen hij een diepe zucht slaakte. Ze was zo mooi.

Eros rechtte zijn rug en probeerde een nonchalante houding aan te nemen. 'Eh, ja. Ze tweette het letterlijk tijdens de vergadering. Hashtag "*PsycheSlayed*".'

Psy lachte zo hard dat het boven de sirenes in de stad en het rumoer in de straat onder hen uitkwam. 'Natuurlijk deed ze dat... Bedankt voor de ketting, trouwens. Ik vind hem heel mooi. Hoe kreeg je dat zo snel voor elkaar? Heb je soms een hele partij klaarliggen om uit te delen aan meisjes, als een soort souvenir van de Eros Ervaring?' Haar stem klonk parmantig, maar behoedzaam, en de kwetsbare manier waarop ze naar hem opkeek maakte de lucht zwaarder en moeilijker om in te ademen.

Eros slikte. 'Nee, eh, ik heb hem al een tijdje geleden gekocht. Voor als je je promotie zou krijgen.'

De speelse lach verdween van Psy's gezicht en haar lippen openden zich een beetje terwijl haar ogen glinsterden. 'Wat? Serieus?'

Eros haalde zijn schouders op. 'Ik wist dat je hem zou krijgen, Psy. Ik wist dat je iets goeds te wachten stond. Ik wist dat je ervoor zou gaan en dat Muze een hit zou zijn omdat je slim bent en dapper en ongelooflijk. Dat gezegd hebbende... Ik denk dat we moeten praten over wat er eerder...'

Psy schudde haar hoofd. Ze zag er nog steeds een beetje beduusd uit terwijl ze een traan wegpinkte uit haar ooghoek. 'Ja, ja, dat denk ik ook. Je bent echt heel lief. Misschien wel de liefste man die ik ooit heb ontmoet en dat is een deel van het probleem. Je kunt niet dit soort dingen blijven doen en dan van mij verwachten dat ik vergeet dat we ooit hebben gezoend, alleen maar omdat jij het vergeten bent. Het is niet eerlijk...'

Psy liet haar kin zakken en haar stem haperde, en Eros' hart haperde ook. Hoewel hij nog steeds niet de woorden had gevonden waarmee hij precies kon uitdrukken hoe hij zich voelde, besefte hij dat het niet uitmaakte. Hij hoefde alleen maar te voorkomen dat er nog momenten zouden zijn waarop Psy niet wist dat zij het allerbelangrijkste voor hem was. Hij deed nog een stap dichter naar haar toe.

'Daar wilde ik het juist met je over hebben, Psy. Ik ben het helemaal niet vergeten. Integendeel. Het is het enige waar ik het afgelopen halfjaar aan kon denken. Ik vind het vreselijk dat je denkt dat het niets voor me betekende, want het betekende alles voor me. Maar Venus kwam erachter dat wij iets met elkaar hadden en zei dat als ik ermee doorging, ze jou zou ontslaan. Ze stuurde me weg. Ik heb een maand niet met je gepraat omdat ik dacht dat ik niet met je kon praten zonder je te laten weten wat ik voor je voel. Het leek me gewoon makkelijker om te doen alsof het niet was gebeurd. Maar het klinkt heel stom als ik dat hardop zeg. En egoïstisch. En het spijt me dat ik je heb laten denken dat het niets voorstelde. Ik denk dat ik diep vanbinnen... een soort van opgelucht was, omdat het betekende dat ik geen kans zou krijgen om dit te verpesten, om je teleur te stellen of je een kans te geven iets in me te ontdekken wat je niet aanstond. Ik was onzeker en een idioot. Hoe dan ook, ik heb ontslag genomen, net voor de vergadering. Ik ben meteen naar personeelszaken gegaan. Ik besefte dat Venus me in haar macht had omdat ik haar dat liet geloven. Maar ik besefte vooral dat er geen sprake van was dat ze jou echt zou ontslaan. Je bent krachtig en daar is ze bang voor. Ze profiteerde ervan jou onder controle te houden. Bovendien heb ik mijn vriend Ares van juridische zaken gesproken – die grote vent met wie ik op donderdag altijd basketbal speel – en híj zei dat...'

Psy staarde Eros ongelovig aan en schoof iets dichter naar hem toe. 'Wacht... ik moet het allemaal even verwerken. Ze heeft je gechantéérd? En jij hebt ontslág genomen? Voor mij? Dat is gestoord. Je weet dat ze je zal verstoten, toch? Waarom zou je dat doen?'

Eros haalde zijn schouders op. 'Ik ben verliefd op je, Psy. Bovendien is mijn zus een heks. Maar: ja, het gaat vooral om het eerste. Ik weet behoorlijk zeker dat je de liefde van mijn leven bent. Ik, eh, ben gek op je gezicht en op de woorden die eruit komen. Sorry, dat klonk helemaal niet romantisch. Het is alleen... Is het hier warm?'

Psy's ogen prikten en ze beet op haar lip om haar lachen in te houden. 'Nee, maar ik geloof dat dit een heel intens gesprek is en het is nog niet eens twaalf uur, dus...'

Eros probeerde nonchalant te klinken. 'Weet je wat? Genoeg over mij en mijn eeuwige liefde voor jou en het feit dat ik nu werkloos ben. Laten we het ergens anders over hebben. Vertel me meer over Venus' reactie tijdens de vergadering.'

Psy grijnsde. 'Ze ontplofte bijna toen Hera aankondigde dat ze wil dat ik de leiding krijg over Muze als een nieuw platform op sociale media. Het was ongelooflijk. Uh, wat is er nog meer voor nieuws? O ja, de man op wie ik al twee jaar verliefd ben vertelde me net dat hij ook verliefd is op mij. Maar hij vertelde ook dat hij werkloos is, dus... misschien moet ik het een en ander heroverwegen. Ik ben nu natuurlijk een keiharde bazin.'

Eros voelde hoe zijn hart een lach produceerde die zich

over zijn hele gezicht verspreidde en zo'n heldere lichtstraal door zijn ogen stuurde dat Psy ervan ging giechelen, zijn T-shirt vastgreep en hem dichter tegen zich aantrok. Hij sloeg zijn armen om haar middel en trok haar naar zich toe totdat hun bovenlijven elkaar raakten. 'Shit. Ik hoop dat hij er goed uitziet?'

Psy schudde haar hoofd. 'Nee, helemaal niet. En hij kleedt zich ook heel slecht. Maar hij is wel lief en hij heeft een heel goede smaak wat betreft sieraden.'

Psy liet haar handen over zijn borst glijden en sloeg ze om zijn nek. Lachend bracht ze haar lippen vlak voor de zijne. 'Maar weet je wat? Je kunt mijn assistent zijn. Het verdient een stuk minder, maar de arbeidsvoorwaarden zijn goed. Hoe klinkt dat?'

'Het zou me een eer zijn. Wat wil je dat ik als eerste doe?'

'O, de lijst is lang: koffie halen, naar de stomerij gaan, mijn cavia voeren (en kijk uit, want Nimf bijt), met me zoenen...'

Eros knikte bedachtzaam. 'Oké... Hoe drink je je koffie, want die kan ik nu meteen voor je halen...'

Psy lachte dicht tegen zijn mond aan. 'Ik heb genoeg koffie gehad voor vandaag.'

Eros trok Psy zo dicht tegen zich aan dat er praktisch geen onderscheid meer was tussen haar hartslag en de zijne, en toen ze kusten, met *Olympus* onder hun voeten en de hemel om hen heen, voelde het voor Eros alsof wat zij hadden zich niet alleen boven de wereld zoals zij die kenden afspeelde, maar ver voorbij die wereld, buiten zijn reikwijdte, en dat het een voortstuwende energie vormde die hen katapulteerde en vacüum trok in hun eigen universum.

Attem

Ituen kende de geur van rijkdom. Zijn mondhoek krulde op bij het opstijgen van het aroma. Het rook heerlijk, aards en scherp terwijl het omhoogkringelde, in en om de rondingen van zijn neusgaten, voordat het zich diep in hem nestelde. Voor de ongetrainde neus was het niet waarneembaar: het vermengde zich met de kakofonie van bedwelmende geuren waarmee de bruisende markt doordrenkt was. Hij was vakkundig in staat het te destilleren uit andere geuren: mais, geroosterd door een van de pezige dorpsjongens, zweet dat de lekkernij op smaak bracht met zout terwijl hij de maiskolf net zolang bleef omdraaien totdat het geel in glanzend goud was veranderd. Hij kon dit bijzondere aroma onderscheiden van het gekruide vlees dat op een stokje gespietst was en gebarbecued werd totdat het sap eruit liep.

Met een deskundig oog en zijn rug leunend tegen de gladde houten paal van een kraampje, liet hij een bedrieglijk nonchalante blik over de markt gaan. Het was bekend terrein voor hem en zat in zijn hoofd geprent. Elke markt in elk dorp zag er hetzelfde uit. De verse vis en het vlees stonden helemaal aan het eind en als hij verder de straat in liep, stonden er kraampjes met kleding, sieraden, koperwerk, exotische spullen en kunst. Hij zag waar de gaten zaten tussen de houten kraampjes: hij kende de snelste route terug naar het bos en had goed ingeschat welke oom een machete achter in zijn winkel had liggen en welke moeder een dolk verborgen hield in de plooien van haar wikkeljurk.

Het was rond het middaguur op de Vierde Dag. De markt was op zijn drukst en werd bevolkt door inwoners die boodschappen deden van hun wekelijkse loon. Hij hoorde het gekletter van kaurischelpen en op het ritme van dat gekletter sloeg zijn hart. Ituen was jager van beroep. Als zijn pijl op een antilope was gericht, nam hij iets van het bos. Dat was een onderdeel van de cyclus van het bos en hij vormde een integraal onderdeel van de natuur. Mensen moesten eten en het bos moest gereinigd worden, anders zou het in zichzelf wegzinken. En wanneer Ituen stal van mensen hielp hij ze herwaarderen wat hun dierbaar was. Kun je iets echt koesteren, ervan genieten en het eerbiedigen zonder bang te zijn het te verliezen? Het is juist de angst om iets te verliezen die aangeeft hoe integer je bent. Het bepaalt of iemand hebzuchtig is of juist vrijgevig. Het bepaalt wat hem definieert. De wereld had hem nodig.

In zijn hoofd waren de jager en de dief met elkaar verweven, samengesmolten. In de manier waarop hij te werk ging waren ze allebei even nobel. Ituen richtte zijn pijlen op de sterkste dieren, net zoals hij zijn pijlen richtte op de rijkste mensen. In het moment tussen het trekken van zijn boog en het doorboren van huid en pezen werd er een tijdelijk vacuüm gecreëerd, waarin hij alleen het gehijg van zijn eigen ademhaling en zijn eigen hartslag kon horen. Als het niet zo fantasierijk was, zou hij hebben gezworen dat hij ook het hart van het dier gelijktijdig met dat van hem kon horen kloppen. Het voelde bijna alsof hij werd voortgedreven door de geest van een god, of zelfs alsof híj een god was.

Als hij stal van de rijken voelde hij dezelfde sensatie. Alleen was het in dat geval niet een gevoel van controle over leven en dood waardoor hij zich heel machtig voelde, maar het feit dat hij, Ituen, de enige zoon van arme boeren uit een klein, uitgebuit dorpje, iets afpakte van hen die zichzelf superieur vonden. Op zijn eigen bescheiden manier overweldigde hij de stamhoofden en koningen die zijn mensen thuis ten onrechte belastingen oplegden en zichzelf over de rug van hun volk verrijkten. Ituen pakte hun rijkdommen af en gebruikte ze om diegenen te bevrijden die waren aangesteld als contractarbeiders om hun schulden af te betalen. Ituen zorgde voor evenwicht.

'Meneer, wilt u iets kopen?' riep een zoetgevooisde vrouw naar hem vanuit het kraampje aan de overkant. Ituen kneep zijn ogen dicht tegen de zon om naar de kralenverkoopster te kijken. Aan de ingewikkelde manier waarop haar geel met blauwe hoofddoek was geknoopt en de lagen rode kralen die over haar weelderige boezem hingen – die strak was omwikkeld om hem omhoog te duwen en te accentueren – kon hij zien dat ze ongetrouwd was. Ze wees naar haar waren die uitgestald lagen op een geweven kleed.

'... voor uw vrouw,' voegde ze er koket aan toe terwijl ze haar hoofd schuin hield.

Ituen gooide de tandenstoker die tussen zijn lippen zat op de grond en toverde een grijns tevoorschijn. Hij kende dit lied van vraag en antwoord. Hij had erop geoefend en zijn tekst geleerd en aangescherpt sinds zijn veertiende, toen zijn gezicht hoekig werd en zijn spieren geprononceerder, en de blikken van de meisjes langer op hem bleven rusten, met zachte ogen en een scherpe glimlach. Ituen wierp een snelle blik over de markt en kuierde naar het kraampje.

'Ik ben nog op zoek naar een vrouw, koningin.'

De kralenverkoopster lachte nog stralender en liet haar blik over zijn slanke, gespierde lichaam gaan. 'Dan moet je wel blind zijn.'

Ituen lachte, leunde met een hand tegen de paal van het kraampje en keek haar diep in de ogen. 'Ik ben gewoon op zoek naar iemand die mij ziet zoals ik haar zie.'

De vrouw knikte en giechelde, ze hoorde hem, maar luisterde niet, en liet haar blik over Ituens blote bovenlijf gaan. 'Ik zie u, meneer.'

Ituen glimlachte. Hij wist dat zijn uiterlijk zijn beste camouflage was, want het kon niemand iets schelen wat eronder zat. Hij stelde zich voor aan dorpsbewoners, knipoogde naar de meisjes, dronk palmwijn met de mannen en liet de moeders in zijn wangen knijpen, hem volstoppen met eten en zich beklagen dat ze niet twintig jaar jonger waren. Daardoor kon hij ongezien naar binnen en buiten glippen. Maar er was ook een deel van hem dat ervan hield onderdeel te zijn van een gemeenschap, al was het maar voor een paar dagen. Zijn ouders waren overleden toen hij nog jong was en zijn dorp was geplunderd. Zijn thuis was veranderd in een woestenij vanwege hebzucht en eigenbelang. Er was niets om naar terug te keren nadat zijn eigen familie tegen hem had gezegd dat hij er beter in zijn eentje op uit kon trekken. Hij vroeg zich af hoe het zou zijn om verwelkomd te worden in een huis omdat hij daar thuishoorde, en niet alleen als gast.

Maar hij moest een rol spelen om te overleven. Er zat een limiet aan wat hij kon geven. Hij moest een schaduw van zichzelf zijn om deze dorpen makkelijk in en uit te gaan, en dus waren de vrienden die hij maakte ook schaduwen. Hij accepteerde dat en maakte het beste van zijn kortstondige aanwezigheid. Hij deed erg zijn best om zichzelf ervan te overtuigen dat het een avontuur was.

Ituen leunde tegen de kraam en stond op het punt aan de kralenverkoopster te vragen wat ze in hem zag toen hij een verandering in de atmosfeer voelde. De geur van rijkdom was sterker geworden. Hij merkte dat er een verandering was aan de rimpelingen in de lucht, aan het zachte gemompel op de markt wanneer er iemand uit het gezelschap van de koning in de buurt was, aan de eerbiedige jaloezie en het geroddel. De kralenverkoopster rolde met haar ogen en maakte een sissend geluid tussen haar tanden waaruit Ituen onmiddellijk opmaakte dat ze naar een vrouw keek die ze ofwel haatte, ofwel graag wilde zijn.

Toen de kralenverkoopster weer begon te praten, klonk ze niet langer zoetgevooisd. 'Dat mens, wie denkt ze wel niet dat ze is.'

Ituen rechtte zijn rug en draaide zich naar de kraam met koperwerk waarnaar de kralenverkoopster stond te kijken. Hij zag waar de geur van rijkdom vandaan kwam. Haar huid was zo donker en rijk als de aarde in het bos, zo glad en vol als fruit dat op het punt staat van de tak te vallen, en hij glom en glinsterde in de middagzon. Hij zag alleen haar profiel, maar dat was genoeg. Hij zag de rijke, gestructureerde rode omslagdoek die ze droeg, versierd met witte nsibidi-symbolen die een koninklijke geschiedenis van oorlogen en hemelse wezens uitdrukten. Normaal gesproken werd zo'n doek alleen gedragen door mannen uit de hoogste regionen van de maatschappij. De stof omzwachtelde een slanke taille en weelderige heupen. Ze liet een gladde en elegante arm zien toen ze een beeldje van een bronzen panter oppakte en ronddraaide in haar hand. Ze stond onder een parasol van gedroogde palmbladeren die gebleekt waren door de zon. De parasol werd vastgehouden door een van haar hofdames, die een gewaad droeg met een gele mussenprint, het koninklijke symbool van koning Offiong. Het was alsof Ituens hart stil bleef staan en op dat moment alle waarheden van het universum op hem afkwamen. Toen kwam hij weer tot leven en vielen alle waarheden weg, totdat er nog één waarheid over was: de vrouw die hij voor zich zag.

De kralenverkoopster ging verder met een zachte stem die afgeknepen werd door afkeer, en onthulde gedetailleerde persoonlijke informatie op een manier waarop alleen een vijand dat kon. 'Dat is de jongste vrouw van koning Offiong, Attem. Een onbeschaamd meisje. De oude koning zag haar dansen tijdens het oogstfestival en werd onmiddellijk verliefd op haar, en dus nam hij haar als zijn zevende vrouw. U had haar moeten zien dansen. Schaamteloos! Recht voor de koning en zijn vrouwen. Ik vertrouw haar voor geen cent. Ze loopt door het dorp alsof ze het bezit. Ze is zijn belangrijkste vrouw geworden. Alleen de eerste vrouw is het toegestaan naar de markt te gaan, en toch komt ze elke Vierde Dag.'

Ituen kon zijn ogen niet van Attem afhouden, die hij nu volledig in beeld had. Ze lachte naar de koperwerkverkoper en zei iets tegen haar dienstmeisje waar iedereen om moest lachen. 'En vindt de koning dat erg?'

Ituen voelde dat de kralenverkoopster met haar ogen rolde. 'Nee, de koning denkt niet met zijn hoofd, dus hoe zou hij het erg kunnen vinden?'

Ituen glimlachte en liep naar de koperwerkkraam.

Attem lachte.

'Hij is echt heel mooi, hè?'

Haar dienstmeisje, Affiah, zette een houten olifantje terug op de tafel en draaide zich in de richting waarin Attem keek totdat ze Attems doelwit in het vizier kreeg. Aan haar ademhaling kon Attem opmaken dat Affiah hetzelfde had gezien als zij. 'O ja, mevrouw. Een geweldige keuze. Lang, ziet er sterk uit, en knap.'

Attem liep een eindje verder naar een kledinghandelaar en pakte een dik geweven paarse doek op, de duurste en meeste bijzondere die erbij lag en er alleen maar was neergelegd om te laten zien dat de handelaar hem had kunnen bemachtigen.

Hij was niet te koop, maar diende als pronkstuk op basis waarvan de handelaar zijn prijzen bepaalde. Attem pakte hem op.

'Nou, ik kies altijd lange, sterke en knappe uit, maar deze heeft iets bijzonders. Hij is stil. Hij heeft niets te bewijzen. De meeste mensen zouden nooit vermoeden dat hij een dief is.' Zij wist dat hij dat was; niet zo heel veel manen geleden was ze er zelf een geweest.

Ze fluisterden, ook al waren Attems koninklijke lijfwachten op haar verzoek behoorlijk ver achter hen, en tot dusver had niemand de echte reden voor hun expeditie naar de Vierde Dag-markt ontdekt. Ze konden niet het risico lopen afgeluisterd te worden.

Attem was eenentwintig en getrouwd met een verschrompelde oude man die ze afstotelijk vond. Een koning, ja, maar toch gewoon een man. Attem vond mannen over het algemeen dwazen, en Offiong was misschien wel de grootste dwaas van allemaal. Dat werkte goed voor Attem. Hij was zo betoverd door haar geveinsde affectie en zo arrogant in zijn geloof in zijn eigen begeerlijkheid dat Attem haar leven min of meer kon leiden zoals ze maar wilde. Ze kon hem afleiden door in zijn basisbehoeftes te voorzien terwijl ze intussen die van zichzelf bevredigde. Attem vond dat ze haar gaven als mooie jonge vrouw niet moest verspillen, of een leven zonder plezier moest leiden, en dus ging ze elke Vierde Dag op zoek naar meer dan alleen snuisterijen.

Ze koos een man uit op basis van zijn uiterlijk en stuurde vervolgens Affiah naar hem toe om hem uit te horen. Als Affiah dacht dat hij aan Attems eisen voldeed, nam ze hem als het donker was mee naar Attems geheime verblijf: een grot in de heuvels achter het dorp. De volgende ochtend werd hij daar weggesmokkeld. Het was een gelikte operatie die afhing van de sluwheid van de hofdames die Attem dicht om zich heen hield. In plaats van bediend te worden door de dochters van de belangrijkste zakenmannen en stamhoofden gaf Attem de voorkeur aan dienstmeisjes die ze zelf had bevrijd, opgeleid en getraind om deel uit te maken van haar gevolg. Ze gaf ze mooie uniforms en zorgde ervoor dat ze goed te eten kregen en gelukkig waren. Attem liet duidelijk weten dat als de mannelijke lijfwachten haar vrouwen ook maar met één vinger tegen hun wil aanraakten, ze hen zou laten castreren. Koning Offiong verzette zich aanvankelijk toen hij geconfronteerd werd met de ontsteltenis van zijn hofhouding. Ze voerden aan dat Attem de orde in hun land verstoorde en dat het de toorn van de goden zou opwekken. Maar Attem was onverschrokken en onverstoorbaar en weerstond met opgeheven hoofd de dreigende blikken van de woedende mannen van de koning. Attem had met haar zachte hand over de pokdalige, slappe wang van Offiong gestreken, zijn kin vastgepakt en in zijn oor gefluisterd dat ze zich veiliger voelde met vrouwen om zich heen en dat hij de enige man was die ze bij zich in de buurt wilde hebben. De oude dwaas had haar egostrelende woorden voor zoete koek geslikt en zijn mannen opgedragen haar te gehoorzamen.

Affiah verrichtte de nodige inspanningen om er zeker van te zijn dat de mannen die Attem uitkoos discreet waren – en dat waren ze. Discretie was makkelijk te vinden, zelfs als je buiten beschouwing liet dat deze mannen beslist levend gevild zouden worden als de koning erachter kwam dat ze omgang hadden gehad met zijn vrouw. Het geheim bleef bewaard puur door het feit dat ze waren uitgekozen door koningin Attem.

Attem maakte zich geen enkele illusie over wat haar aantrekkelijk voor hen maakte. Het was ongecompliceerd en duidelijk, en dat vond ze prettig. Voor haar was het belangrijk dat het haar eigen keuze was, een tastbare uiting van de enige macht die ze bezat. Haar huwelijk met Offiong was alleen voltrokken omdat ze geen enkele keuze had gehad. Haar ouders waren nederige ambachtslieden geweest die waren opgezadeld met een verlammende schuld aan de troon nadat ze hun spaargeld hadden toevertrouwd aan iemand aan wie ze dat beter niet hadden kunnen doen. Het regime van koning Offiong gaf hun twee opties: hun nederzetting, die generaties lang in hun bezit was geweest, afstaan en de rest van hun leven slaaf zijn, of vluchten. Intussen dijde Offiongs landgoed steeds verder uit met de luxe bezittingen die hij van iedereen plunderde. Een welwillende koning zou de schuld hebben kwijtgescholden, maar Offiong was geen welwillende koning. Hij was de zoon van een man die zijn weg naar de troon moordend en manipulerend had afgelegd; hij was een gewelddadige leugenaar en zijn koningschap was doordrenkt met bloed.

Attem wist dat haar trotse ouders liever gevangengenomen werden dan dat ze ervandoor zouden gaan. Ze moedigden haar aan te vluchten met haar jongere zusjes, maar het was ondenkbaar dat ze haar vader en moeder zou achterlaten om tot slaaf gemaakt te worden, en ze zou haar twee jongere zusjes nooit achterlaten om voor zichzelf te zorgen. Attem besefte al snel dat ze maar één optie had: ze moest de koning verleiden. Op het oogstfestival was ze helemaal naar de voorhoede gedrongen van de groep irritant jonge en schuchtere meisjes die zich hadden verzameld en deed alles wat in haar vermogen lag om op te vallen. Ze had geen andere keuze: ze moest dapper zijn of haar familie in armoede achterlaten. Ofwel de wellustige oude man zou voor haar vallen, of haar hele wereld zou instorten. Ze had haar afkeer onderdrukt en hem met een verleidelijke blik aangekeken. Door de adrenaline wiegde ze nog meer met haar heupen en haar voeten stampten met veel kracht in het stof. Ze danste om haar familie te redden.

Koning Offiong betaalde een behoorlijke bruidsschat. Haar familie was niet blij met de overeenkomst, maar kon niet heen om het feit dat al hun zorgen zouden verdwijnen met dit huwelijk. Ze behielden hun land en konden anderen helpen die in eenzelfde hachelijke situatie zaten. Het enige wat Attem hoefde te doen was dagelijks met kruiden verrijkte palmolie drinken als voorbehoedmiddel, haar ogen sluiten en Offiong eenmaal per week in zich laten pompen terwijl ze de twee minuten durende nachtmerrie probeerde te verdringen.

Attems uitstapjes naar de markt gaven haar vrijheid, macht en de mogelijkheid zelf keuzes te maken. Ze had het geluk dat Offiong haar gunstig gezind was. Hij zei dat hij hield van haar brutaliteit (de andere vrouwen maakten een afkeurend geluidje, rolden met hun ogen en zeiden dat het niet haar brutaliteit was waar hij van hield), en dus stond hij haar toe een keer per week naar de markt te gaan. Ze besloot dat gebonden zijn niet hoefde te betekenen dat ze gevangenzat.

Deze man op de markt leek met zijn zijdeachtige, koperkleurige huid, die zijn spieren strak omspande, de perfecte keuze. Ze zag het vuur in zijn ogen toen hij de markt rondkeek en het scheve trekje rond zijn mond terwijl hij het allemaal in zich opnam. Hij was een man met ambitie.

Attem stootte Affiah aan. 'Laten we dichter naar hem toe gaan.'

Affiah keek Attem nieuwsgierig aan. Dit was niet hoe ze het normaal gesproken aanpakten. Nabijheid zou achterdocht kunnen opwekken en dat konden ze zich niet veroorloven. Hoewel ze dat wist, vertrouwde Affiah Attem onvoorwaardelijk. Affiah kwam uit een herdersfamilie, maar door Attem voelde ze zich nooit minder dan een hooggeborene. Tijdens de eerste weken van haar huwelijk had Attem gezien hoe Affiah op de markt een man een pak slaag gaf toen hij haar probeerde op te lichten met een paar koeien: ze had een stok gepakt en hem in zijn kruis geslagen. De man had geprobeerd Affiah te laten arresteren, maar Attem kwam tussenbeide en ontbood haar op haar hof. Affiah wist zeker dat Attem haar persoonlijk zou straffen voor het te schande maken van hun geslacht in haar nabijheid, maar Attem verklaarde dat ze vrouwen om zich heen nodig had die niet bang waren voor mannen. Niet lang daarna verdween de man die geprobeerd had Affiah van haar levensonderhoud te beroven.

Affiah wist dat Attem hen nooit in gevaar zou brengen, dus knikte ze instemmend.

'Laten we tegenover de koperwerkkraam gaan staan. Daar zal hij ons ontmoeten,' zei Attem.

Affiah wilde vragen hoe Attem wist dat hij hen daar zou ontmoeten, maar toen herinnerde ze zich dat Attem altijd gewoon wist wat ze wist.

Ituen wist dat hij een risico nam, maar wat was het leven waard als je nooit een gokje waagde? Met grote passen liep hij naar de kraam terwijl het plan vorm vatte in zijn hoofd. Een vluchtige blik vertelde hem dat de koningin vergezeld werd door drie mannelijke lijfwachten, die een eindje achter haar stonden. Dat was ongebruikelijk en het beviel hem wel. Ze was duidelijk een zelfverzekerde, krachtige vrouw.

Ze liet haar hand over de beeldjes gaan en kletste met haar dienstmeisje toen Ituen naast haar ging staan. Er was een respectabele afstand tussen hen: niet zo dichtbij dat het achterdocht zou opwekken, maar ook niet zo ver weg dat een gesprek aanknopen lastig zou zijn. Ze stond even stil voordat ze verder rondkeek terwijl ze met de handelaar praatte over het vakmanschap en de gedetailleerdheid van de beeldjes. Deze vrouw had verstand van kunst. Ituen schraapte zijn keel en pakte een bronzen panter op. Het was een elegant stuk: het dier had een lange, gebogen rug en stond op het punt te springen. Zijn ogen waren scherp en gefocust en hij had zijn minutieuze klauwen uitgeslagen.

Hij draaide het rond in zijn hand en keek op naar de handelaar. '*Oga*, hoeveel?'

De handelaar keek hem ongelovig aan. Koningin Attem had nog niet in zijn richting gekeken. Hij voelde zich te kijk gezet door haar gebrek aan aandacht voor hem, en op dat moment besefte hij hoe graag hij haar aandacht wilde.

De handelaar klakte geïrriteerd met zijn tong tegen zijn gehemelte. 'Zie je niet dat ik bezig ben? Ongemanierde vlerk. Hoe durf je te storen tijdens mijn onderhandeling met een koningin...'

Op dat moment stak koningin Attem haar kin omhoog. Aan haar profiel kon Ituen zien dat haar mondhoek iets was opgetrokken en dat ze zich klaarblijkelijk vermaakte. Haar dienstmeisje glimlachte ook. Dit was op zich goed, maar het verraste Ituen en maakte hem zenuwachtig. Hij had irritatie bij haar verwacht, die hij vervolgens had willen wegnemen, maar met haar opgekrulde mondhoek had ze de controle over de situatie van hem overgenomen. Ituen wilde heel graag de rest van Attems glimlach zien. Het stukje dat hij ervan had gezien had zich in zijn borst gehaakt en hem naar haar toe getrokken. Hij werd gelokt. Voor de verandering voelde hij zich de prooi.

'Nee.' Haar stem klonk zo lief en hees als een avondbriesje dat door het bos trok. Hij wikkelde zich heel strak om zijn pols. 'Help hem eerst maar, ik ben er nog niet uit.'

Ituen probeerde zijn plan opnieuw vorm te geven. Haar stem had het volledig aan stukken geblazen. 'Dank u, Uwe Hoogheid.' Ze knikte terwijl ze hem nog steeds niet aankeek. Ituen vroeg opnieuw aan de handelaar: 'Hoeveel?'

De handelaar staarde Ituen geïrriteerd aan, met een frons tussen de oude plooien van zijn leerachtige gezicht en met zijn armen over elkaar geslagen. Toen hij sprak klonk het als een snauw. 'Twintig.'

'Ach baba, toe, alstublieft. Ik ga de familie van mijn moeder bezoeken en ben nog wel even onderweg. Ik moet geld besparen voor eten. Tien, alstublieft...'

Er verschenen nog meer rimpels van irritatie op het gezicht van de handelaar. Hij wilde zich weer tot de koningin wenden die zeker iets van hem zou kopen, maar hij wist dat ze beledigd zou zijn als hij onbeleefd was tegen deze man.

'Spaar je geld dan voor eten door dit niet te kopen. Ah! Zie je het vakmanschap dan niet? Heb je ooit zo'n verfijnd beeldje gezien?'

'Nee, meneer, en daarom wil ik het graag hebben. Het herinnert me aan een droom die ik had van de vrouw op wie ik op een dag verliefd zou worden. Haar rondingen,' hij tikte op de holle rug van het bronzen diertje, 'zijn net zo vloeiend als dit. Ze heeft dezelfde wreedheid en elegantie als een panter. En ogen die...'

Op dat moment draaide koningin Attem zich om en keek Ituen aan. Haar blik nagelde hem aan de grond, drukte tegen zijn borst en perste alle lucht uit hem. Van dichtbij was ze nog mooier: volle, grijnzende lippen, een ronde, majestueuze neus, waarvan de neusvleugels zich een beetje spreidden als ze lachte.

'Ogen die wat?' vroeg ze. Haar lach rolde nu uit haar mond en doordrenkte haar stem.

'Ogen die...' Ituen slikte. 'Ogen die eruitzien als de nacht die zich om de zon heeft gewikkeld.'

Attem keek naar de panter in zijn hand. 'Interessant. Die had ik niet gezien. Je moet een voortreffelijke smaak hebben. Hoe heet je?'

'Ituen, Uwe Majesteit.'

Attem knikte. '"Havik". Dus je bent dapper, hè?'

De grond onder hun voeten leek samen te trekken en ze dichter bij elkaar te brengen. Ituen voelde zijn hart in zijn keel kloppen. Attem had het gevoel alsof de tijd stilstond. Het was onduidelijk wie wie in de val lokte.

Ituen hield zich groot. 'Ik doe wat ik moet doen, Uwe Majesteit.'

'Dat is iets wat dappere mensen zeggen, Ituen. Heb je trek?'

Ituen boog zijn hoofd. 'Ik zou wel iets kunnen eten. Dank u, Uwe Majesteit.'

Attem grijnsde. 'Luister, ik heb een voorstel. Mijn dienstmeisje, Affiah,' zei ze terwijl ze naar de vrouw naast zich wees met de mooie gevlochten knotjes en spottende ogen, 'zoekt een echtgenoot. Ik kom voor haar het dichtst in de buurt van familie. Haar ouders en grootouders zijn overleden. Ik denk dat jij in aanmerking komt als mogelijke partij.'

Affiah zette grote ogen op en deed in een goed geoefend toneelstukje alsof ze verward en geschokt was, waarna ze weer tot zichzelf kwam en verlegen en met een klein glimlachje naar de grond keek, haar rol perfect vertolkend. Ituen opende zijn mond om iets te zeggen, maar voor de verandering was hij met stomheid geslagen.

Attem gebaarde naar de handelaar. 'Baba, pakt u alstublieft de panter voor me in, en Affiah, betaal deze meneer alsjeblieft.'

De irritatie van de handelaar verdween als sneeuw voor de zon.

Tot slot richtte Attem zich tot een verbijsterde Ituen. 'Mijn hofdames halen je bij zonsondergang op van deze plek zodat je kunt eten met de mannen aan het hof.'

Ituen opende opnieuw zijn mond om iets te zeggen, maar

Attems stem sprong voor de klunzige woorden die hij op het punt stond uit te spreken.

'Kom vanavond eten, dan kunnen we de mogelijkheid van een verloving bespreken.' Ze pakte de bronzen panter aan van Affiah en gaf hem aan Ituen.

'Een geschenk.' Ze richtte zich tot haar dienstmeisje. 'Kom, Affiah, we moeten de lijfwachten laten weten dat we een gast hebben uitgenodigd aan het hof vanavond.'

Daarmee trokken Attem en haar entourage zich terug en Ituen bleef achter met de absolute zekerheid dat elke illusie van controle die hij over de situatie dacht te hebben, verdwenen was.

Hoewel hij weg probeerde te blijven, keerde Ituen steeds weer terug naar Attem, als door een magneet aangetrokken. Het leek wel een dwangneurose. Op die eerste Vierde Dag kwam hij al vrij snel achter haar list, net zoals zij al vrij snel wist dat hij een dief was. Toen Ituen voor het eerst in haar geheime grotverblijf kwam, lag Attem op een kleed met een overvloed aan snuisterijen die ze hem wilde geven voor zijn diensten. 'Omdat ik je handel heb verstoord,' zei ze met een glimlach.

Ze was scherp en direct. Hij had zich afgevraagd of het soms een ingewikkelde val was. Hij had aangenomen dat ze net als de rest van de hooggeborenen saai en arrogant was, maar ze had met haar ogen gerold en gelachen toen ze zag dat hij geschokt was. 'Kom, ga zitten. Ontspan je. Kijk niet zo bezorgd. Dit is geen val. Ik ben zelf ook een tijdje een dief geweest. Voordat de monden van mijn familie werden gevoed doordat ik de vrouw van de koning was, werden ze gevoed doordat ik stal van de markt. Het bleek alleen geen lang leven beschoren. Ik veroordeel je niet. We doen wat we moeten doen, zoals je al zei. We doen het om te overleven. Maar ik denk dat we meer moeten doen dan alleen overleven, vind je ook niet? We verdienen wat plezier. Natuurlijk staat het je vrij mijn aanbod af te slaan. Je mag de snuisterijen hoe dan ook meenemen.'

Dit was een nieuwe ervaring voor Ituen: de jager was veranderd in de prooi. Het verbaasde hem dat hij genoot van de sensatie dat hij was uitgekozen en dat hij werd gezien voor wie hij werkelijk was. Ze had heel makkelijk door zijn masker heen gekeken en omarmd wat erachter zat. Nadat ze het bed hadden gedeeld, hadden ze gepraat en hun gedachten en filosofieën hadden elkaar gevonden. Hij leerde haar overvloed aan wijsheid kennen, de grootheid van haar hart dat zowel hard als zacht kon zijn, en bovenal haar kracht. Hij ontdekte een nieuwe vorm van rijkdom, een waarvan hij het bestaan nooit had bevroed en waarvan hij nooit had geweten dat hij ernaar zocht.

Ze vroeg of hij nog een nacht wilde blijven. Er was een deel van hem ontwaakt waarvan hij niet wist dat het bestond. Toen hij vertrok waren de schatten die ze voor hem had meegebracht onaangeraakt.

'Ik heb je gemist,' zei Ituen toen hij Attems grot binnenkwam, een halfjaar nadat ze elkaar voor het eerst hadden ontmoet.

Attem wachtte op hem in de grot die ze had ontdekt tijdens de eerste dagen dat ze was getrouwd met de koning. Hij was verlicht met toortsen die de rotswanden een gouden gloed gaven en gedecoreerd met zachte matten, kleden en kussens die het hol veranderden in een koninginnenverblijf. Er was een overvloed aan palmwijn en fruit en er werd wierook gebrand. Het was haar toevluchtsoord. Na diners en festiviteiten trok ze zich daar vaak terug, in de bergen met haar hofdames, en zei dan tegen de koning dat ze wilde mediteren en contact zoeken met haar geesten. 'De goden hebben me naar jou geleid, dus hoe zou ik ze niet toegewijd kunnen zijn?' zei ze dan zoetgevooisd.

Attem lag uitgespreid op haar mat en nipte van haar kelk. Ze lachte en schudde zachtjes haar hoofd. 'We weten allebei dat dat tegen de regels is, Ituen.'

Ituen grijnsde en schudde zijn vest van bruine dierenhuid af. Hij legde hem op de gebruikelijke plek en trok zijn sandalen uit bij de ingang.

'En sinds wanneer houden wij ons aan de regels, Panter?'

Bij het horen van Ituens koosnaam voor haar rolde Attem met haar ogen. 'Daar moet ik het met je over hebben. Hoe leuk het ook is, we moeten voorzichtig zijn. Je kunt niet zomaar komen opdagen. We zeiden de vorige keer dat het de laatste keer was.'

Ituen ging naast haar op de mat zitten. Attems wikkeldoek was laag om haar borst gebonden en haar gladde huid gloeide amberkleurig op onder het licht van de toortsen. Ituen boog zijn hoofd om haar schouder te kussen, daarna haar hals, snoof haar geur van fijngemalen ylang-ylang en sandelhout op en lachte met zijn mond tegen haar huid terwijl ze zich ontspande en een zucht slaakte die net zo zacht en vol was als haar lichaam.

'We zeiden de laatste vijf keer dat het de laatste keer was,' mompelde hij tegen haar hals.

Attem smolt, slikte en probeerde zich te herpakken. Ze maakte zich voorzichtig los van Ituen en pakte zijn kin vast. 'Je hebt je baard afgeschoren.'

‘Je zei dat hij prikte.’

Attem lachte met haar mond tegen zijn lippen. ‘Ituen, we zijn roekeloos. We moeten het hierover hebben. Herhaalde bezoekjes zijn gevaarlijk voor ons allebei.’

Ituen knikte. ‘Riskeren we betrapt te worden? Of riskeren we iets anders?’ Hij wreef met zijn duim langs haar kaak. ‘Ik vrees dat dat andere zich al heeft voltrokken, Panter. Laten we er geen doekjes om winden.’

Attem negeerde zijn insinuatie, negeerde hoe haar hart tekeerging onder zijn liefkozingen, en schudde haar hoofd. ‘Met zo’n gouden tong zou je je mond dicht moeten houden om hem te beschermen.’

‘Ah, maar hoe zou ik je dan moeten kussen?’

Hij boog zich dichter naar haar toe en Attem lachte en trok zich plagerig terug, om hem nog wat langer te laten smachten. ‘Je bent een belachelijke man. Hoe was je reis?’

Ituen zuchtte, leunde achterover op de mat en stopte een sterappel in zijn mond waaruit de zaadjes waren verwijderd. ‘Heel saai. Ik infiltreerde in een koninklijk paleis zeven dorpen verderop richting het oosten. Het was heel makkelijk. Rijke mensen zijn ongelooflijk dom. Je hoeft alleen maar je rol te spelen en ze stellen geen enkele vraag. Ze zijn ook saai. En hebzuchtig. Zíj zijn de dieven. Het enige waarover ze praten is de manieren waarop ze de armen uitbuiten, de vrouwen die ze betalen om met ze te slapen en de echtgenotes die willen dat ze daarmee stoppen. Maar ik heb wel een cadeau voor je.’ Ituen haalde een onyx armband tevoorschijn, die hij had weggestopt in de doek die om zijn middel gewikkeld zat, en hield hem omhoog voor Attem. Ze grijnsde terwijl ze hem om haar delicate pols schoof.

‘Dank u, meneer. Maar we weten allebei dat je hem zult

moeten houden. Voor de laatste keer: ik heb niets van je nodig.'

Ituen was gekwetst, maar hij probeerde het niet te laten merken. 'Nee, hij is voor jou. Ik wil je iets geven. Om je terug te betalen voor de panter die je maanden geleden voor me kocht.'

'Die was bedoeld als aandenken aan mij.'

'Ik wil jou als aandenken aan jou.' Ituen was gefrustreerd: hij had eindelijk een manier gevonden om niet slechts als een schaduw te leven. Het zorgeloze, roekeloze leven waarvan hij zichzelf had wijsgemaakt dat hij ervan genoot, was vervaagd tot een kleurloos, smakeloos bestaan vergeleken met de gestolen momenten die hij had met haar. 'Attem... je verdient de wereld. Ik vind het vreselijk dat ik je die niet kan geven.'

Attem streelde met de rug van haar hand langs zijn kaak. Ituen was veel gevoeliger dan toen ze hem voor het eerst ontmoette. 'Je geeft me wat ik wil hebben. Dat is meer dan genoeg.'

Attem voelde zich altijd vrij bij Ituen. Ze hoefde niets te onderdrukken, ze kon al haar emoties de vrije loop laten. Er waren hier geen plichten, geen vaste vorm, geen regels. Hier hadden ze hun eigen jurisdictie. Toen ze Ituen al die maanden geleden ontmoette en hem uitkoos als haar volgende verovering, had ze zichzelf verrast toen ze hem vroeg nog een nacht te blijven. Hij had zichzelf verrast door ja te zeggen. Ze waren beiden verrast geweest door het feit dat hun geesten het net zo goed met elkaar konden vinden als hun lichamen, dat ze bleven doorpraten tot het licht werd, lachten terwijl ze dicht tegen elkaar aan lagen en praatten over hun theorieën over het universum. Iedere keer waren ze voorzichtig geweest met praten over de toekomst, omdat ze de verbazingwekkende sublimiteit van het heden niet wilden verstoren. Elke ochtend wanneer Ituen moest vertrekken namen ze afscheid en hielden hun eigen stille verdriet voor zich. Ze wisten hoe gevaarlijk het was en dus voelde elke keer als de laatste keer. Attem wist nooit zeker of ze Ituen weer zou zien. En dus vertelden ze elkaar dat hun hart geen rol speelde in hun regeling. Een zoete leugen die hen net zo goed beschermde tegen de liefde als een muis tegen een havik.

Ituen glimlachte zwakjes om de narigheid van hun situatie te laten verdwijnen, het gapende gat tussen hun twee werelden. 'Het is gek, maar hoewel ik goed heb gegeten van de maaltijd die Affiah me bracht, heb ik nog steeds honger.'

Attem lachte en liet toe dat Ituen aan de wikkeldoek trok die losjes om haar borst was geknoopt.

'Je bent gek. Ik vrees dat u hier niets te eten zult vinden, meneer.'

Ituen duwde haar voorzichtig neer op de mat. 'Ik ben een jager. Ik vind wel iets.'

Zijn lippen stootten tegen de hare en het duurde niet lang voordat haar mond hem toeliet en haar lichaam om hem smeekte. Alleen bij Attem voelde Ituen zich rustig en had hij niet langer de drang om naar het volgende dorp te trekken. Ze was heel sterk, en dus probeerde hij ook sterk te zijn voor haar. Ze was heel slim, en dus wilde hij ook slim zijn voor haar. Ze was heel aardig, dus wilde hij net als zij aardig zijn. Haar leren kennen was zijn meest risicovolle, maar ook meest bevredigende avontuur tot dan toe.

Met de komst van de dageraad kwam ook de inmiddels vertrouwde zware, deprimerende angst die als een steen op

Attems maag lag. Ituen verroerde zich en trok haar dichter tegen zijn borst. Ze voelde zijn hartslag naast haar ruggengraat en zijn warme adem in haar nek. Het was pijn genesteld in geluk. Ze staarde rechtstreeks in het ochtendlicht bij de opening van de grot. Het was vreemd dat de openlucht voor vrijheid stond, terwijl zij zich eigenlijk alleen vrij voelde in het donker, in Ituens armen. Ze dacht dat ze deze situatie onder controle had, dat ze twee levens tegelijk kon leven, het ene leven aankon als ze er een ander naast leidde, maar sinds ze Ituen kende, was haar leven met de koning steeds leger geworden. Het kwam niet alleen doordat ze verliefd was geworden, maar ook door de groeiende ontevredenheid over het feit dat ze Offiong moest behagen, een haatdragende, walgelijke man zonder waardigheid die geen respect had voor zijn volk. Ituen, daarentegen, gaf meer dan de helft van zijn buit weg en hield alleen voor zichzelf wat hij nodig had om van te leven. Als hij dat had gewild, had hij kunnen leven als een prins. Hij had kunnen settelen met een vrouw, of méérdere vrouwen. Maar daar had hij niet voor gekozen. De momenten met haar uitverkoren mannen waren bedoeld als ontsnapping. Het was een droomwereld waar ze een tijdje van kon genieten, maar met Ituen begon deze droom realiteit te worden. Ze moest vechten tegen de neiging om die realiteit vast te grijpen, ook al was het een luchtspiegeling.

'Waar denk je aan, Panter?' gromde Ituens stem, waarna ze zijn zachte lippen op haar rug voelde. Attem draaide zich om en keek Ituen aan.

'Ituen... Ik heb niemand anders meer uitgekozen sinds ik jou heb leren kennen.'

Ituen pakte Attems hand en drukte er met vrolijke ogen een kus op. 'Ik ook niet...'

'Je hoeft niet tegen me te liegen. Ik zou het begrijpen als...'

Ituens ogen gloeiden als ijzer op een fornuis. 'Ik zweer het, Attem. Mogen de goden me neerslaan als ik lieg.'

Attem voelde zich helemaal warm worden vanbinnen. Ze voelde dat de band tussen hen strakker aangetrokken werd. 'Ituen, ik wil dat je weet dat je je vrijheid terug kunt krijgen als je dat wilt. Elke keer dat je hier komt riskeer je je leven.'

Ituens blik veranderde plotseling: hij werd dieper, voller en vulde Attems hart totdat het voelde alsof het ging ontploffen. Hij hield haar nog steviger vast en leunde met zijn voorhoofd tegen dat van haar. Ze merkte dat de lucht zoeter was wanneer hij haar uitademde.

'Attem, luister naar me. Voordat ik jou leerde kennen, leefde ik niet. Ik was altijd aan het jagen, trok van dorp naar dorp, hongerig en wild, en probeerde zoveel mogelijk buit te veroveren. En toen verscheen jij en besefte ik waar ik al die tijd naar had gezocht. Ik wil een manier vinden om bij je te kunnen zijn.'

Attem was zo ontroerd dat de tranen in haar ogen prikten. Heel even geloofde ze oprecht dat realiteit en fantasie konden samensmelten, dat ze samen het onmogelijke tot leven konden wekken. 'Dat is waar ik het met je over wilde hebben...'

'Ze komen!' Een paniekerige stem spleet de lucht tussen hen in, waardoor Attem en Ituen uit elkaar sprongen en Ituen naar de opening in de rots rende, waar Affiah met wilde ogen stond te hijgen terwijl haar kleren van haar lijf zakten en haar haar in de war zat.

Attem voelde een steen in haar maag. Ze kon zichzelf

nauwelijks verstaanbaar maken terwijl ze haar wikkeldoek om zich heen knoopte. 'Wie?'

Affiahs ogen glinsterden terwijl ze de grot in rende en haar meesteres omhoogtrok. 'Attem...'

Het was ernstig. Hoe hecht hun band ook was, Affiah noemde Attem nooit bij haar naam.

Affiah vervolgde: 'We moeten hier weg. Iemand heeft ons verraden en de koning op de hoogte gesteld. Ze komen eraan, ze komen eraan... O, nee!' Ze jammerde nu. 'Offiongs mannen komen eraan en ze verwachten iets te vinden. We moeten gaan, alsjeblieft!' Ze greep Attems arm en probeerde haar naar de opening van de grot te trekken, maar Attem bleef staan. Affiah keek Attem aan alsof ze vijf hoofden had gekregen. Attem probeerde haar vriendin te kalmeren, maar daarvan raakte Affiah alleen nog maar meer in paniek. Attem pakte Affiahs schouders stevig vast in de hoop dat ze daarmee haar eigen getril zou verminderen.

'Affiah, Affíah, kijk me aan! Ik heb je nooit opgedragen me te gehoorzamen. Maar nu doe ik dat wel. Ik moet hier blijven. Als ik ervandoor ga, ziet dat er verdacht uit. Ik heb tegen Offiong gezegd dat ik de goden ging aanbidden en dat is waarmee ik bezig zal zijn wanneer ze me vinden. Het fruit en de wijn zijn offerandes. Hoor je me? Ik moet blijven. Ga nu.'

Attem hoorde gemarcheer in de verte en vaag gezang. Haar hart klopte in haar keel. Affiah knikte en haar ademhaling was nauwelijks rustiger geworden. 'Ik blijf bij je, *ma*. Dan zullen ze je eerder geloven.'

Daar kon Attem niets tegen inbrengen. Ze wendde zich tot Ituen, die op de een of andere manier de tijd had gevonden om naar zijn knapzak te gaan en er een dolk uit te halen.

Zijn ogen spuwden vuur: hij was klaar om zijn laatste prooi te doden. Ze schudde haar hoofd. 'Nee, stop die weg. Je moet gaan.'

Hij kwam dichter bij haar staan. 'Ik laat je niet achter.'

'Als je blijft, zullen we allebei sterven, en mijn familie, en mijn hofdames. Als je gaat hebben we nog een kans, maar je moet me beloven dat je hier niet meer terugkomt.'

Ituen schudde zijn hoofd met glinsterende ogen terwijl het geluid van gemarcheer luider werd. Ze waren nu heel dichtbij. 'Ik kan het niet.'

Zijn stem brak en Attem sloeg op zijn borst terwijl de tranen over haar wangen rolden. Ituen gaf geen krimp. 'Word wakker! Gebruik je verstand. Je moet gaan, Ituen. Alsjeblieft. Als je van me houdt, ga je nu en kom je nooit meer terug. Als ik dit overleef, zal ik naar jou toe komen, maar beloof me alsjeblieft dat je niet naar mij toe komt.'

Ituen trok haar dicht tegen zich aan zodat ze zijn bonzende hart tegen haar sleutelbeen voelde kloppen. Hij trok haar hoofd naar achteren en kuste haar. Hij wilde zo dicht mogelijk bij haar zijn om zich heel te voelen voordat hij weer een verloren man zou worden. Het voelde alsof zijn ziel in tweeën werd gespleten. 'Ik hou van je.'

Attem trok haar hoofd terug en kuste zijn pols. 'Zweer het.'

Ituen knikte en slikte. 'Ik zweer het.'

Attem snoof en duwde hem snel in de richting van de ingang van de grot terwijl zij zich terugtrok in de duisternis. 'Ga en kom niet meer terug. Blijf doorlopen.'

Vlak voordat ze kwamen bedankte Attem stilletjes de goden dat ze haar de kans hadden gegeven echt te leven voordat ze zou sterven.

Ituen hoorde het geluid van lachende kinderen die gilden en giechelden voor zijn hut. Licht geïrriteerd legde hij de beitel neer waarmee hij de zoveelste delicate panter uit het beste hout hakte. Hij was een jager die houtbewerker was geworden; hij verwoestte niet langer, maar creëerde. Hij had zijn vakmanschap net zolang geperfectioneerd totdat hij ervan kon leven. Toen hij net was aangekomen in dit dorp dacht hij dat hij er tijdelijk zou verblijven. Attem zou het overleven – dat kon niet anders – en een boodschap aan hem laten overbrengen. Er ging een maand voorbij, drie maanden, zes maanden en uiteindelijk zesendertig maanden, zonder enig teken van leven. Ergens halverwege die periode was hij gestopt met voelen zodat zijn hart zou stoppen met breken. Hij settelde zich, ging in de leer bij een zwijgzame oude man zonder zonen die Ituens nieuwverworven stoïcijnse norsheid wel kon waarderen. Ituens houten panters waren vermaard vanwege het verfijnde vakmanschap. Zijn klanten verwonderden zich over zijn toewijding en merkten op dat hij zijn hele hart erin moest hebben gestopt om zoiets te kunnen creëren. Hij stopte al zijn liefde voor Attem in zijn creaties omdat hij niet wist waar hij die anders moest laten.

Ituen verliet zijn werkbank en liep naar de deur.

'Als jullie niet wat stiller zijn, maak ik niets meer voor jullie om mee te spelen. Willen jullie dat?'

De kinderen kwamen meteen opgewonden op hem afrennen, hijgend en druk door elkaar heen pratend, terwijl ze eerst naar hem en daarna naar de markt wezen. Meestal bleven ze op gepaste afstand van Ituen omdat ze hem respecteerden vanwege het gratis speelgoed dat hij voor ze maakte, maar ook omdat ze een beetje bang voor hem waren vanwege zijn spierbundels, dikke baard en de manier waarop hij zijn woorden gromde. Maar nu trokken ze aan zijn pols, alsof hij hun speelmaatje was, en namen hem mee naar het marktplein.

'Meneer, meneer, iemand vraagt naar u!'

'Een *koningin*! Ze komt uit een ver dorp! Ze is heel mooi! Hoe kent u haar?'

'Ze is niet eens getrouwd! Ze is een zelfstandige koningin! Ik denk dat ze een godin is!'

'Ze gaf ons zoete cakejes!'

'Ze vraagt naar de man die de panters maakt. Ze zei dat hij beroemd is. Ze zei dat ze een comis-comisie heeft.'

'Een commissie, idioot!'

'Ze vraagt naar u, oom! Kom! Misschien moet u wat olie op uw gezicht smeren. U ziet er stoffig uit.'

Ituen liep struikelend naar de markt, geleid door de kleine, kwetterende generaaltjes. Uit pure angst probeerde hij te voorkomen dat zijn hart openging – hij zou het fysiek niet aankunnen als hij nog een keer om haar zou moeten rouwen – maar toen herkende hij de geur van rijkdom. Het was een onmiskenbaar boeket van wijsheid, vriendelijkheid en kracht. Hij wist al dat zij het was voordat hij haar silhouet had gezien en voordat ze zich had omgedraaid en hem had getroffen met haar lach die zijn hart met een schok weer liet kloppen, en voordat ze zei: 'Alsjeblieft, vergeef me dat ik zo laat ben, mijn liefste. Ik werd een beetje opgehouden. Ik moest namelijk een revolutie leiden en een coupe organiseren. Ik zie dat je een baard hebt laten staan. Die moet er zo snel mogelijk af.'

Ituen opende zijn mond en sloot hem weer en stond als aan de grond genageld, zowel diep geschokt als overweldigd door geluk.

Attem lachte met glinsterende ogen. 'Ik vond ook dat ik je eindelijk persoonlijk moest bedanken voor je geschenk.'

Ituen trok verbaasd zijn wenkbrauwen op, nog steeds sprakeloos, toen hij het kleine jongetje zag dat zich verlegen achter haar been verschool, met zíjn koperkleurige huid en met Attems stralende ogen. Binnen een paar seconden kwam Ituens wereld weer tot leven, zijn verdorde hart bloeide op en barstte bijna uit zijn lichaam. Hij kreeg nauwelijks adem door de kracht van zijn hervonden levensvreugde.

Attem straalde en haalde haar hand door het haar van de jongen. 'Het grootste geschenk dat iemand me ooit heeft gegeven.'

Ze boog zich voorover en fluisterde in het oor van haar zoon: 'Kleine Havik, zeg eens hallo tegen je baba.'

Ituen herkende de geur van thuis.

Yaa

Yaa stak haar arm uit het autoraampje. Ze was op een roadtrip naar Ankroba Beach midden in het voorjaarssemester van haar tweede jaar. Ze was gestrest vanwege de tussentijdse tentamens, gestrest vanwege de druk van haar familie, gestrest om wie ze zou moeten zijn en wie ze was.

Hij had de dip in haar stemming opgemerkt – zoals altijd. Hij merkte haar stemmingswisselingen en haar veranderende gedachten altijd moeiteloos op. Die ochtend had hij om zes uur voor de deur van haar studentenkamer gestaan en gezegd dat ze zich moest aankleden. Het was bijna zeven uur rijden naar het strand. Yaa had erop gestaan dat ze ieder de helft van de reis achter het stuur zouden zitten, maar dat had hij geweigerd. En dus ontspande ze zich en sliep ze vredig onderweg, terwijl hij haar favoriete liedjes afspeelde en af en toe zijn hand naar haar uitstak om zachtjes met zijn knokkels over haar wang te strelen. Ze glimlachte in haar slaap. Yaa kon zich niet herinneren dat ze zich ooit zo tevreden had gevoeld.

Toen ze waren aangekomen op het strand praatten ze over het leven, hun toekomst en hun dromen terwijl ze dicht tegen elkaar aan genesteld lagen en met hun vingers land kaarten volgden op elkaars blote, zonovergoten huid, waarbij alle wegen leidden naar geluk. Ze waren de enigen op hun stukje strand die dag – een rustige doordeweekse dag – en ze waren zo dronken van de bedwelmende cocktail van jeugd en liefde dat ze wilden geloven dat God die speciaal voor hen had gemaakt. Ze vormden het middelpunt van de aarde. Ze dronken kokosmelk direct uit de kokosnoot, aten verse gebakken tilapia en koesterden zich vervolgens in elkaars rijkdom en voelden zich gevoed en verzadigd.

Ze hoorde het gebrul van de branding niet, alleen hoe zoet haar naam klonk uit zijn mond.

'Yaayaa,' fluisterde hij.

Ze waren elkaars natuurwonder.

'Maar hoe wéét je dat?'

Yaa stopte met het perfectioneren van haar bordeauxrode lippen en draaide haar perfect omlijnde ogen weg van haar spiegelbeeld naar de telefoon die op het marmeren blad in haar badkamer lag. Ze wist dat haar beste vriendin de ongelovige blik op haar gezicht met de telefoon op de luidspreker niet kon zien, maar ze wist ook dat Abita het instinctief zou aanvoelen. Na een paar seconden voelde Yaa dat haar beste vriendin met haar ogen rolde terwijl haar stem uit de telefoon kwam.

'Alsjeblieft, kijk niet zo naar me. Ik haat het als je zo naar me kijkt.'

Yaa grijnsde. 'Stel dan geen domme vragen. Hoe ik weet dat Kofi me vanavond ten huwelijk gaat vragen? Misschien omdat het mijn verjaardag is en we naar het beste restaurant van de stad gaan en hij me een manicure cadeau heeft gedaan, en, o ja, misschien omdat ik een ring vond in de binnenzak van zijn jasje?'

Yaa draaide zich weer naar de spiegel om haar lippen

verder te stiften en haar uiterlijk te inspecteren. Haar hoge jukbeenderen gloeiden subtiel met de gloed van liefde. Haar donkere ogen waren geaccentueerd om ze groter en helderder te laten lijken, wat van pas kwam bij de uitdrukking van aangename verrassing die ze van plan was later op te zetten. Haar gladde, porieloze, donkere huid glansde en was klaar voor alle close-ups die misschien zouden volgen. Yaa haalde een hand door haar strakke, dunne twists die tot op haar middel vielen om er zeker van te zijn dat ze onderaan niet in de knoop zaten en ademde diep in. Ze zag er precies zo uit als deze avond zou worden: perfect.

'O, ja. De ring die je "per ongeluk" vond omdat je toevallig al zijn jasjes doorzocht.'

Yaa lachte terwijl ze voorzichtig met een inktzwart borsteltje over haar wimpers streek. 'Het ging echt per ongeluk. Ik zocht contant geld om een bezorger een fooi te geven, meer niet. Had hij maar discreter moeten zijn.'

'Je blijft bij je verhaal, hè? Alsof het doorzoeken van zijn jasjes geen deel uitmaakt van je ochtendroutine. Hoe dan ook, dat was niet mijn vraag. Wat ik bedoelde is: hoe weet je dat je met hem wilt trouwen?'

Yaa viel even stil door deze vraag terwijl ze een flesje parfum pakte om over haar pols te verstuiven. De vraag kwam haar zo vreemd voor dat ze er steil van achteroversloeg. Het botste met het leven zoals ze het kende. Het had altijd vastgestaan dat Yaa zou trouwen met Kofi.

De families van Yaa en Kofi waren de meest invloedrijke in de Ashanti-regio en werden in de hoofdstad van de provincie, Kumansi, bijna als koninklijk beschouwd. Kofi's familie was een politieke dynastie van stamhoofden, raadsleden en gouverneurs door de generaties heen, terwijl de familie van Yaa afstamde van een moedige markthandelaar, die het van een klein kraampje op de markt van Kejetia tot de grootste warenhuisketen in de regio had geschopt. Yaas familie had vakbonden en sociale vangnetten opgericht voor handelaren, waarmee ze zich de woede op de hals hadden gehaald van de lokale overheid. Kofi's familie was oud geld, oude macht, ze vertegenwoordigden een tijd waarin er een groot onderscheid bestond tussen een marktvrouw en een *ohemaa*, terwijl Yaas familie de grenzen vervaagde en een nieuwe wereld tot stand bracht waarin een handelaarster koningin kon worden, met haar betovergrootmoeder – naar wie ze was vernoemd – voorop.

Bijna een eeuw lang waren de twee families natuurlijke vijanden van elkaar geweest en vertegenwoordigden ze een oorlog tussen de klassen, het volk tegenover privilege, waarbij beide partijen dezelfde ruimte innamen en elkaar daarom haatten. Yaas familie diende het volk zo goed als ze konden: ze creëerden banen en sociale voorzieningen waar de overheid in gebreke bleef, terwijl Kofi's familie het die van Yaa kwalijk nam dat ze het gewone volk ophitsten en hun teleurstelling in de heersende klassen aanwakkerden. Maar bij de generatie van de ouders van Yaa en Kofi verminderde de vijandschap terwijl de positie van Yaas familie in de maatschappij steeds sterker werd en ze een gevestigde naam werden. Al snel kregen de families door hun macht en nabijheid een voorzichtige band met elkaar. Tegen de tijd dat Yaa en Kofi werden geboren – in hetzelfde jaar en allebei zouden ze enig kind blijven – waren de twee families bondgenoten geworden en ogenschijnlijk bevriend geraakt, aangezien ze strandhuizen en ambities deelden.

Zolang Yaa zich kon herinneren werd ze door Kofi's familie liefkozend 'Kleine Schoondochter' genoemd. Sinds de dood van zijn vader noemde Kofi Yaas vader 'pa'. De twee families erkenden dat de beste manier om hun nalatenschappen voort te zetten (en er controle over te houden) was door ze samen te voegen. Daarom werden Kofi en Yaa naar dezelfde scholen gestuurd en toen ze volwassen werden – meer door opvoeding dan op natuurlijke wijze – zagen de twee hun relatie uitgroeien tot een romance. Op de drie jaar na die ze apart van elkaar doorbrachten aan de universiteit, toen ze om pragmatische redenen besloten het uit te maken zodat ze uiteindelijk betere partners voor elkaar konden zijn – het was Yaas idee geweest en Kofi had er maar al te graag mee ingestemd – waren ze altijd samen geweest. Het was nooit echt een vriendschap geweest, maar meer een verstandhouding. Een partnerschap. Ze vulden elkaar aan. Kofi had rechten gestudeerd en Yaa politicologie en bedrijfskunde. Kofi, die nu al een succesvolle advocaat was, was begonnen een campagnestrategie op te zetten om het jongste raadslid van het district te worden, wat hem meteen op het pad zette om de jongste regionale minister te worden, terwijl Yaa de leiding had over het MVO-team van het bedrijf van haar familie. Ze was van plan om nauw samen te werken met Kofi – binnen de politieke rol die ze speelde als zijn vrouw – om de ontwikkeling van sociale hulp te stimuleren. Yaa maakte Kofi toegankelijker voor het gewone volk. Kofi had zijn afkomst en Yaa de ideeën. Ze waren een team en hielden elkaar in evenwicht. Kofi en Yaa, Yaa en... of nou ja, het was eigenlijk nooit Yaa en Kofi. Het was altijd Kofi en Yaa. Kofi's identiteit vloeide over in die van Yaa, een feit dat ingeworteld was en zich fysiek manifesteerde in de samengestelde bijnaam die onder de glossy foto's van hen samen op gala's werd getypt:

Kofiyaa. Ze waren het ideale stel: jong, florerend, verliefd en succesvol. Mooi, ambitieus, het perfecte plaatje.

Kofi's moeder had het over haar kleinkinderen alsof ze al geboren waren: dat ze een mengeling zouden zijn van Kofi's intelligentie en Yaas schoonheid met misschien de huidskleur van Kofi's familie, voegde ze er met een onbewogen glimlach aan toe. Want Yaa had de door de zon donkergekleurde huid van een marktvrouw. Yaa vond het niet erg omdat ze wist dat Kofi's moeder graag wilde geloven dat Kofi meer inbracht in hun partnerschap. Hoewel hun families nu technisch gezien maatschappelijk gelijkgesteld waren en ondanks alle vriendschappelijkheid, bleef Kofi's familie Kofi's familie. Hun bondgenootschap met Yaas familie was een tactische noodzakelijkheid geweest en een poging om hun troon te behouden. Hun jarenlange autoritaire positie had hen elitair gemaakt, wat tot gevolg had dat zijn moeder het nodig vond te beweren dat Yaa Kofi meer nodig had dan Kofi haar. Om haar een plezier te doen liet Yaa haar in die waan. In veel opzichten was het een compliment, want Yaa was het levende bewijs dat je meer kon zijn dan een trofee aan de arm van een man. Een trofee die gebruikt werd om gemakkelijker deals te kunnen sluiten, of een vrouw met een donkerder huidskleur dan hij, waardoor hij kon laten zien dat hij een goed karakter had. Yaa was in staat te negeren dat Kofi's moeder haar crèmes aanraadde om haar huid 'op te lichten' omdat ze zogenaamd nog mooier zou zijn als 'er iets van de zon uitgehaald werd', vanwege het feit dat zij op school altijd alle prijzen had binnengesleept, en niet Kofi. Op politieke bijeenkomsten was zij altijd degene die uitgekozen wilde worden en die meedeed aan debatten, waardoor mannen zowel bang voor haar waren als onder de indruk.

Ze wist dat de oude vrouw zich hier niet prettig bij voelde – het haalde wat zij als de norm zag onderuit en bracht haar tevredenheid aan het wankelen. En dus aanvaardde Yaa de zinloze steken van Kofi's moeder. Het deed er verder niet toe. Ze hadden een gezamenlijke toekomst. De wetenschap dat zij en Kofi voor elkaar bestemd waren was haar niet zozeer bijgebracht, maar zat diep in haar verankerd als de enige wereld die ze kende. Het werd een wezenlijk deel van haar denkproces en was van vitaal belang voor hoe ze haar leven en carrière uitstippelde. Yaa erkende haar kracht, maar zag ook dat die vergroot werd door haar partnerschap met Kofi. Ze erkende dat hij eraan bijdroeg dat de wereld zich voor haar opende.

Het was moeilijk om dit allemaal kort samen te vatten voor haar vriendin, ook al zou ze het willen, dus haalde Yaa haar schouders op, een gebaar waarvan ze wist dat Abina het zou horen in haar stem, maar ook een gebaar dat hopelijk de vreemde steekjes van ongemak in haar maag zou laten verdwijnen. 'Ik weet het gewoon. Het ís gewoon zo. Er bestaat geen wereld waarin wij geen stel zijn.'

'Nou, hoe mooi dat ook klinkt... het is een leugen. Die is er wel. Die was er. De wereld waarin ik je leerde kennen. Op de universiteit. Weet je nog? Herinner je je dat meisje nog? Mis je haar niet?'

Yaa slikte in een poging de spanning die was komen opzetten te onderdrukken. 'Hé, eh, ik krijg net een melding dat mijn taxi voor de deur staat.' Gelukkig gaf de waarheid haar een manier om de vragen die ze niet kon beantwoorden te ontwijken.

'Yaa...'

'Ik moet gaan.' Yaa zette de luidspreker van haar telefoon

uit en drukte hem tussen haar schouder en oor terwijl ze de badkamer verliet en de hal instapte, waar ze met haar net gepedicuurde voeten in haar zwarte pumps met open tenen stapte, waarin haar glanzende, parelwitte nagels goed uitkwamen.

Abina zuchtte. 'Het spijt me. Je weet dat ik alleen maar wil dat je gelukkig bent. Maakt hij je gelukkig?'

Yaa ving haar eigen blik op in de spiegel in de hal. Ook al waren haar ogen zorgvuldig opgemaakt om blijdschap uit te stralen, haar verlengde wimpers accentueerden alleen maar iets donkers in haar ogen. Het was scherp en grimmig en het behoorde toe aan een deel van haar dat ze gewend was weg te stoppen. Het leek naar buiten te komen om haar iets te vertellen. Yaa knipperde met haar ogen en forceerde een glimlach, die stralend en breed genoeg was om het slechte gevoel weg te drukken. Het was de glimlach die ze opzette tijdens diners, wanneer Kofi in haar knie kneep om haar terug te fluiten als ze volgens hem te veel tekeerging over sociale rechtvaardigheid, de stevige greep die haar liet weten dat ze uit de mal sprong van 'vriendin die intelligent is maar niet zo intelligent dat ze me voor schut zet'. Yaa streek haar gele kente-jurk met ronde hals die haar rondingen strak omhulde glad. De halslijn was laag, maar niet te laag, en de jurk viel tot net boven haar knieën. Hij was sexy maar toch ingetogen, geschikt voor de toekomstige vrouw van een minister, klaar voor de foto's die zo'n halfuur na het aanzoek zouden verschijnen op society blogs en Instagram. Ze wist zeker dat Kofi een fotograaf had ingehuurd. Yaa knikte naar haar spiegelbeeld.

'We zijn perfect voor elkaar.'

De vergadering op kantoor loopt uit. Ik heb de reservering 20 minuten verschoven. Zie je snel. K

Terwijl de auto optrok keek Yaa op de achterbank naar het bericht van Kofi. Ze rolde met haar ogen. Uitgerekend vanavond. Ook als het niet dé avond was, het was nog altijd haar verjaardag. De wetenschap dat ze voor altijd bij elkaar zouden blijven betekende dat Kofi Yaa voor lief nam. Hij overstelpte haar met cadeaus, nam haar mee op luxe tripjes en naar chique restaurants, maar als het aankwam op zijn tijd, op naar haar luisteren en haar zien ontbrak bij hem door hun lang voorbestemde relatie de noodzaak om zijn best te doen. Ze zouden samen zijn en niets kon daar verandering in brengen. Dat wist hij. De feestjes die ze voor hem organiseerde, de manier waarop ze hem tijdens campagnebijeenkomsten ophemelde voor het gewone volk, het feit dat ze hard lachte en over zijn arm wreef tijdens diners en de oncomfortabele lingerie die ze voor hem droeg: ze deed het allemaal omdat het kennelijk alleen haar plicht was er moeite voor te doen. Kofi vond dat hij alleen maar hoefde op te komen dagen, en zelfs dat kon hij blijkbaar niet. Hij hoefde alleen maar één avond te doen alsof hij niet zijn assistente neukte, maar zelfs dát kon hij niet. Ze liet hem zijn assistente neuken. De assistente was ambitieus en slim. Dat wist ze omdat ze wist dat Kofi de cursus bedrijfsmanagement die ze buiten kantooruren volgde voor haar betaalde. Yaa vond haar nuttig. Toen Yaa haar duidelijk maakte dat ze van hen op de hoogte was, nam Yaa de paniek van de assistente weg door haar te laten weten dat het geen probleem hoefde te zijn. Ze wilde alleen weten welke belangrijke bijeenkomsten Kofi bijwoonde en waar hij haar niets over vertelde. Ze wilde alles weten over het draconische beleid dat hij wilde invoeren waardoor de elite werd beschermd en de armen, die hij had beloofd te beschermen toen hij werd aangesteld, onderdrukt. De assistente glimlachte veelbetekenend en zei: 'Geen probleem, mevrouw.' Ze profiteerden er allebei van.

Toch was er een basisniveau van respect dat Kofi soms niet kon opbrengen en dat irriteerde Yaa. Ze kenden elkaar al hun hele leven en ze zaten samen in deze relatie, in voor- en tegenspoed. Dat zou iets moeten betekenen. De enige keer dat Kofi had gehuild om zijn vader was toen hij bij Yaa was, in de privacy van hun unieke intimiteit. Zij was de enige die wist dat zijn woede om de afwezigheid van zijn vader toen hij nog leefde alleen maar was verergerd door zijn dood. En als de steken van zijn moeder te venijnig waren, nam hij het altijd voor haar op. Ondanks alles waren ze een team.

Maar hij verontschuldigde zich niet aan het eind van het bericht. Waarom zou je sorry zeggen als je vindt dat je niets verkeerd hebt gedaan? Yaa vloekte zachtjes. Het gevloek was indrukwekkend, het bestond uit haar eigen cocktail van klemtonen op zekere woorden. Kofi vond het altijd vreselijk als ze vloekte en zei dat het kwam doordat ze het bloed van een marktvrouw had. Yaa overwoog de taxichauffeur te vragen om haar weer naar huis te brengen, toen hij opeens begon te praten toen ze voor een stoplicht stonden te wachten.

'Yaayaa.'

De zachte, vertrouwde stem ging dwars door haar heen, krulde zich om haar hart en kneep zo hard dat Yaa naar adem hapte. Er was maar één persoon die haar Yaayaa noemde. Het was haar in het kwadraat. Haar ten volle uit. Het was een bijnaam die smaakte naar een met suikerstok en whisky doordrenkte kus, die zowel luchtig als bedwelmend was.

Yaayaa. Die naam was zo lang begraven geweest – verstikt, eigenlijk – dat hij toen hij werd vrijgelaten alle lucht in de auto opslokte en Yaa moeite had met ademen. Het schermpje van haar telefoon begon te vervagen terwijl ze opkeek om naar de taxichauffeur te kijken. Ze had niet hoeven kijken om er zeker van te zijn. Ze wist het al. De kans dat dit zou gebeuren was zo onwaarschijnlijk dat het wel moest gebeuren. Het was een vreselijke grap, een kwellende ironie waar ze om zou hebben gelachen als ze er zelf niet het slachtoffer van was geweest. Misschien kon ze er de volgende dag om lachen. Misschien kon het een vrijgezellenfeestachtige anekdote worden. Een deel van haar wilde bij dit stoplicht uit de auto stappen en terug naar haar appartement rennen, maar dat deel van haar werd iedere seconde minder realistisch. Dat deel van haar begon zich een bedriegster te voelen. Elke vezel in haar lijf was in staat van herinnering gebracht en hervormde zichzelf tot een eerdere vorm. Alleen maar door het geluid van zijn stem.

Ze keek op. 'Adric.'

Er waren twee mensen op de wereld die haar kenden, die wisten hoe ze werkelijk was: krachtig en eerlijk. De ene was Albina, haar beste vriendin en zielsverwant, en de andere was de man wiens zachte, warme blik van verbazing op dat moment veranderde in een koelere blik van geforceerde afstandelijkheid.

Hij knikte. Ze zag de spanning op zijn gezicht en hoe zijn strakke kaaklijn, waar ze vroeger altijd haar vinger langs liet gaan en ontelbare kusjes op drukte, verstrakte.

'Ik zag de naam in de app, maar ik had nooit gedacht dat

je het echt...' Hij zweeg even en keek in de achteruitkijkspiegel. 'Ik wist dat jij het was toen je in de auto stapte, maar ik wist niet of ik beter kon doen alsof ik je niet herkende of dat ik iets moest zeggen. Toen vloekte je en, nou ja, ik vond het altijd geweldig als je vloekte. Echt walgelijk taalgebruik. Extreem beeldend. Eigenlijk wel poëtisch.'

Yaa lachte en voelde de knopen in haar maag oplossen. Ze zag dat hij zijn schouders ophaalde. '"Yaayaa" floepte er zomaar uit. Sorry.'

Ze slikte. 'Het geeft niet. Jij bent de enige die me ooit zo heeft genoemd. Je zult altijd de enige zijn die me zo noemt.'

Yaa en Adric hadden elkaar voor het eerst ontmoet op een studentenbijeenkomst tijdens hun eerste jaar aan de universiteit. Hij wist niet wie ze was, hij kende haar alleen als het meisje dat vooraan stond bij het protest en pittige leuzen riep tegen elitaire politici die de voorwaarden voor een beurs strenger wilden maken. Hoe minder mensen er naar de universiteit konden, hoe meer macht er in dezelfde handen zou blijven. Hij had geen idee dat ze protesteerde tegen het soort mensen met wie ze uiteindelijk zou trouwen. Hij had haar blik gevangen en ze was bijna gestruikeld door de kracht waarmee hij naar haar keek. Het was meer dan een vluchtige aantrekkingskracht, het was de wil om te leren kennen. Na het protest gingen ze naar een feestje in een studentenhuis en daar kreeg Yaa te horen dat Adric de zoon was van een bekwame timmerman en een naaister. Yaa vertelde hem dat haar ouders ook ambachtslieden en handelaren waren en veranderde toen snel van onderwerp. Ze wist dat ze hem meteen de waarheid had moeten vertellen, maar ze werd meegesleept door de bubbel waarin ze verkeerde en was duizelig van hun vloeiende gesprek. Er zat meteen een makkelijke speelsheid in. Zijn manier van denken sprak haar aan en ze vond het fijn dat hij die van haar wilde leren kennen. Ze voelde meteen liefde voor hem opkomen. Het was het soort liefde dat ze nooit had gekend: onbekommerd, puur en zonder verwachtingen. Het was transparante liefde, onvoorwaardelijke liefde. Die avond zoenden ze voor het eerst op dat studentenfeestje, dansend, in de hoek van een kamer met gedimd licht en plastic bekertjes met lauwe drank en smakeloze cocktails. De lucht zinderde van R&B, mogelijkheden en beloftes. Ze waren jonge mensen die bij elkaar kwamen om verandering teweeg te brengen, jonge mensen met de toekomst in hun handen, jonge mensen met hun armen om elkaar heen, die van hem om haar middel, die van haar om zijn nek, terwijl ze elkaar dronken en samen opstegen.

Ze werden snel, zwaar, verbazingwekkend en onstuimig verliefd, een verliefdheid die door haar aderen stroomde en haar diepste wezen omhoogtrok naar haar huid totdat ze ervan gloeide, zodat haar moeder zich afvroeg waarom ze er anders uitzag en haar vriendinnen haar belachelijk maakten. Ze bespraken ideeën, perspectieven, leerden van elkaar, hun geesten riepen elkaar en gaven elkaar antwoord en hun lichamen volgden dat voorbeeld. Yaa scheidde haar voorgeschreven toekomst van haar wereld met Adric. Als ze bij hem was, kon ze doen alsof ze gewoon Yaayaa was, onbekommerd. Ze wist dat het niet lang zou duren. Ze hadden een jaar gedatet toen Adric een bericht van Kofi zag oplichten op Yaas telefoonscherm.

Ruzie met mama. Bellen? Ik heb je nodig. En ik mis je. Niemand begrijpt het zo goed als jij. K

Hoewel ze niet samen waren, voelden Yaa en Kofi nog steeds een verbondenheid die ze niet konden loslaten.

Tussen haar snikken door verklaarde Yaa dat ze Adric nooit had bedrogen, dat ze dat nóóit zou doen. Maar ze moest wel uitleggen waarom ze tegen hem had gelogen over wie ze was. Hij was in de war, boos en diep gekwetst. Haar achtergrond liet hem koud – Yaa was nog steeds wie ze was en geloofde nog steeds waarin ze geloofde – maar het feit dat hun relatie zou eindigen vond hij verschrikkelijk. Ze zei tegen hem dat ze een plan had, dat Kofi slechts een middel was om een doel te bereiken, dat ze dacht dat ze het systeem van binnenuit kon veranderen. Adric had bitter gelachen en haar aangestaard voordat hij besefte wat dat betekende en zijn blik milder werd. Het leek bijna alsof hij medelijden met haar had.

'Geloof je dat echt? Ik heb gezien hoe je studenten mobiliseerde en de faculteit op haar grondvesten liet schudden en nu heb je het over een soort archaïsche kindverloving? Moet je trouwen met die man vanwege een alliantie tussen twee families? Denk je dat je de wereld kunt veranderen als je met hem trouwt? Denk je dat het je niet corrupt zal maken? Denk je dat het het waard is om ons op te offeren voor een fantasie? Yaa, waar heb je het over? Wie ben je?'

Ze kon zijn vragen niet beantwoorden. Ze zag geen uitweg. Ze wist niet of ze zichzelf kon losrukken van die wereld zonder een deel van zichzelf te verliezen. Kofi was een deel van haar fundament. Kofi hield haar in de gaten, herinnerde haar aan haar plichten en aan de tikkende klok van haar geluk.

Adric en Yaa hadden allebei gehuild op de avond van haar bekentenis. Ze zaten op de grond en fluisterden terwijl ze elkaars handen vasthielden, ze stonden op en schreeuwden in elkaars gezicht, ze ijsbeerden en ze omhelsden elkaar. Ze praatten en praatten en praatten. En uiteindelijk vroeg Adric met een zachte stem die door Yaa heen echode en haar hart brak, of hun hele relatie een experiment was geweest. Hij vroeg of het slechts een avontuur was geweest voor een rijk meisje dat het alleen maar had aangelegd met iemand uit een lagere klasse om zichzelf beter te voelen over haar privilege. Hij vroeg haar of ze hem achter zijn rug om uitlachte, om zijn goedkope auto en zijn baantje als barman. De tranen biggelden over haar wangen toen Yaa zijn gezicht omvatte met haar handen en hem kuste als antwoord. Hij kuste haar terug. Het was een intense kus, het soort kus dat helemaal tot je hart doordrong en het omkeerde, het soort kus waarin je jezelf zowel vindt als verliest. Toen ze elkaar eindelijk loslieten, schudde ze haar hoofd.

'Je bent de geweldigste persoon die ik ken. Dit was echt, Adric. Dit is echt. Bij jou ben ik op mijn echtst. Bij jou ben ik rommelig. Bij jou ben ik een zooitje. Bij jou hoef ik niet perfect te zijn, hoef ik alleen maar te zijn. Dit was geen experiment. Dit was ik, de puurste ik die ik ooit ben geweest. Voor het eerst leidde ik mijn eigen leven...'

'Leid dan je eigen leven, Yaayaa. Kies voor jezelf. Bevrijd jezelf van deze mensen en hun verwachtingen.'

Yaa opende haar mond en sloot hem weer. Zo simpel was het niet. Hun families hadden afspraken met elkaar gemaakt, hun toekomst was nauw verbonden met elkaar. Kofi en Yaa kenden geen wereld zonder elkaar. Kofi was er altijd geweest: hij was haar eerste alles. Kofi wist niet hoe hij moest liefhebben omdat zijn ouders het ook niet wisten, maar hij probeerde het op zijn eigen manier en probeerde het op elke mogelijke manier goed te maken. Er waren ergere manieren om een verschil te maken in de wereld. Na een pijnlijke stilte knikte Adric met koude, glinsterende ogen.

'Ik zal degene die ik dacht dat je was missen.'

Hij liep haar kamer uit.

Yaa wist niet wat ze had verwacht dat er zou gebeuren. De zeepbel was hoe dan ook uit elkaar gespat. De breuk voelde groter dan wanneer het normaal gesproken uitging met een vriendje – het voelde alsof ze het uitmaakte met zichzelf, niet omdat deze jongen net zo aan haar gehecht was als Kofi, maar omdat ze helemaal zichzelf was geweest bij Adric. Ze wist dat ze zich nooit meer zo zou voelen. Het deed zoveel pijn dat Yaa zichzelf in tweeën moest splitsen om het te overleven. Ze slaagde erin de ene helft van zichzelf weg te stoppen, de Yaayaa die ze graag wilde zijn, en te onderdrukken met de andere helft, die moest geloven dat Kofi en zij waren voorbestemd, en zij en Adric niet. Adric was de afleiding die ze nodig had om zich te kunnen concentreren op haar plichten. Ze had alle lichtzinnigheid nu uit haar systeem gewerkt.

Vanaf dat moment liet ze de sluwe Yaa het overnemen, de versie van Yaa die later in staat zou zijn het feit dat haar vriend op haar verjaardag met een andere vrouw neukte te negeren. Kofi had het geld en de zwakke wilskracht van zijn vader geërfd, maar Yaa wist dat als Kofi naar iemand zou luisteren, zij het was. Hij vertrouwde haar meer dan wie ook ter wereld. Hij was onzeker, en hoe vreemd het ook was, ze wist dat hij haar bewonderde en vertrouwde op haar kracht. Tijdens hun tijd apart van elkaar aan de universiteit had Kofi, ondanks het feit dat hij met de helft van alle studentes neukte, haar voortdurend berichtjes gestuurd omdat hij gerustgesteld wilde worden en iemand nodig had die verder keek dan zijn naam en zijn geld. In die tijd zonder Kofi kon ze groeien zonder het juk van verantwoordelijkheid en leren wie ze werkelijk was. Nu begreep ze nog beter wat haar doel was. Haar macht moest via hem gekanaliseerd worden. Hoewel Yaa zich in allerlei bochten moest wringen om weer in haar en Kofi's wereld te passen, wist ze dat dit de meest effectieve manier was om een verschil te maken.

Maar nu voelde ze die onderdrukte helft van haar weer opbloeien op de achterbank van de taxi, met een warm lichaam en een kloppend hart.

'Maar wat doe je in een... Ik bedoel, er is niets mis met...' Ze struikelde over haar woorden terwijl ze eraan probeerde te wennen weer bij Adric te zijn.

'Ik weet dat er niets mis is met taxichauffeur zijn, Yaa.' Zijn hardvochtige stem deed haar maag ineenkrimpen.

'Ja, natuurlijk.'

Er viel een stilte terwijl Adric weer begon te rijden. Hij zuchtte en wreef over zijn voorhoofd.

'Ik geef politicologie aan de hogeschool in de stad. Mama werd een paar maanden geleden ziek. Het gaat goed met haar, maak je geen zorgen, maar ik doe dit af en toe na mijn werk om een deel van de rekeningen te kunnen betalen.'

Yaa had maandenlang gelobbyd voor een wetsontwerp dat ouderen zou steunen als ze ziek werden en moesten stoppen met werken en ze had Kofi aangemoedigd het op te nemen in zijn campagne. Zoals bij de meeste van haar suggesties had hij gezegd: 'Alles op zijn tijd, Yaa.'

Yaa schraapte haar keel. 'Het spijt me van je moeder. Ik ben blij dat het goed met haar gaat. Ik mis haar.'

Ze zag Adric knikken. 'Ze mist jou ook. Ze heeft het de

hele tijd over je. Ze vindt het geweldig om je op het nieuws te zien praten over zaken die ertoe doen. Maar ze vindt het niet leuk om je op het nieuws naast Kofi te zien. Ze zei dat ze hem niet vertrouwt. Zijn oren zijn te klein.'

Yaa glimlachte. Adric kon als geen ander haar gevoel van ongemakkelijkheid wegnemen en haar zenuwen kalmeren. 'Hm, ze zijn inderdaad aan de kleine kant, nietwaar? Waarschijnlijk kost het hem daarom zoveel moeite om iets anders te horen dan zijn eigen stem.'

In de stilte die viel liet een rapper op de radio 'billen' rijmen met 'trillen' en bood hij aan 'erop te slaan tot ze zacht waren als fufu'. Na een tijdje begonnen Yaa en Adric hard en bevrijdend te lachen om de absurditeit ervan, om de ongepastheid, en om de tragiek van alles. Ze stopten weer voor een stoplicht.

'Kun je de deuren van het slot halen?' vroeg Yaa.

Adric keek verbijsterd achterom. 'Meen je dat? Yaa... laat me je ten minste op een veilige plek afzetten!'

'Haal de deuren van het slot, alsjeblieft. Ik voel me niet prettig.'

Adric knipperde verbaasd met zijn ogen, waarna hij knikte en zich weer omdraaide. De deuren klikten. Zonder een woord te zeggen stapte Yaa uit de auto en sloeg de deur achter zich dicht. Ze liep om de auto heen naar de passagiersstoel voorin en ging naast Adric zitten.

Ze slaakte een zucht. 'Dat is beter.'

Adric schudde zijn hoofd terwijl er een brede lach op zijn knappe gezicht verscheen, die zo stralend was dat hij wel haar eigen persoonlijke zonsopkomst leek.

Hij lachte. 'Je had me te pakken.'

Yaa giechelde, wat ze al jaren niet meer had gedaan. 'Ik

kon er niets aan doen, sorry.' Ze zweeg even terwijl haar lach verdween. 'Het spijt me heel erg.'

Het stoplicht sprong op groen en Adric knikte terwijl hij zijn blik op de weg gericht hield en zijn kaak weer verstrakte. 'Het is lang geleden, Yaayaa. We waren nog maar kinderen.'

Yaas keel kneep dicht en ze sloeg haar ogen neer. 'Wat wij hadden was niet kinderachtig.'

Adric slaakte een diepe zucht. 'Nee, dat is waar.'

Yaa, keek op en slikte. 'Wat ik heb gedaan was egoïstisch, dat weet ik. Maar... ik kon voor het eerst mijn leven leiden zonder al die verwachtingen. Voor het eerst zag iemand míj. Daar wilde ik me zo lang mogelijk aan vasthouden. Ik wilde me aan jou vasthouden. Ik denk dat ik bang was om Kofi los te laten omdat ik bang was voor wie ik zou zijn als mijn toekomst onzeker was. Als je eenmaal vrij bent en je verprutst het, dan is het je eigen schuld, snap je?'

Adric wierp een blik op haar, en hoe vluchtig die ook was, Yaa zag er iets warms en teders in waardoor haar sinds lange tijd gebroken hart werd gelijmd voordat hij begon te praten. 'Maar dat is juist het mooie ervan. De kracht zit in jezelf. De kracht zat altijd al in jezelf, Yaa. Ik heb het altijd in je gezien. Ik zag het meteen toen we elkaar voor het eerst ontmoetten bij die bijeenkomst en ik zie het in je bij alles wat je tegenwoordig doet, vechtend voor vooruitgang en proberend je status aan te wenden voor het goede. Ik denk dat je jezelf onderschat. Ik begrijp wel waarom. Je bent grootgebracht met het idee dat je ze nodig had. Dat begreep ik toen niet, maar nu wel. Ze lieten je geloven dat je zelf niet zoveel voorstelde en het is moeilijk om dat gevoel van je af te schudden. Dat moet heel moeilijk voor je zijn geweest en dat spijt me.

Sorry voor de laatste woorden die ik tegen je zei. Ik weet dat je jezelf was bij me.'

Yaa keek naar Adrics profiel, naar de vorm van zijn neus, zijn volle lippen, en besefte dat ze zijn gezicht herkende als thuis. Ondanks zijn eigen verdriet was hij nog steeds in staat om haar te zien. Zonder erbij na te denken legde ze haar hand op die van hem op de versnellingspook en kneep erin. Haar hele lichaam werd warm en ze kreeg een wee gevoel in haar buik. Ze trok haar hand snel terug en schaamde zich dat ze een grens had overschreden. Ze had zijn hart gebroken en nu dacht ze dat ze hem kon versíéren terwijl hij aan het werk was, als een soort perverseling? Yaa overwoog uit de rijdende auto te springen toen ze zijn knokkels zacht en teder over haar wang voelde strijken. Zijn blik was nog steeds op de weg gericht. Ze pakte zijn hand, draaide hem om en drukte een kus op zijn handpalm.

Yaas ademhaling stokte toen ze stilhielden voor het restaurant waar ze Kofi zou ontmoeten. Adric ontgrendelde de deuren. Haar maag kromp ineen toen de realiteit tot haar doordrong en de warmte uit haar verdreef. Stilzwijgend staarden ze een tijdje voor zich uit.

Adric schraapte zijn keel. 'Het spijt me trouwens dat ik niets heb gekocht voor je verjaardag. Ik was het vergeten door het feit dat we elkaar zes jaar niet hebben gesproken omdat je mijn hart in duizend stukjes brak om te kunnen daten met een prins met kleine oren.'

Het klonk eerlijk en direct, maar hij keek haar met een glimlachje aan en Yaa begon te lachen. Ze lachte tot de tranen in haar ogen stonden en haar kaken zeer deden, en ze schudde haar hoofd en kreunde terwijl ze haar ogen afveegde waardoor ze haar make-up uitsmeerde.

'O, man. Je bent de liefde van mijn leven.'

Adric zweeg. Hij keek naar het bruisende, chique restaurant en richtte zijn blik toen weer op de weg. De lucht in de auto voelde zwaar, maar comfortabel. De energie tussen hen was niet verdwenen. Hij was net zo vers, vitaal en vruchtbaar als hij altijd was geweest en Yaa wist dat ze hem niet wilde achterlaten.

Uiteindelijk verbrak Adrics stem – nu een stuk norser – de stilte. 'Dit was mijn laatste rit voor vanavond.'

Yaa keek naar het restaurant. Blijkbaar hadden ze er al een tijdje gestaan, want ze zag Kofi de foyer inlopen. Kofi, die stond voor alles wat haar niet zichzelf liet zijn, en die net zo erg gebukt ging onder verwachtingen en druk als zij. Het was tijd dat ze allebei bevrijd werden. Yaa keek Adric aan.

'Waar gaan we heen?'

Adric draaide zich naar haar toe. Als hij al verbaasd was, dan verraadde zijn gezicht dat niet. 'Waar je maar heen wilt.'

Yaa boog zich naar voren en kuste hem. Hij kuste haar terug. Het was intens, het was het soort kus dat helemaal doordrong tot je hart en het omkeerde, het soort kus waarin je jezelf zowel vindt als verliest. Ze trok haar hoofd terug, wreef met haar duim over zijn kaak en fluisterde: 'Deze keer rij ik.'

Hij gaf haar de sleutels.

Siya

Siya Cisse hield haar adem in. Elke plotselinge beweging zou haar dood betekenen, en niet alleen haar dood, maar ook die van haar volk. Zij was hun schild en moest daarom sterk blijven. Ze haakte haar arm steviger om de dikke tak, waardoor ze goed tegen de boomstam geklemd zat terwijl ze haar pijl-en-boog naar beneden richtte. Ze had haar doel scherp voor ogen. Ze voelde de aanwezigheid van haar mannen en vrouwen om zich heen, die in de schaduw van het bladerdak wachtten op haar teken, geheel in het zwart gekleed zodat ze onzichtbaar waren in de inktzwarte nacht. Siya's haar zat strak vastgebonden onder een dieppaarse sjaal die om haar gezicht gezwachteld was, zodat alleen haar neus en donker omlijnde ogen zichtbaar waren. Ze keek naar de boom naast haar, waar Maadi in zat. Het was zijn taak om voorbereid te zijn op al haar bewegingen, en inderdaad, toen ze zich naar hem omdraaide waren zijn ogen al op haar gericht, glinsterend in het donker. Ze knikte naar hem. Hij trok zijn sjaal van zijn mond voordat hij zijn eigen pijl-en-boog richtte.

'Vlieg!'

Zijn stem galmde door het bos op het moment dat Siya's pijl naar beneden vloog, de rug van een man doorboorde en hem velde. Haar pijl was de moederpijl en onder haar commando waren al haar kinderen pijlen doordrenkt met een elixer dat zijn slachtoffers onderwierp. Deze pijlen vielen uit de bomen als dodelijk fruit en brachten een nieuw seizoen waarin de rechtvaardige dood neerviel als regen, gerechtigheid uit de hemel. Onder Siya schreeuwden en vloekten mannen terwijl ze hun wapens naar boven probeerden te richten en op chaotische wijze probeerden te vechten tegen een onzichtbare vijand.

'Wie is jullie commandant? Laat hem naar beneden komen en vechten als een echte man!' schreeuwde een dappere, domme ziel terwijl hij moeite had op zijn benen te blijven staan. Hij hield zijn speer omhoog, die hij had willen gebruiken om de citadel Wagadou binnen te vallen en de inwoners te vermoorden. Aan zijn uitdossing kon Siya zien dat hij hun leider moest zijn.

Maadi lachte. 'Weet je zeker dat je dat wilt?'

Hun gevechtseenheid oefende hoog in de bergen en daarom werden ze de Adelaars genoemd. Ze trainden zowel 's nachts als overdag, waardoor hun ogen gewend waren aan het donker, of beter gezegd: het donker boog voor hen en werd zwakker.

Siya zag dat de guerrillaleider drie keer op zijn borst sloeg terwijl hij omhoogkeek en de bomen afzocht naar zijn tegenstander. Hij was duidelijk sterker dan zijn strijdmakkers, die kreunend op de grond lagen.

'Laat jezelf zien!' brulde hij. 'Ben je een panter of een mus?' Hij spuugde op de grond – het toppunt van oneerbiedigheid en een directe belediging van de voorouders van Wagadou. Hij liet zijn speer vallen en trok zijn dolk. Hij eiste een gevecht van man tot man, mes tot mes. Hij spreidde zijn armen wijd uit en siste als een python: de strijdkreet van zijn volk.

'Kom vechten met de slang! Vecht met Bida!'

Vanaf de grond begonnen zijn soldaten ook te sissen, waarmee ze ermee instemden dat het gevecht zonder hen werd voortgezet. Aangemoedigd vervolgde de terrorist: 'Ik heb gehoord dat deze eenheid van duiven wordt geleid door de grootste strijder van Wagadou. Laat jezelf zien, mijn vriend!' zei hij spottend. 'Laat maar eens zien hoe geweldig je bent. Ben je een man of een teef?'

Siya en Maadi keken elkaar aan en grijnsden. Maadi sloeg drie keer op zijn borst – een teken dat hij de uitdaging accepteerde – maar het was Siya die haar pijl-en-boog op de grond gooide, van de boomtak afsprong en gehurkt voor de vijand landde.

Ze ging rechtop staan, wikkelde de sjaal van haar hoofd en bond hem om haar middel. Haar dikke lokken vielen over haar rug terwijl ze haar favoriete dolk uit de schede haalde, de dolk die ze 'Prinses' noemde.

Siya lachte naar de sukkel. 'Een teef, meneer.'

De bendeleider bekeek Siya van top tot teen, wreef in zijn ogen en bulderde van het lachen. 'Kom nou, ik heb een andere dolk voor je waar je beslist meer van zult genieten. We kunnen het ook anders oplossen.' Zijn mannen lachten met hem mee.

Siya's glimlach bevroor op haar gezicht terwijl haar soldaten met behulp van touwen neerdaalden uit de bomen achter haar en onder leiding van Maadi begonnen te vechten met de Slangenmannen en hen vastbonden. De bendeleider keek verbaasd om zich heen terwijl Siya's leger van mannen en vrouwen zijn trawanten vakkundig bijeendreef en gevangennam. Hij draaide zich weer om en zag dat Siya op hem af kwam lopen. Ze liet haar Prinses tussen haar vingers ronddraaien en greep het heft stevig vast.

Haar tegenstander rechtte zijn rug en stak zijn dolk omhoog, klaar voor het gevecht, de realiteit wegslikkend en zich vastgrijpend aan zijn arrogantie. Hij gromde naar Siya. 'Het Soninke-volk is zwakker dan ik dacht als ze een vrouw sturen om hun land te verdedigen.' Hij schudde zijn hoofd in een groteske poging spijt voor te wenden. 'Het spijt me dat ik dit moet doen. Je had er zo mooi uitgezien op je rug.'

Siya lachte. Het klonk zo zoet als vogelgezang of het geluid van een kabbelende beek na een lange, droge expeditie. Haar lach weerklonk tussen het gekreun en geworstel dat door het bos echode. Ze hield haar hoofd schuin. 'Jij zult er ook mooi uitzien op je rug. Levenloos.'

Siya zag het bloed wegstromen terwijl ze zich waste met zwarte zeep. Het warme bronwater, dat uit de grot kwam waar haar vertrekken in waren gebouwd, stroomde over haar heen en spoelde de hardvochtigheid van de nacht van haar huid. Siya voelde het gevecht nog in haar botten. Het was chaotischer geweest dan anders. De hinderlaag van deze avond was met meer mannen geweest dan bij eerdere aanvallen en was agressiever geweest. De Slangenmannen werden aangevoerd door de gezichtsloze veroveraar Bida, die afkwam op de vruchtbare grond en het goud van Wagadou, en Siya voelde dat hij steeds hongeriger werd. Toen elk schimmig voorstel was afgewezen en Wagadou had geweigerd haar ziel te verkopen aan de duivel had Bida hun de oorlog verklaard. Veediefstal was veranderd in het terroriseren van de stammen aan de randen van Wagadou. En dus ontfermde Wagadou zich over haar verwanten en beschermde hen, maar de situatie was snel geëscaleerd. De Slangenmannen begonnen vrouwen en kinderen te ontvoeren. De mannen van Wagadou die met een gebroken hart achterbleven begonnen te spioneren en keerden zich tegen hun voorouderlijk land door geheime informatie door te spelen in ruil voor de veilige terugkeer van hun familie. Bida's Slangenmannen hielden zich aan hun woord. De verraders van Wagadou werden inderdaad verenigd met hun families. Er werd alleen niet bij vermeld dat het in het hiernamaals was.

In het afgelopen jaar hadden Bida's Slangenmannen Wagadou zes keer aangevallen. Siya's leger had hen vijf keer verslagen. De eerste aanval was afgeslagen door Siya's vader, Khina Cisse, een geliefde en welwillende opperkrijger en Ghana van Wagadou. Hij sneuvelde in de bloederige strijd. Wagadou weende, maar Siya gebruikte haar verdriet bij het ontwikkelen van een duidelijke oorlogsstrategie. Ze gebruikte al haar woede tijdens een intensieve gevechtstraining. Ze zorgde ervoor dat al het zoute water van haar tranen haar lichaam verliet via zweet. Haar moeder was overleden toen ze klein was en haar vader had haar opgevoed tot krijger: hij liet haar trainen met zijn mannen, liet haar over heuvels en ruw terrein rennen, leerde haar klimmen en vechten, en haar angst te gebruiken als brandstof. Hij had haar geleerd vanaf grote hoogte naar beneden te springen en op haar voeten te landen zonder zich te verwonden. Hij had haar geleerd haar knie op een bepaalde manier te buigen, met haar gewicht een bepaalde kant op te leunen en haar hoofd strategisch leeg te maken zodat ze zich kon focussen op dat ene doelwit. Hij had haar leren vliegen. Ze bespeelde de natuur. Terwijl anderen touwen gebruikten om uit bomen neer te dalen maakte Siya gebruik van de wind.

Dus toen het hof en de adviseurs van haar vader Siya's

kwalificaties en passie om haar volk te beschermen negeerden en haar oom Dyabe Cisse tot nieuwe leider kroonden, wist Siya dat ze haar mond moest houden en strategisch moest handelen. Haar vaders jongere broer was een jaloerse, luie en ploertige machtswellusteling die zodra hij was aangesteld een motie afkondigde om een coalitie te vormen met Bida. Siya's vermoedens werden bevestigd: Dyabe had haar vader verraden. Ze kwam niet in opstand zoals haar oom graag wilde. Dan zou hij haar laten opnemen en zeggen dat ze gek was geworden van verdriet. Siya liet zich niet aan banden leggen door de regels van de natuur, dus er was geen enkele reden waarom ze onderdrukt zou moeten worden door de regels van een man. In plaats daarvan bracht ze onmiddellijk naarstig een regiment van afvalligen bijeen. Met ondergrondse berichten die via betrouwbare bondgenoten werden verstuurd, riep ze iedereen die geloofde in de missie van haar vader op om haar te helpen Wagadou te redden. Ze wilde niet dat zijn dood vergeefs zou zijn geweest. Ze zou ervoor zorgen dat hun geweldige land niet zou buigen voor de Slang Bida.

Een groot deel van Wagadous officiële leger liep over naar Siya's geheime bataljon, onder wie ook Maadi, een jonge, voorbeeldige soldaat die als zijn leerling een speciaal plekje in het hart van haar vader had veroverd. Het was Maadi die de sceptici overhaalde zich aan te sluiten bij Siya's team. Hij was een betrouwbare soldaat, met een goed hart en een sterk gestel, die in het hele land bekendheid had verworven door zijn onwankelbare integriteit en toewijding. Op zijn tweeëndertigste werd hij getipt om als jongste officier ooit Khina's bevel over te nemen na diens vroegtijdige dood. Dyabe Cisse, die op de hoogte was van Maadi's kundigheid en invloed, wilde hem graag als zijn plaatsvervanger en probeerde hem om te kopen met onrechtmatig verkregen land, paleizen en bescherming. Dyabe wist dat als Maadi loyaal was aan hem, hij ook kon rekenen op de loyaliteit van het grootste deel van het leger; hij wist dat zijn trouw de trouw van het land was.

Maar direct na de officiële aankondiging van Dyabe Cisses benoeming sloot Maadi zich aan bij Siya. Zijn ogen waren donker en fonkelden van woede en pijn. Ze was op de plek waar hij wist dat ze zou zijn: een plek in het bos vlak bij een meer waar hij, Siya en haar vader altijd uitrustten tijdens recreatieve trektochten. Terwijl hij haar zwijgend aankeek, stak Maadi zijn speer in de zachte aarde en knielde voor haar.

'Ik zal alles doen wat je wilt, Siya Cisse. Je bent mijn opperkrijger. Ik erken twee bevelhebbers. De eerste is je vader, die ook voor mij als een vader was nadat ik die van mij op jonge leeftijd had verloren. De tweede ben jij. Ik ken geen bevelhebber die beter is uitgerust dan jij. Mijn loyaliteit ligt niet bij de troon, maar bij Wagadou. Jij bent haar enige hoop. Vanaf nu zal ik vóór je lopen om het pad vrij te maken, en achter je om je dekking te geven.'

Ondanks de verkramptheid in zijn kaken en de boze spanning die zijn lichaam stijf maakte, sprak Maadi met een afgemeten, zachte en vaste stem. Die vastheid beviel haar. Hij was het enige vaste dat ze had naast haar jacht op wraak en gerechtigheid.

Siya stak haar hand uit en raakte Maadi's wang aan. Hij stond op.

Voor het eerst sinds haar vader was overleden liet Siya vrijelijk een traan over haar wang rollen. Ze onderdrukte haar tranen niet met de gedachte dat het een zwakte was waarvoor ze geen tijd had. Siya merkte dat ze zich er niet zwak door voelde. Maadi kreeg te zien wie ze was: zowel een diepbedroefde dochter als een onbevreesde krijger. In zijn ogen zag ze een plek waar haar kracht en zachtheid samen konden smelten, haar kracht ondersteunde haar zachtheid en haar zachtheid gaf wijsheid en richting aan haar kracht. Nu die twee kanten van haar niet langer streden met elkaar, voelde ze enige stabiliteit. Het voelde goed om zowel te rouwen als te vechten.

Ze schraapte haar keel en keek hem aan. 'Ik heb het liefst dat je naast me loopt. Kun je dat ook?'

Maadi boog zijn hoofd. 'Zolang mijn hart klopt.' Hij zweeg even. 'Ik zweer dat ik mijn land altijd zal verdedigen.'

Siya knikte. 'Voor Wagadou.'

Met Maadi als haar afgevaardigde en belangrijkste adviseur groeide Siya's leger snel. Ze rekruteerde en trainde ook vrouwen en al snel kon haar rebelleneenheid in kracht wedijveren met Wagadous officiële leger en het zelfs overstijgen in expertise.

Siya plaatste spionnen in Dyabes troepen en in de bergen die hun land omringden namen de Adelaars de oude forten in de grotten weer in, knapten ze op en vestigden er hun basis, een tweede thuis dat uitgroeide tot een kleine citadel aan de rand van de stadsgrenzen. Het feit dat de Adelaars weigerden te knielen voor Bida had Dyabe dusdanig in verlegenheid gebracht dat hij zijn motie om te onderhandelen met de vijand had ingetrokken. Omdat hij besefte hoe het moest overkomen dat hij zwakker was dan een gewapende troep met een gezichtsloze leider, koos Dyabe ervoor niets te doen. Hij leunde achterover in de veronderstelling dat Bida's Slangenmannen de Adelaars snel zouden verpletteren.

Maar tot dan toe was dat plan nog geen werkelijkheid geworden. Siya triomfeerde iedere keer weer over Bida en ze werd steeds sterker, slimmer en sneller.

Als de constante strijd al zijn tol eiste van Siya, was dat niet aan haar te zien. Alleen Maadi wist dat Siya na iedere slag steeds langer bezig was het gevecht van zich af te spoelen.

'Commandant, ze zijn klaar voor de toespraak.' Samen met een kort klopje klonk de stem van Maadi door haar deur.

Siya draaide de houten knop om die het water tegenhield en snoof de gemengde geur van zwarte zeep en kruidenoliën diep op terwijl het stof, het vuil en de angst wegstroomden door het afvoerputje.

Siya wist dat ze mooi was. Haar huid was zijdezacht en haar lichaam was lenig en sterk. Ze had de kracht het hart van een man stil te laten staan met een snelle trap of een zachte kus in zijn hals, afhankelijk van haar stemming. Voordat haar vader overleed had ze een hele stroom aanbidders gehad die zichzelf beschouwden als haar potentiële echtgenoot. Ze maakten geen enkele kans. Haar vader had haar meegegeven dat ze haar kracht moest kennen, en dus had ze door dat elke man die toenadering zocht haar alleen maar wilde gebruiken om zijn eigen ego op te krikken. Ze stond bekend als de Leeuwin van Wagadou en ze spraken er openlijk over dat ze haar wilden temmen. Ze zagen haar kracht als een uitdaging: hadden zij wat nodig was om haar te breken? Behalve dat ze hen saai vond, wist Siya dat ze haar zouden verzwakken en vertragen. Dat gevoel werd sterker na de dood van haar vader. Haar schoonheid en de aandacht die ermee gepaard ging, en het feit dat ze daarnaast een rebellenleider werd, hadden tot gevolg dat Siya ervoor zorgde dat ze er zo onopvallend mogelijk uitzag: ze ging geheel in het zwart gekleed en droeg geen sieraden, zodat haar missie duidelijk was. Ze wilde dat er geen enkel misverstand over bestond: ze was een krijger. Haar doel was vechten.

Maar nadat ze een jaar bevelhebber was geweest begon ze weer meer aandacht aan zichzelf te schenken na afloop van een slag. De vechter en de vrouw, de strijder en de schoonheid. De omslag vond plaats toen zij en Maadi op een zeldzame rustdag, waarop ze geen strategie uitstippelden, naar de markt waren gegaan. Hij was inmiddels haar beste vriend geworden, haar voorzichtige vertrouweling. Ze vochten zij aan zij, hielden elkaar in evenwicht en lazen elkaars gedachten. Hij had stilletjes toegekeken hoe ze op de markt een paar kleurrijke gewaden bekeek. Siya liet haar elegante handen, waarop in een ander leven altijd met zwarte henna ingewikkelde patronen waren geschilderd, verlangend door de sieraden, lippenstiften en doosjes oogschaduw gaan.

Maadi had gezegd: ‘Misschien ben ik te vrijpostig, commandant...’

Siya glimlachte terwijl haar ogen bleven rusten op een lange gouden ketting met een hanger in de vorm van een delicate paradijsvogel. ‘Maadi, alsjeblieft, ik zal je nooit te vrijpostig vinden. Wat wil je zeggen?’

‘Je bent mooi.’

Het was rechtdoorzee en zonder enig vals sentiment. Siya liet de ketting los en keek geschokt op naar Maadi terwijl haar lach van haar gezicht verdween. Hoewel het waar was dat Maadi aardig tegen haar was, was hij altijd voorzichtig geweest iets tegen haar te zeggen dat als ongepast zou kunnen worden opgevat. Ze gingen op een respectvolle, warme en zelfs kameraadschappelijke manier met elkaar om, maar ze hadden het nooit over het feit dat zij een vrouw was die naar mannen verlangde en hij een man die naar vrouwen verlangde, of over het feit dat wanneer ze samen trainden haar ogen langer op zijn blote bovenlijf bleven rusten dan gepast was, of over het feit dat wanneer hij haar na een bijzonder zware oefening hielp haar pijnlijke spieren te rekken er iets zinderde in de lucht tussen hen. Ze hadden het er nooit over dat Siya had ontdekt dat Maadi kora speelde. Dat ze laat op een avond, toen de verschrikkingen haar niet met rust wilden laten, hun balkon op was gegaan en hem had aangetroffen terwijl hij een hartverscheurend mooi liedje speelde, waarbij zijn handen over de snaren vlogen en hij ze bespeelde zoals zij de natuur bespeelde. Ze had gezegd dat ze niet wist dat hij kora speelde en hij had gezegd dat het spelen hem hielp te ontspannen na een slag, omdat het aantoonde dat er schoonheid bestond in de wereld en dat er hoop was. Hij had zich laten meeslepen in zijn uitleg voordat hij abrupt zweeg, beschaamd omdat hij zijn gevoelens had geuit. Ze hadden geen tijd voor gevoelens. Siya had geglimlacht en gezegd dat ze het mooi vond en heerlijk om te horen. Ze vond het geruststellend. Ze was in een leunstoel gaan zitten luisteren en in slaap gevallen. Toen ze wakker werd had ze in haar bed gelegen. Altijd wanneer ze sinds die avond het zoete geluid van een kora hoorde dat werd aangevoerd door de kier onder haar deur, voelde ze haar pijn afnemen en werd er ruimte gecreëerd voor iets anders. Op die avonden viel ze makkelijk in slaap en sliep ze als een roos. Maar ze hadden het er nooit over.

Dus had Siya op de markt geschokt met haar ogen geknipperd, van streek geraakt door de confrontatie met iets dat niet was uitgesproken. Maadi schraapte zijn keel.

'Ik stel alleen maar vast dat je mooi bent, als een feit, los van wat ik vind. Het is gewoon zo. Zowel vanbinnen als vanbuiten. Zelfs als je probeert het te verbergen. Je bent goed in veel dingen, Siya, maar daarin heb je gefaald.'

Zijn mondhoek ging een klein beetje omhoog en Siya lachte en schudde haar hoofd in de hoop dat haar wangen niet te rood werden. 'Soms mis ik het, mijn oude leven. Het opdoffen met vriendinnen, de vrijgezellenfeesten, maar... ik ben nu commandant. Ik ben dat meisje niet meer. Er was een tijd waarin ik een man naar de grond kon worstelen en ook kon dansen in een mooie jurk, een tijd waarin die twee mensen naast elkaar konden bestaan, maar... dat is niet langer het geval. Mijn leger moet me respecteren.'

'Ze respecteren je om wie je bent, commandant. Sterk, intelligent en gepassioneerd.' Maadi's ogen glinsterden en zijn stem klonk krachtiger dan Siya ooit had gehoord. 'Dat zal altijd zo blijven. Het belangrijkste is dat je helemaal jezelf kunt zijn.'

Siya stond met haar mond vol tanden terwijl Maadi snel iets mompelde dat hij terug moest naar het hoofdkwartier. Later zag ze de gouden ketting met de paradijsvogel aan de deurknop van haar kamer hangen.

Siya hing hem om haar hals op de avond na de zesde slag met Bida. Hij hing over haar borst en werd geaccentueerd door het diepe decolleté van haar paarse jurk, die strak om haar lichaam zat. Er zat een split in de stof die de rondingen van haar dij en de volle lengte van haar been onthulde. Zichzelf mooi maken was inmiddels een onderdeel geworden van haar ritueel na een slag. Ze was een vrouw wier oerkracht verschoof tussen verschillende verschijningsvormen, ze was een sensuele sluipmoordenaar. Op deze momenten voelde ze zich het meest zichzelf. Voordat ze haar oorlogskamer binnenging, dompelde ze zich onder in parfum, versierde haar lokken met gouden, geweven haarspelden en liet ze haar zachtheid en haar kracht elkaar begroeten als vrienden.

De zes soldaten die haar kabinet vormden gingen staan toen ze de kamer binnenkwam. Hun gesprekken verstomden en hun triomfantelijke jovialiteit verwaterde. Ze respecteerden haar en mochten haar graag, dat wist Siya, maar de aard van haar rol schepte enige afstand tussen hen. Ze kon niet gezellig wat met ze drinken of meedoen aan hun liederlijke samenzijn na de strijd. Ze moest altijd één stap vooruitdenken en altijd over haar schouder kijken.

Ze nam haar plek in aan het hoofd van de tafel, met Maadi staand naast zich. Ze zag dat haar beker al gevuld was met bosfruitwijn en hief hem.

'Ik ben trots op jullie. Een aanval organiseren tijdens Wagadous heilige festiviteiten was zelfs voor Bida een lage streek, en ik weet dat sommigen van jullie sceptisch waren en dachten dat de missie van vanavond zinloos was, dat Bida ons niet zo snel weer zou aanvallen, dus ik ben dankbaar voor jullie vertrouwen in mij. Ik weet dat jullie liever bij jullie familie zouden willen zijn en ik ben me bewust van de opoffering die het vergt om te vechten. Ik weet wat jullie riskeren. Dank jullie wel.'

'Op ons krijgshoofd!' Een van haar kabinetsleden, Kadida, hief haar beker en de andere soldaten sloten zich juichend aan bij de heildronk. Maadi hief zijn eigen beker in de richting van Siya en knipoogde naar haar met een klein knikje. 'Op onze koningin,' zei hij zachtjes.

Siya schraapte haar keel en weet het gevoel in haar maag aan de wijn die ze te snel had gedronken en er verscheen een glimlachje om haar mond. ‘Het is een eer jullie te mogen dienen. We hebben een overwinning behaald. Ga naar huis om de rest van de heilige festiviteiten met jullie familie te vieren. Dat is een bevel. Zeg hetzelfde tegen al jullie troepen. We zien elkaar morgenavond weer.’

De kamer liep leeg. Maadi bleef. Hij bleef altijd. Ze deelden het grote rotshuis dat tevens fungeerde als hoofdkwartier van de Adelaars en hadden hun privéverblijven naast elkaar om de communicatie makkelijker te maken. Het maakte andere dingen moeilijker.

Siya nam nog een slokje wijn en trok een wenkbrauw op.

‘Negeer je mijn orders, sergeant?’

‘Je zei dat ik naar huis moest gaan om feest te vieren met mijn familie. Ik gehoorzaam je, commandant.’

Siya negeerde dat haar hart sneller ging kloppen en glimlachte. ‘Lief, maar ik weet dat je een broer hebt en twee neefjes die je aanbidden.’ Ze keek naar de landkaart die voor haar uitgespreid op tafel lag en waarop ze hun strategieën uitstippelden. ‘Bovendien heb ik wijn en moet ik nieuwe plannen maken.’ Ze draaide zich om en leunde met haar rug tegen de tafel terwijl ze zachtjes zijn arm aanraakte. ‘Je hoeft echt niet te blijven, Maadi.’

Maadi ging fronsend voor haar staan. Zijn donkere huid glom in het amberkleurige licht van de toortsen. Ze wilde haar hand uitsteken en met haar duim langs de rondingen van zijn lippen gaan, die heel elegant waren in hun volheid.

‘Ik blijf niet uit plichtsgevoel, Siya.’ Hij kwam dichter bij haar staan. ‘Ik zie dat je je zorgen maakt.’

Siya zuchtte somber. Maadi wist altijd dwars door haar mantel en schild te prikken.

'Mijn oom wil me spreken. Morgen. Of nou ja, hij wil de "Koning van de Adelaars" spreken. Zijn brief werd gisteren bezorgd.' Siya had de schone schijn opgehouden door feestmaaltijden bij te wonen als zijn nicht en haar rouw opgegeven als reden van haar afwezigheid aan het hof. Voor zover ze wist had hij geen idee dat zij degene was die zijn pogingen om de macht te grijpen verstoorde.

Siya lachte hol. 'Hij zegt dat hij hem wil bedanken voor zijn hulp bij het beschermen van Wagadou. Iets waarin hij en zijn leger iedere keer weer hebben gefaald. Man tot man en oog in oog. In de Rode Vallei.'

In de Rode Vallei lag de oude open plek waar de duels plaatsvonden, waar mannen hun geschillen uitvochten op de manier van de traditionele vechtkunst: met een stok en hun blote handen. Twee mannen voerden een debat met elkaar en als ze niet tot een vreedzame oplossing konden komen, vochten ze. Tot de dood erop volgde. In de loop der tijd was het debat een rituele voorstelling geworden.

Maadi liet een dodelijke stilte vallen. 'Hij wil je vermoorden.'

Siya nam een grote slok wijn en wierp Maadi een bitter glimlachje toe. 'Ja, en hij zal waarschijnlijk de beste krijger inhuren als gevolmachtigde, want mijn oom kan zelf totaal niet vechten. Als ik niet ga, zal hij waarschijnlijk de gelegenheid aangrijpen ons uit te roepen tot verraderlijke terroristen die zijn aanbod om samen te werken afsloegen. Hij zal verklaren dat we een bedreiging zijn voor Wagadou en oorlog tegen ons voeren, en zo de aandacht van Bida afleiden. En dan zal hij proberen ons allemaal te vermoorden. Genoeg is genoeg. Zolang Bida Dyabe onder zijn duim heeft, zal hij altijd blijven vechten. Ik moet hem verslaan.' Siya schudde haar hoofd en probeerde Maadi's blik te ontwijken. Haar stem klonk bitter van afschuw, schaamte en spijt. 'Ik heb deze mannen en vrouwen voor niets voortdurend in gevaar gebracht.'

Maadi legde zijn hand op haar schouder en dwong haar naar hem op te kijken. 'Siya, door jou heeft Wagadou het zo lang volgehouden. Heerste er vrede. Jij beschermt haar. Die mannen en vrouwen vechten omdat ze weten dat je een geweldige leider bent.'

Siya's ogen begonnen te glinsteren. Maadi had tijdens de oorlog gruwelijke dingen gezien, maar wat hij nu zag in de blik van Siya raakte hem diep. Hij schudde zijn hoofd. 'Nee, Siya... je mag niet gaan. Als er iets met je gebeurt...'

Siya grijnsde grimmig. 'Je bent weer ongehoorzaam. Vertrouw je mijn vechtkunst niet?'

Maadi ging nog iets dichter bij Siya staan. Zijn gezicht was gespannen door een emotie die ze niet eerder bij hem had gezien. Was het paniek? Maadi was nooit in paniek. 'Siya, je bent de grootste krijger die Wagadou ooit heeft gekend. Je bent zelfs je vader voorbijgestreefd toen hij zo oud was als jij. Daarom kunnen we het niet riskeren je te verliezen. Laat iemand anders gaan in jouw plaats. Dyabe weet niet eens dat jij de leider bent.'

Siya fronste. Deze irrationaliteit was vreemd voor hem. 'Maadi, je weet dat ik niemand anders aan zo'n groot gevaar kan blootstellen...'

'We kunnen je niet verliezen.' Maadi's rustige stem was onstuimig en bars geworden en galmde door de eetzaal. Hij en Siya leken er allebei van te schrikken. Er viel een korte stilte, waarna Maadi zijn keel schraapte. 'Bovendien moet je een team samenstellen dat met je meegaat. Een arts, iemand die je wapens draagt, en het is waarschijnlijk al te laat om...' Hij verstomde terwijl hij Siya opnam.

Het besef viel als een schaduw over Maadi's gezicht en hij wreef over zijn kaak. 'Je hebt het al geregeld. Je besluit staat al vast. Je vraagt me niet om advies.'

Siya slikte. 'Ze ontmoeten me daar morgen rond het middaguur. Het spijt me, Maadi. Ik vertrouw je meer dan wie ook ter wereld. Dat weet je. Maar ik wist dat je het hier niet mee eens zou zijn en ik moet dit doen. Maak je geen zorgen. Ik heb hier mijn hele leven voor getraind.'

Maadi keek haar zwijgend aan. Hij nam een slok van zijn wijn. Normaal gesproken bleef Maadi altijd de rust zelve wanneer Siya al te gepassioneerd raakte, en hij bracht haar strategie vaak terug naar iets wat haar zoveel mogelijk voor dodelijk gevaar behoedde. Dat irriteerde haar soms, maar ze wist dat het alleen maar was om haar te beschermen. Dus was ze nogal verbaasd toen hij knikte. 'Je hebt gelijk.'

'Echt?' Siya zweeg even en schraapte haar keel. 'Ja, ik heb gelijk.'

Siya hoorde zijn hersenen knarsen, en zijn kaak verstrakte door de gedachten die door zijn hoofd gingen. Hij liet zijn blik afdwalen naar een punt achter haar hoofd, om die van haar te ontwijken. 'Als je het niet erg vindt, zou ik je graag willen vergezellen.'

Siya keek met een zachte blik naar Maadi op, pakte zijn hand en kneep erin. 'Natuurlijk, ik heb je heel graag aan mijn zijde, vriend.'

Er trok een schaduw over Maadi's gezicht en hij keek haar aan met een blik die haar adem liet stokken.

‘We zijn geen vrienden, commandant.’ Zijn toon was vlak en ondoorgrondelijk.

Een grimmige kilheid verdrong de warmte die eerder door Siya had gestroomd. Natuurlijk. Maadi’s band met haar ging niet verder dan zijn loyaliteit aan Wagadou en haar vader.

‘Je hebt gelijk. Ik... we zijn collega’s. Kameraden...’

Maadi zweeg even terwijl hij zijn blik liet rusten op de ketting die tussen de rondingen van haar borsten hing. ‘Dat bedoel ik niet, Siya.’

Ze zette haar beker op tafel nadat ze de rest van de wijn had gedronken. Een vreselijke vergissing. Haar hart ging er alleen nog maar sneller van kloppen en haar lichaam, dat boos op haar was omdat ze afstand hield tussen haar en Maadi, protesteerde nog meer. Zijn okerkleurige geweven vest hing open, waardoor de glanzende bruine huid van zijn strakke borst werd onthuld, en zijn bijpassende wijde linnen broek hing laag op zijn heupen. Net als zijn hele wezen was elk deel van zijn lichaam gespierd en stevig. Siya probeerde zich niet te laten afleiden. Ze keek hem strak aan en probeerde de biologische chemie te ontkennen en zich te focussen op de logica.

‘Juist wij mogen ons niet laten afleiden.’

Maadi schoof dichter naar haar toe. ‘Met alle respect, Siya, maar ik ben niet afgeleid. Ik focus me op wat het belangrijkst is.’

Siya’s ademhaling haperde. De lucht tussen hen in werd zwaarder en ademhalen werd steeds moeilijker. Ooit had een man die twee keer zo groot was als zij een mes tegen haar keel gezet, maar toch had Siya haar hart nog nooit zo tekeer voelen gaan als nu door de manier waarop Maadi naar haar keek.

Ze perste haar stem door haar dichtgeknepen keel. ‘Maadi, het gaat om leven of dood...’

Maadi’s ogen weerspiegelden het inferno dat in haar woedde. ‘Precies.’

Siya aarzelde. Maadi was niet bepaald spraakzaam, maar als hij sprak was het vol begrip voor haar en de wereld waarin ze leefden. Hij had gelijk. Ze hadden demonen getrotseerd en overleefd. Ze hadden samen de leegte ervaren die achtergelaten werd door iemand van wie ze hielden en wisten als geen ander hoe nabij het hiernamaals was. Ze wisten dat elke ademhaling een geschenk was. En wat er ook gebeurde, ze hadden altijd elkaar. Het leven was fragiel en ging snel voorbij, en de enige manier om het te vertragen en een schijn van standvastigheid te geven was door er ten volle van te genieten.

Siya stak haar kin naar voren, zoals ze altijd deed wanneer ze haar leger toesprak. ‘Ik heb nog één order, sergeant.’

Er verscheen een zweem van teleurstelling in Maadi’s ogen, maar hij boog zijn hoofd. ‘Wat je maar wilt, commandant.’

Hij deed een stap achteruit, maar Siya greep zijn pols vast. ‘Kus me.’

Maadi hield haar blik voor een pijnlijk zoete eeuwigheid vast en Siya’s zenuwen begaven het bijna.

‘Tenzij je natuurlijk niet...’

In één snelle beweging sloeg Maadi zijn handen om Siya’s middel en zette haar op de tafel, op de kaart van Wagadou, op hun minutieus uitgestippelde strategie. Siya legde haar handen op zijn borst en voelde zijn hart net zo snel kloppen als dat van haar. Toen hij voorzichtig haar gezicht omvatte en haar kuste, besefte Siya dat haar angst voor een gebroken hart, wat haar meer angst aanjoeg dan kwaadaardige mannen met dolken en despotische ooms, ertoe had geleid dat ze haar hart had verstikt. Dat besefte ze omdat ze nu voelde dat ze weer kon ademhalen nadat ze haar adem zo lang had ingehouden. Te lang. Siya was eraan gewend zich elementair te voelen, één met de wind te zijn en controle te hebben over de natuur, maar op dat moment voelde ze zich overgeleverd aan alle krachten van het leven die in volle hevigheid door haar heen stroomden. Maadi trok aan de riem die haar gewaad bij elkaar hield, waardoor het van haar lichaam viel als de schil van een rijpe vrucht terwijl ze haar benen om zijn middel klemde. Haar huid plakte tegen die van Maadi en hun lichamen maakten ritmische bewegingen. Hun monden ontmoetten elkaar en beantwoordden alle vragen die ze hadden over de zin van het leven. Ze ontdekten dat ze filosofen waren: ze discussieerden en debatteerden over wat ze al wisten, ze stelden vragen alleen maar zodat ze die keer op keer op keer konden beantwoorden. Maadi droeg Siya naar haar privévertrek en hun rollen als commandant en sergeant werden soepel uitgewisseld, waarbij autoriteit werd gedeeld en afgestaan. Siya stopte met denken en stond zichzelf toe te voelen, en wat ze voelde werd vastgehouden maar niet gevangengehouden. Ze was overgeleverd aan zijn genade, maar had ook de macht in handen. Ze voelde zich geliefd en geliefd en nogmaals geliefd.

Maadi streelde Siya's haar terwijl ze op zijn borst lag. Zijn hart klopte in haar oor en dreunde door haar bloed, wat een kalmerend effect had. Ze lachte met haar mond tegen zijn borst. 'Zeg wat je wilt zeggen.'

'Hoe weet je dat ik iets wil zeggen?'

Siya hees zichzelf omhoog om met haar elleboog op een kussen te steunen en keek neer op zijn maanverlichte gezicht. Met haar vinger volgde ze de rondingen van zijn lippen. 'Ik kan je stiltes lezen.'

Hij drukte zijn mond tegen haar vinger voordat hij er zachtjes in beet. 'Siya... Ik ben niet goed met woorden. Dat ben ik nooit geweest. Ik weet hoe ik moet vechten en strategieën moet bedenken. Daar ben ik goed in. Maar vechten tegen het feit dat ik verliefd op je ben was mijn meest uitdagende strijd. Toen je vader nog leefde, dacht ik dat het alles ingewikkeld zou maken. Toen hij stierf... hadden we andere dingen om ons op te focussen. Maar het is altijd een strijd geweest die ik niet kon winnen, Siya. Ik ben moe van het vechten. Ik ben nog nooit zo blij geweest om te verliezen. Ik geef me eraan over. Ik geef me over aan jou.'

Siya hees zich nog wat verder omhoog en fluisterde: 'Ik hou van je', waarna ze hem hartstochtelijk kuste. Ze had niet door dat ze huilde, totdat hij zijn hoofd terugtrok en een traan van haar wang veegde.

Zijn mondhoek krulde op. 'En ik beloof dat ik je nooit ten huwelijk zal vragen.'

Siya snoof. Hij kende haar goed.

'Maar,' vervolgde Maadi, 'ik zweer dat ik me zal houden aan de beloftes die ik je heb gedaan: ik zal vóór je lopen om het pad vrij te maken en achter je om je dekking te geven. En ik wil dat je weet dat zelfs wanneer ik niet fysiek aanwezig ben, ik aan je zijde zal lopen. Om je te beschermen.'

Siya's hart zwol op. 'En jij beweerde dat je niet goed was met woorden.'

In die nacht, die op de een of andere manier een oneindige dageraad bevatte, raakte Siya zo vertrouwd met Maadi's warmte, zijn armen stevig om haar heen en het gefluister in haar hals, dat ze zich beroofd voelde toen ze wakker werd en een lege plek naast zich in bed aantrof. Maadi was degene die meestal het eten voor hen bereidde, dus nam ze aan dat hij het ontbijt aan het klaarmaken was. Maar toen ze binnenkwam om hem van achteren te besluipen en haar armen om hem heen te slaan, was de keuken leeg. De atmosfeer in huis was net zo veranderd als wanneer hij niet dezelfde lucht deelde als zij. Toch negeerde ze het misselijke gevoel in haar maag en riep zijn naam. Geen antwoord. Met een snelle en onregelmatige ademhaling en knikkende knieën rende Siya naar zijn vertrekken. Zijn wapenuitrusting was weg. Ze rende naar iedere deur die naar buiten leidde, maar ze waren van buitenaf op slot gedraaid. Haar sleutels waren nergens te vinden. Ze trok uit alle macht aan de deuren, gooide er zo hard als ze kon dingen tegenaan, probeerde met trillende vingers de sloten open te krijgen, maar het mocht niet baten. Siya schreeuwde haar keel schor en rende als een gek door alle kamers op zoek naar iets wat haar kon bevrijden. Al het gereedschap was verdwenen. Maadi was namens haar gaan vechten met Dyabe en hij had haar opgesloten omdat hij wist dat ze er nooit mee zou instemmen dat hij haar plaats innam.

Op dat moment hield ze net zoveel van hem als ze hem haatte. Maadi zou kunnen sterven. Voor haar. Met knikkende knieën strompelde ze naar haar kamer en pakte haar ketting met de gouden paradijsvogel die ze de avond ervoor had afgedaan en hing hem weer om haar hals. Ze kleedde zich snel aan en wikkelde een smaragdgroene sjaal om haar

haar. Ze rende naar de enige andere uitgang die ze kon bedenken: een balkon dat uitkeek op de heuvels en de steile bergweg. Het was hoog, hoger dan alle bomen waaruit ze ooit naar beneden was gesprongen. Siya's maag keerde zich om bij het zien van de diepte. Dit was een risico. Maar ze zag geen andere mogelijkheid, het ging hoe dan ook om leven of dood. Ze ademde diep in en klom op de stenen rand, precies op het moment dat haar ogen in de verte een vertrouwde figuur te paard in het vizier kregen die elke seconde kleiner en kleiner werd. Siya riep Maadi's naam, twee keer, drie keer, vijf keer, elke keer wanhopiger en hartverscheurender. Hij keek niet achterom. Siya vloekte luidkeels. De man van wie ze hield was een koppige, dappere idioot en als hij straks werd vermoord, zou ze alle priesteressen in Wagadou oproepen om hem te laten herrijzen, alleen maar zodat zij hem opnieuw kon vermoorden. Ze weigerde haar hart te laten breken door hem. Siya sloot haar ogen, ademde diep in en sprong, niet denkend aan de enorme diepte onder haar, maar aan de missie die voor haar lag.

Ze was tenslotte een meisje dat wist hoe ze moest vliegen.

Nefertiti

Mijn stiletto's klikten tegen de vloer van de bibliotheek in de kelder. Aan de wanden hingen van vloer tot plafond planken met boeken uit elk tijdperk en in elk genre. Ik ben een autodidactische geleerde en weet dus dat kennis macht is, maar mijn boeken waren niet alleen bedoeld om mijn geest te voeden. Ze absorbeerden geluid. Hoewel het gedempte geroezemoes en de muziek van de club boven de bibliotheek wel doorsijpelden naar beneden, steeg er nooit geluid op uit deze kelder. Ik keek naar de glazen kist in het midden van de kamer: het was een kubus van drie bij drie meter en, van cruciaal belang, geluiddicht. Ik kon het me niet veroorloven om risico's te nemen. Twee van mijn meisjes bewaakten hem, met hun wapens vakkundig verborgen in hun *kalasiris*, met de twee brede banden van de nauwsluitende schedejurk over hun borst. Onder elke band stak een smalle dolk.

Ik knikte naar hen en ze openden de deur van de glazen kist. Meteen werd ik geconfronteerd met de stank van oud zweet en het geluid van gedempt gejammer. Midden in de kist zat een man behendig vastgebonden op een stoel, met ontbloot bovenlijf en in zijn ondergoed. Hij had nog geen schrammetje of blauwe plek, en op de vloer lag geen druppel bloed. Mijn meisjes hadden goed werk geleverd. Ik had een hekel aan rommel. De ogen van de man werden groter toen hij me zag en het gejammer werd luider. Ik boog voorover zodat ik me op ooghoogte bevond.

'Ik zie dat u weet wie ik ben, meneer Hemti. Ik kom meestal niet naar beneden als we speciale gasten hebben, omdat ik mijn meisjes vertrouw om ze… naar mijn maatstaven te entertainen. Maar voor u heb ik een uitzondering gemaakt.' Ik stak mijn hand uit en binnen een tel werd er een vleesmes in gelegd. De stoel wiegde een beetje toen de man kronkelde, het gedempte gekrijs nam in volume toe en de meisjes hielden de stoel stilzwijgend op zijn plek door de rugleuning vast te pakken.

Ik glimlachte recht in de waterige ogen van meneer Hemti. 'Ik wilde u dit cadeau persoonlijk geven. Een aandenken aan uw bezoek.' Behendig sneed ik in zijn dijbeen de vorm van een zonneschijf uit. Het kostte me hoogstens een minuut en de pijn kon niet meer zijn dan die van een ingewikkelde tatoeage, maar Hemti gilde als een wild zwijn. Ik rolde met mijn ogen. Mannen waren zó dramatisch. Ik gaf het mes terug en deed een stap naar achteren zodat er geen bloed op mijn schoen zou druppelen.

'Maak hem los,' beval ik.

Mijn bewakers trokken de tape van Hemti's mond en hij spuugde de doek uit die erin was gepropt. 'Alstublieft! Ik heb een gezin! Ik ben een eerbaar man. Ik heb een vrouw en een zoontje! Alstublieft, ik doe alles… Ik heb geld! Land! Alles wat u maar wilt, u kunt het krijgen.'

Ik liet hem doorgaan terwijl ik hem een paar seconden onbewogen aankeek, waarna ik mijn hand opstak om hem tot zwijgen te brengen. Ik grinnikte zachtjes. 'Ik weet dat u een gezin hebt. Hoe denkt u dat mijn meisjes precies wisten waar ze u konden vinden? Het was uw vrouw die ons heeft laten komen, meneer Hemti.' Zijn ogen werden groot en hij schudde zijn hoofd.

'Nee! Nee...'

'Een mooie vrouw, sterk en slim. Ze vertelde ons dat u haar sloeg. We hebben de blauwe plekken gezien, de striemen. Ze zei dat ze twee baby's had verloren. U bent een echte gezinsman.'

Hij begon nu te beven en spuugde terwijl hij smeekte. 'Ik zal stoppen. U weet niet hoe oneerbiedig ze soms kan zijn, ze... Dood me alstublieft niet. Alstublieft. Ik zal haar met geen vinger meer aanraken!'

Ik stak mijn hand weer op en hield mijn stem zacht en vriendelijk. Ik had een hekel aan herrie.

'Meneer Hemti, alstublieft. Ik ga u niet doden. In tegenstelling tot u ben ik geen bruut. En ik weet dat u haar met geen vinger meer zult aanraken.'

Opluchting gleed over zijn sneue, bezwete gezicht toen zijn lichaam hijgend inzakte. Ik was gewend om de gezichten van wanhopige mannen te zien, en zoals ik al had verwacht, zag ik naast de opluchting dat de oude dreiging het langzaam weer overnam van zijn angst.

'Dank u wel. Dank u...'

Vrolijk vervolgde ik: 'U zult haar met geen vinger meer aanraken omdat u dat straks niet meer kunt.'

Hij fronste zijn wenkbrauwen in doodsbange verwarring terwijl ik verderging. 'Alles', ik liet mijn ogen over hem glijden, 'aan uw lichaam dat u gebruikte om uw vrouw pijn mee te doen zal worden verwijderd. Dat lijkt me redelijk.' Ik glimlachte breed toen een duister besef tot hem doordrong en hij begon te beven. 'Ik weet zeker dat u dat wel begrijpt, meneer Hemti.'

Ik knikte naar mijn meisjes en ze knevelden hem weer, wat zijn geschreeuw dempte. 'Dames, willen jullie onze gast alsjeblieft naar het abattoir brengen?'

'Ja, mevrouw.'

Verontschuldigend hield ik mijn hoofd schuin naar Hemti's bleke, vochtige gezicht. 'Dat is maar een grappig bijnaampje dat we ervoor gebruiken. Ik hoop dat u me nu wilt excuseren, meneer Hemti. Ik heb een club te runnen en een show op te voeren. Als u tegen iemand ook maar een woord zegt over wat u hier is overkomen, zal uw tong eruit worden gesneden. Uw vrouw en kind bevinden zich op een veilige locatie met voldoende geld om het uit te zingen, dus maakt u zich over hen maar geen zorgen. Maar ik verzeker u dat als u ze probeert te zoeken, ik daarachter zal komen. Dat wilt u niet, meneer Hemti.'

Ik bleef staan toen ik de kist uitliep en draaide me om.

'O, wat onbeleefd van me. Welkom in het Huis van Aton.'

'Dames… zijn jullie er klaar voor?'

De zachte, rokerige stem van Ma Isis weergalmde door de schemerige en rumoerige ruimte. Hij echode rond en vermengde zich met de geur van luxe en sterkedrank, liefde en lust.

Met veel gejoel en gejuich werd ik geroepen van mijn plek backstage, achter de gordijnen. Ma Isis stond aan de andere kant, met het publiek om zich heen. Ze mompelde afkeurend, teleurgesteld over de reactie op haar aankondiging, en zette een hand op een vrijpostige heup. Het licht viel op haar, helemaal wit en goud, en armbanden en enkelbanden luidden rinkelend mijn komst in.

'Kunnen jullie niet beter? Jullie stellen me teleur. Ik word niet graag teleurgesteld. Daar kan ze niet mee opkomen.'

Ma Isis' cadans deinde en schommelde, omhoog en omlaag als een omgekeerd slaapliedje dat je wakker probeerde te maken. Haar stem steeg als een zonsopgang.

'Kom op. Jullie weten voor wie we hier zijn.' Ze klapte in haar handen en er rinkelden bellen.

'Degene op wie jullie de hele avond hebben gewacht. De koningin van het Huis van Aton. Ze is Groot van lofprijzingen, ze is de...'

De stem van Ma Isis neuriede laag en het geschreeuw van het publiek nam toe en zwol aan tot gebrul. Ik wist dat Ma Isis in de microfoon zou glimlachen terwijl ze over het podium gleed, met haar kaftan achter zich aan golvend. Ze zou een vleugje lelie, mirre en kardemom achterlaten in haar kielzog, haar eigen parfummengsel dat ik haar soms aan de achterkant van het huis liet verkopen. 'Mama Isis' liefdesdrankje.' Ik hield van Ma Isis alsof ze me gebaard had, maar als het om een extra zakcentje verdienen ging had ze vaak een eigen wil – nee, ik moest me concentreren. Ik was op dit moment geen Huismoeder, eigenaar van de grootste, beroemdste (en beruchtste) bar, club, heiligdom in Thebe in Kemet, ik was...

'... Meesteres van gratie...' Bij elke naam was er geroffel op de trom, een dreun van de bas, en Ma Isis ging over op een rollende, opzwepende, schetterende melodie.

'... Zoet van liefde, Vrouwe van alle vrouwen, geliefde van Akhen Aton, ónze geliefde...' Ze zweefde over het podium en bereidde het voor.

'De enige echte koningin Nefertiti.'

Schijnwerper.

Ik opende mijn ogen en gaf de muziek daarmee toestemming om binnen te komen. De melodie is mijn geliefde, maar ze kan soms een beetje roekeloos, een beetje onvoorzichtig zijn. Ik moet me op haar voorbereiden, haar leren geduld te hebben. Ze kan me niet op haar voorwaarden krijgen. Het moet op de mijne zijn. Altijd op de mijne. Het getokkel van de bas drong diep tot me door en kronkelde zich zo strak om mijn ruggengraat dat die schokte. Mijn heupen bewogen in overeenstemming, soepel met de beweging, naar links en vervolgens naar rechts, en mijn hartslag nam het ritme over. Ik nestelde me in mijn huid.

Ik zong, zo'n beetje als zijde over goud. Ik wist hoe ik klonk, en als ik dat niet wist, zou ik het hebben gevoeld, en als ik het niet voelde, zou ik het gezien hebben op hun gezichten. Ik had ze in mijn macht. Ze waren verrukt, alle ogen waren op mij gericht. Ik was thuis.

Voor de meeste mensen van Thebe in Kemet had het Huis van Aton een slechte naam. Mijn persoonlijke favoriete recensie kwam uit het *Nieuwsblad van Thebe*. Volgens dit artikel was het Huis van Aton een:

> 'beerput vol ruige en wilde vrouwen, onder leiding van de criminele koningin die bekendstaat als Nefertiti Aton, een voormalige zangeres en weduwe van de beruchte gangster Akhen Aton. Onder het management van Akhen was de lounge een herenclub en een centrum voor antiregeringsactiviteiten. Nu Nefertiti zijn plek op de troon heeft ingenomen, is het Huis een cabaretlounge geworden waar vrouwen, en alleen vrouwen, het voorrecht hebben om guerrillastrijder te worden en zich over te geven aan hun ondeugden terwijl ze protesten en bur-

> gerlijke ontwrichting organiseren. Steeds meer vrouwen dragen nu de tatoeage van de zonneschijf – het beruchte insigne van de club. De regering stelt dat het Huis van Aton is veranderd in een gevaarlijke cult van mannenhaters en direct bijdraagt aan maatschappelijke onrust en verval. Het probleem is: hoe kan het worden gesloten als niemand ook maar in de buurt van Nefertiti kan komen? De ongrijpbare misdaadbaas is onaantastbaar. Ze vreest niets en niemand.'

Ik kreeg altijd een kick als ik dat deel las. Het ging verder:

> 'Hoewel ze geen geheim maken van hun illegale activiteiten, hebben de dappere officieren van de Duat het bijna onmogelijk gevonden om misdaden terug te voeren tot de vrouwen in het Huis van Aton. De politiemacht heeft met succes de dreiging van Akhen weggenomen; het is nu overduidelijk dat zijn vrouw een veel grotere bedreiging vormt. Het Huis van Aton is verre van geneutraliseerd, het heeft moed gevat. Nefertiti is een elegante misdadigster en een scherpzinnige moordenares. Ze ruimt na afloop zo goed op dat ze haar gezicht niet hoeft te verbergen. Ze wil dat je haar leert kennen. De vrouwen die voor het Huis van Aton werken vereren haar en zullen haar voor altijd beschermen. Ze is de godin van de onderwereld, en wie kan haar tegenhouden zolang haar volgelingen haar trouw zijn?'

Ik had het aan de muur van mijn kantoor gehangen. Het artikel was bijna kruiperig. Bijna had ik 'elegante misdadigster' op mijn arm laten tatoeëren. De journalist zat er bij een paar dingen echter naast. Ik was geen 'voormalige zangeres'. Hoewel zaken rondom de club tegenwoordig het grootste deel van mijn tijd in beslag namen, betrad ik af en toe, zoals vanavond, het podium. Het was een geschenk voor mijn volk. Zij hebben mij net zozeer gered als ik hen. We waren familie.

Op dat moment keken de vrouwen echter niet naar mij alsof ik hun zus was of de eigenares van hun favoriete club. Ze keken me aan alsof ze me wilden zijn of bij me wilden zijn, of soms allebei tegelijk. Ik zong en ik danste, de gratie van mijn bewegingen vervulde hen met pijnlijk verlangen en suste dat vervolgens. Ik streek met een hand over mijn lichaam, behaaglijk in mijn glinsterende netjurk die bestond uit zwart-gouden cilindervormige kraaltjes, stak mijn kin omhoog en hield een hand tegen mijn diepblauwe hoofdtooi, versierd met turquoise en een robijn die paste bij mijn lippenstift. Het Huis van Aton was mijn koninkrijk.

Vlak voordat Akhen stierf, kuste hij de binnenkant van mijn pols, zoals hij altijd deed – hij zei dat hij het fijn vond mijn hartslag tegen zijn lippen te voelen – en zei dat ik de zaak moest runnen zoals ik dat wilde. Hij wist hoe ik was opgegroeid en wat ik op straat had gezien; hij wilde dat ik een huis en een toevluchtsoord had voor degenen die net als ik waren, en hadden meegemaakt wat ik had meegemaakt. Hij zei dat ik de aasgieren moest negeren die zouden proberen zijn plaats in te nemen, die dachten dat ik een man nodig had om me gezien te voelen. Akhen was de enige man van wie ik ooit heb gehouden. Hij wist wie ik was, niet alleen wie ik voor hem was. Voordat mijn echtgenoot me achterliet, zei hij: 'Bedankt dat ik van je mocht houden. Bedankt dat jij op jouw beurt van mij hield. Bedankt dat je gebleven bent. Ik weet dat het soms moeilijk was. Ik hoop dat je nu vrij zult leven.'

En dus leefde ik vrij en veranderde het Huis in een huis dat alleen voor vrouwen was, een plek waar verloren vrouwen zichzelf konden vinden. Ik bleef de straten van Thebe beschermen waar Akhen en ik samen over geregeerd hadden toen hij nog leefde, als gelijken, zij aan zij. We vochten tegen een onderdrukkende regering – de Ifset – en verstoorden hun vrede. Akhen was een groot man, maar hij was nog steeds een man. Ik hoefde zijn blinde vlekken niet meer te compenseren. Mijn man werd vaak verleid door de bekoring van snel geld om ons werk te ondersteunen, en dat betekende meestal slechte zaken. Die hadden uiteindelijk zijn dood tot gevolg.

Het Huis van Aton was verre van heilig, maar het beschermde degenen die bescherming nodig hadden: de onderdrukten en de misbruikten. De Ifset schilderden ons af als de onderwereld, terwijl zij juist corrupt waren en de armen beroofden en de machtelozen onderdrukten om de macht te krijgen. De rijkdom van de staat was afhankelijk van leed en gevangenschap. Het Huis van Aton was vrijheid. Wij beslisten over ons eigen lot.

In het publiek zag ik veel vrouwen die besloten hadden dat hun lot verstrengeld zou raken met het mijne, in elk geval voor vanavond. Ze werden aangetrokken door mijn magie op het podium, dat wist ik, aangezien mijn realiteit, het vlees, het bloed en de botten die werk moeten maken van het vlees, het bloed en de botten om ons veilig en de Ifset op afstand te houden, ze uiteindelijk weg zou jagen. Onze omstandigheden waren heel precair. Ze genoten van de glamour, maar niet van het geweld, zonder te weten dat het geweld de glamour zijn glans gaf.

Ik heb een litteken op mijn wang van toen ze me probeerden te vermoorden. Gekarteld, diep. De vrouwen vonden het heerlijk om er zachtjes met hun vinger over te gaan en vroegen hoe ik eraan was gekomen, maar ze vonden het niet leuk als ik thuiskwam met de geur van bloed. De vrouwen om me heen hielden van mijn kracht, maar wilden niet weten hoe ik die behield. Ze wilden niet weten hoeveel mannenbotten ik moest breken om de hekken te bouwen die hen beschermden. Ze wilden bij een koningin zijn, maar geen enkele koningin kan een koningin zijn zonder ook een krijger te zijn. Ik kon het niet voor hen verbergen en dus probeerde ik dat niet meer. Van relaties kon geen sprake zijn. Ik behield mijn kracht door mijn afstand… in elk geval op emotioneel vlak.

Het was tijd om iemand voor de nacht te kiezen. Mijn blik dwaalde rond, zwom door de smachtende en wachtende vrouwen, en eindigde bij haar. Haar ogen waren kristalhelder en zwart, keken dwars door me heen en lieten mijn hart stilstaan van schrik. Haar haar was aan de randen scherp geschoren, maar aan de bovenkant zacht en wolkachtig, en benadrukte de jukbeenderen waaraan ik mijn tong wilde snijden. De halslijn van haar zwarte jumpsuit liep uit in een diepte waar ik in wilde duiken. Maar vooral zag ik dat ze niet zenuwachtig was. Ze keek niet zelfvoldaan bij mijn aandacht, zelfs niet toen ik mijn arm omhoogbracht en met mijn hand in haar richting draaide, haar toezong en naar haar toe danste. Ze speelde geen rol om mijn genegenheid te krijgen zoals de andere meisjes vaak deden. Ze bleef op haar plek staan, met een mondhoek een heel klein stukje omhoog, en nipte uitdagend van het wijnglas dat ze naar haar lippen bracht.

Ik moest haar leren kennen.

'Hoe bedoel je, ze komt niet?'

Bastet haalde haar schouders op en schudde haar hoofd, terwijl haar massa glanzende krullen haar verbijstering benadrukte door licht heen en weer te zwaaien. 'Ik zei tegen haar dat je wilde dat ze naar je tafel kwam, en ze zei: "Ik vermaak me prima waar ik ben, dank je," en ze bleef zitten. Ze is trouwens heel mooi.'

Ik zat in mijn privécompartiment in mijn hoek van de bar, helemaal van pluchen fluweel en mahonie. Het was van de hoofdruimte gescheiden door wijnkleurige gordijnen van chantillykant, rijk genoeg gedecoreerd om me te kunnen afzonderen, maar dun genoeg om alles aan de andere kant te kunnen zien.

Ik trok mijn wenkbrauw op. 'Ik wéét dat ze mooi is, Baz.' Ik zweeg even. 'Denk je dat het is omdat ze jou wil? Want dat kun je zeggen, hoor...'

Bastet was mijn beste vriendin, rechterhand en regelnicht van het Huis van Aton. Ook was ze katachtig en fijn, met scherpe bruine ogen, een permanent sluwe glimlach en een scherp randje dat precies de juiste balans tussen seks en gevaar bood, ingekapseld door de tatoeage van een slang die in zijn eigen staart bijt en langs haar rechterarm omhoogklom. Ze richtte zich op haar doelwit en sloeg toe. Ze spinde en liet haar vrouwen spinnen, en vervolgens sloop ze weg.

Bastet rolde met haar ogen en lachte. 'Neffi,' – zij was de enige die me zo mocht noemen en niet bang hoefde te zijn dat ze het niet zou overleven – 'ik weet wat ik heb en wie ik ben, maar volgens mij weten we allebei dat het nooit is voorgekomen dat een vrouw niet kwam als ik haar voor je ging halen.' Met een knipoog wierp ze me een grijns toe, pakte mijn glas en nam een slok van mijn drankje.

Ik pakte mijn drankje terug. 'Niet drinken tijdens het werk. Was ze met iemand?'

Bastet grijnsde. 'Kijk jou nou. Je bent dit gewoon niet gewend, hè? Nee, ze was niet met iemand anders. Niet dat ik weet. Ze praatte ook niet echt met iemand. Ze... observeerde gewoon. Nam de atmosfeer in zich op. Het is een goede avond vanavond. Ik bedoel, het is elke dag een goede avond, maar vanavond? Wauw. Je was een klapper.'

Afwezig schudde ik mijn hoofd. 'Er is iets vreemds.'

Bastet trok haar wenkbrauw op. 'Hoezo, omdat ze je niet wil? Kom op nou, Neffi...'

'Kun je de barmeisjes vragen of ze haar hier eerder hebben gezien?'

Bastet fronste met haar scherpe wenkbrauwen van verbazing, waarna ze verstrakte. Haar ogen flitsten. 'Je denkt toch niet...'

Ik nam nog een slokje van mijn drankje. 'Ik weet het niet.'

Nu ze niet langer de plagerige zus speelde en weer de woeste beschermer was, knikte Bastet en glipte weg uit mijn hokje. 'Vijf minuten.'

Bastet keerde binnen drie minuten terug. De blik op haar gezicht was zowel grimmig als razend, alert. Ik zag de jager in haar tot leven komen. Bastet kwam van de straat en hoewel ik daardoor was grootgebracht, was zij erdoor gezoogd. Daarom had ik haar aan mijn zijde nodig.

'De meisjes zeggen dat ze haar nog nooit eerder hebben gezien. Ze stelt ze vragen.'

Ik sloeg mijn drankje achterover. 'Oké.'

Bastet controleerde of het gordijn strak was dichtgetrokken, kwam vlak naast me zitten en dempte haar stem. 'Wat wil je dat ik doe? Ik kan dit afhandelen.'

‘Baz, doe alsjeblieft rustig.’

Bastet siste. ‘Neffi, er is hier een smeris in je huis en je wilt dat ik rustig doe? Vergeet niet wat de Duat van ons heeft afgepakt. Van jou…’

De Duat waren de bewakers van Ifset, en zij waren degenen die toezagen op de naleving van hun onheil. Zo zagen ze het zelf natuurlijk niet helemaal – ze noemden zichzelf ‘de politiemacht van Thebe, die de orde herstelt en de vrede handhaaft’. Ik legde een hand op die van Bastet om haar te kalmeren, maar ook mezelf.

‘Dat weet ik nog. Natuurlijk. Ik leef er elke dag mee. Zonder hem.’

Bastet legde haar hand op die van mij en haar ademhaling vertraagde. ‘Sorry, Neffi. Ik wil alleen…’

‘Dat weet ik. Maar we weten niet of ze een Duat is. We moeten slim zijn. Ik handel het wel af. Maak je geen zorgen. Hou… een oogje in het zeil. Kijk. Zorg ervoor dat ze alleen is. Ik handel dit wel af.’

Bastet knikte. ‘Geef me maar een seintje als ik de troepen voor je moet verzamelen.’

‘Altijd.’

‘Ik ben het niet gewend om zoveel moeite te doen voor wat ik wil.’

Ik glimlachte op een manier waarvan ik wist dat het desoriënterend was. De vrouw knipperde een paar keer met haar ogen voordat ze teruglachte – voluit, zonder terughoudendheid, zonder ingetogenheid. Het bracht haar wangen omhoog en verhief haar gezicht op een manier die haar nog mooier maakte. Mijn hart ging er sneller door kloppen, bizar genoeg, zelfs terwijl ik wist dat ze misschien een vijand was.

Ze gebaarde naar de lege stoel aan haar tafel. Ik ging zitten en zette mijn drankje neer.

'Ik vertrouwde erop dat je zou komen.'

Ze was zelfverzekerd. Ondanks alles vond ik het leuk.

'Dus volgens jou ben ik voorspelbaar.'

Ze schudde haar hoofd en lachte, en het klonk verrassend zoet, bruisend, in strijd met haar elegantie. 'Volgens mij ben je eraan gewend om je zin te krijgen.' Haar stem daalde. 'Ik wil niet iets zijn waaraan je gewend bent.'

Ze was heel goed. 'Hoe heet je?'

'Ma'at.' Haar ogen flikkerden alsof ze iets verkeerds had gezegd of te veel had onthuld. Haar vertrouwen had gehaperd. 'Vrienden noemen me Mattie,' voegde ze eraan toe.

Ik knikte en pakte haar hand, schudde die en liet mijn duim over de achterkant glijden. 'Hallo Mattie. Ik ben...'

Ze boog zich dichter naar me toe en verspreidde haar geur in mijn richting: zacht, honingzoet. 'Nefertiti Ay. Iedereen weet wie je bent.'

Met mijn vinger draaide ik een rondje op haar pols. Ik voelde haar hartslag versnellen. 'Iedereen kent delen van wie ik ben. En eigenlijk is het Nefertiti Aton. Nefertiti Ay was een meisje. Die naam gebruik ik al jaren niet meer. En zelfs toen kenden maar heel weinig mensen me bij die naam. De meesten van hen zijn dood of werken voor de inlichtingendienst.' Ik keek op van haar pols en recht in haar ogen.

Ma'ats glimlach bevroor op haar gezicht en ik zag haar moeizaam slikken. Ik hield mijn stem joviaal en wisselde van hand, zodat ik haar pols zachtjes maar stevig vasthield. Ik ving de blik van Bastet aan de andere kant van de ruimte, terwijl ze met een danseres praatte. Ze trok vragend een wenkbrauw op en ik schudde zachtjes mijn hoofd. Ik had dit onder controle. Ik keek weer naar Ma'at. Ze probeerde het nog steeds vol te houden, probeerde zich weer verleidelijk te gedragen, de paniek in haar ogen te verbergen. Ik wierp haar een grijns toe.

'Dit is nieuw voor je, hè, Mattie? Dat kan ik zien. Je bent zeker net gepromoveerd naar de undercovereenheid? En je vond het spannend dat ik je eerste zaak zou zijn, hè? Het heeft glamour en ik zou een charmante bitch zijn, dus je zou je er ook mee kunnen vermaken.'

Ze lachte een beetje verstikt, echt de volmaakte professional. 'Ik heb geen idee waar je het over hebt. Je bent duidelijk een beetje paranoïde… gespannen. Daar kan ik bij helpen…'

Ik ging verder. 'Ik snap waarom ze jou hebben gekozen. Toegewijd.' Er verschoof iets in haar blik, het was geen nederlaag maar een aanpassing. Ze probeerde een uitweg te vinden.

'En je hebt de juiste look.' Ik dempte mijn stem en hield mijn hoofd schuin. 'Je bent prachtig. En je bent slim. Je liet me naar jou toe komen. Dat was een gelikte move. Meestal als ze een smeris naar me toe sturen – niet vaak, maar ze doen het wel – springt ze er namelijk uit. Opzichtig gevoel voor mode, te flirterig, onzorgvuldig. Maar jij? Jij hebt smaak…'

Ik stak mijn hand uit om een slok van haar drankje te nemen en grijnsde. 'En je bent professioneel, dus je wilde je hoofd helder houden, dus vanavond niet drinken. Dat respecteer ik. Het is jammer dat je een vergissing maakte en me je echte naam vertelde. Je bent boos op jezelf omdat het zo'n domme beginnersfout was. Ik weet dat het je echte naam is omdat je er spijt van had zodra het je mond uitkwam. *Ma'at*. Toen besloot je erin mee te gaan door me je bijnaam te vertellen. Die is mooi. *Mattie*. Allebei de namen zijn mooi.'

Ma'at knikte langzaam en er gleed iets van haar gezicht, waardoor een nog verwoestender schoonheid werd onthuld. Ze was niet bang voor me. Ze glimlachte. 'Dank je. Dus... wat nu? Ga je me vermoorden?'

Haar stem klonk heel warm en zacht in mijn oren en op dat moment voelde ik iets kouds, hards en scherps tegen mijn dij. Ik keek onder de tafel en zag dat Ma'at een klein jachtmes tegen mijn huid hield. Ik lachte verbaasd en met oprechte verrukking.

'Hoe heb je dat naar binnen gesmokkeld? Hebben ze je niet gefouilleerd?'

'O, en of ze dat hebben gedaan.'

Ze was echt een waardige tegenstander. Dat moest ik haar nageven. We wisten allebei dat ze niets zou doen, dat kon ze niet. Ze was omsingeld. Technisch gezien bevond ze zich op onveilig, vijandig terrein. Als ik wilde kon ik haar villen. Ze had mijn familie in gevaar gebracht. Dat maakte het mes tegen mijn dij fascinerend, het was een statement. Ze was niet bang voor me. Ze wilde dat ik wist dat zij ook gevaarlijk was. Het was zoet, eigenlijk. Ze speelde met me.

Ik glimlachte. 'Niet overdrijven, Mattie. Natuurlijk gaan we je niet vermoorden. Dit is allemaal niet nodig. Je gaat gewoon terug naar je bazen en zegt dat je niet binnen kon komen. Au, trouwens.'

Ze had iets te hard met het mes gedrukt, zodat het een beetje in mijn vlees boorde, een miniem prikje dat ik over mijn hele lichaam voelde. Het was het tegenovergestelde van pijnlijk.

Ze schraapte haar keel. 'O, sorry. Ik... dat was een ongelukje.'

Met een snelle, gelikte beweging klapte ze het mes dicht en liet het ergens in haar jumpsuit glijden. Ze liet haar hand weer onder de tafel zakken, tegen mijn dijbeen, en streek met een vinger over de zachte, mollige huid. Ze bracht een vleugje bloed omhoog op haar vingertop en stak die in haar mond. Haar blik was onbewogen en er trok iets scherps en heets door me heen. Ze speelde ook met zichzelf, om te zien hoever ze met me kon gaan, hoever ze onze lichamelijkheid kon weerstaan zonder roekeloos om te springen met de realiteit van dit alles.

Ik moest mezelf er handmatig aan herinneren dat ze mijn vijand was.

Ik knikte en boog dichter naar haar toe. 'Ik zou je leuk kunnen vinden. Het is echt jammer dat je bent wie je bent.'

'Ik zou over jou hetzelfde kunnen zeggen. Vechten tegen de mensen die proberen onze stad veilig te houden...'

Ik kon er niets aan doen, maar daar moest ik hard om lachen. 'Heb je het over de Duat? Wauw. Je gezicht toen je dat zei. Alsof je het echt geloofde...'

Haar blik was ijskoud.

Ma'at boog zich ook dichter naar mij toe en wilde net iets zeggen toen de deuren van de Grote Zaal met een knal opengingen, waardoor de dansers tot stilstand kwamen. De muziek werd overstemd door het geluid van rauw geschreeuw. Ik kon bloed ruiken. Geschrokken sprong ik op en zag twee van mijn bewakers die een meisje droegen wier bruine huid grijs aan het worden was, met kleren zo doordrenkt met bloed dat ze er stijf van stonden.

Ik vloekte en riep meteen naar Baz om hulp; ze was mijn rechterhand, snel en scherpzinnig in dergelijke situaties en meestal binnen een paar seconden bij me. Sterker nog: gewoonlijk was ze al ter plaatse. Maar toen ik dichterbij kwam was ze nergens te bekennen. Verward riep ik haar opnieuw, en stak mijn nek uit om de lounge rond te kijken. 'Heeft iemand Bastet gezien?!'

Het geschreeuw van de meisjes ging over in gejammer. Ze draaiden zich naar me toe, met grote ogen en huiverend toen ik me langs de menigte wurmde die zich had verzameld om te zien wie ze droegen. Ik fronste mijn wenkbrauwen. Er kwamen niet regelmatig incidenten voor, maar zeldzaam waren ze ook niet. Mijn meisjes waren getraind voor noodgevallen, dus het was vreemd om ze zo geschokt te zien.

'Luister, ik weet dat dit eng is, maar kan iemand me antwoord ge...'

Een arm, versierd met een tatoeage van een slang die in zijn staart bijt en besmeurd met bloed, hing naar beneden. Mijn knieën knikten en een schreeuw ontsnapte aan mijn keel. Wanhopig keek ik in de uitzinnige gezichten van de meisjes, op zoek naar een antwoord.

'Ze ging naar buiten om te k-kijken bij een opschudding. Een man viel een vrouw aan. Hij trok een pistool,' wist een van hen hakkelend uit te brengen.

Ik verloor nooit mijn kalmte. Ik had alles onder de zon gezien en alles onder de aarde. Verschrikkingen ingebed in verschrikkingen. Ik had vaardigheden om met deze scenario's om te gaan. Ik kon oplappen, hechten, balsemen, verwijderen, behandelen – maar mijn beste vriendin zien doodbloeden verlamde me.

De geluiden van paniek vermengden zich tot een kakofonie. Iemand stuurde de bezoekers naar buiten en gaf de bewakers de opdracht bij de deur te gaan staan om de Duat buiten te houden, maar ik kon niet zien wie dat was. Ik kreeg geen adem. Bastets ogen waren leeg, haar huid vochtig, haar ademhaling traag en grillig.

Ze vroegen me wat ze moesten doen. Ik wist wat er moest gebeuren – natuurlijk wist ik dat – maar ik kon geen enkele oplossing losweken uit het stroperige moeras waarin mijn hersens waren veranderd. Alle paniek en angst waar ik al die jaren ongevoelig voor was geweest stroomden door me heen.

'Ik heb kruiken met water, handdoeken en een emmer nodig. Nu. Leg haar daar neer, in dat hokje. Snel. Ze verliest bloed.' Die onbekende stem weer. Ik draaide me om en zag dat Ma'at de meisjes commandeerde, haar gezicht een en al concentratie. Vragend keken ze me aan. Ik vertrouwde haar niet, maar ze had gelijk. Ik slikte en dwong mijn stem zich te laten horen.

'Doe wat ze zegt. Er is geen tijd te verliezen.'

Ma'at draaide zich naar me om en greep mijn armen. 'Kijk me aan. We moeten haar naar het ziekenhui...'

Hierdoor kwam ik weer tot bezinning en ik rukte mijn armen uit haar greep. 'Wat? Natuurlijk kunnen we haar niet naar het ziekenhuis brengen! Ze worden gecontroleerd door de – we kunnen niemand laten komen. Ze laten haar doodgaan om bij mij te komen. Ze...'

Mijn stem was schel en Ma'at pakte mijn armen weer en wreef erover. 'Rustig maar. Sorry. Dat was een domme suggestie. Luister, ik kan haar behandelen, ik ben opgeleid...'

Natuurlijk was ze dat. Alle Duat kregen een medische basisopleiding. Ik duwde haar opzij, snuivend, tranen wegvegend, met woede die streed tegen angst. 'Nee. Je moet weggaan – kan iemand mijn medische uitrusting halen?'

Ik knielde neer bij de tafel en streek met een servet over

het voorhoofd van mijn beste vriendin. Ze jammerde en verloor snel het bewustzijn. 'Nef…'

'Sst, niet praten. Alles komt goed.' Ik scheurde haar jurk open en beet op mijn tanden om mijn schreeuw tegen te houden toen ik de wond zag. Mijn maag draaide zich om. Ik voelde me wee. Mijn uitrusting werd me aangereikt, maar mijn handen trilden. Mijn blik werd wazig.

Bastets bloed sijpelde in het fluweel van de stoel, waardoor het dieper en rijker werd. Ik hoorde hoe moeizaam elke ademhaling was. Ze ging me verlaten. Ik voelde een hand over de mijne, die me zachtjes omhoogtrok en wegvoerde. Al zou ik dat kunnen, er viel niets tegen in te brengen. Ik was slap. Ma'at liep langs me heen, pakte mijn medische spullen en knielde voor het stervende lichaam.

'Hoe voel je je?'

Ma'ats stem was vlak toen ze me vanuit de keuken met glinsterende ogen aankeek. Zij was ook in shock. Op de een of andere manier had ze Bastets leven gered. Snel en scherpzinnig had ze mijn meisjes deskundig bevelen gegeven. Het was een diepe vleeswond en het lot van Bastet hing nog steeds aan een zijden draadje, maar ze leefde nog en zou het kunnen navertellen. Ma'at had me naar mijn kamer gebracht, waar ik de angst van mijn huid had gewassen en de sterkste drank voor mezelf had ingeschonken die ik in de kast kon vinden.

Ik schudde mijn hoofd naar Ma'at. 'Zonder jou was ze dood geweest. Ik had de leiding moeten nemen. Ik had haar moeten kunnen redden.'

Ma'at liep door de kamer en pakte mijn hand. 'Dit kun je jezelf niet aandoen. Je was in shock.'

Ik deed een stap achteruit en worstelde tussen mijn behoedzaamheid en het vertrouwen dat was gewekt door het feit dat ze het leven van mijn beste vriendin had gered. Toen ik mijn mond opende, was het duidelijk dat het vertrouwen de overhand kreeg. 'Ma'at, een man heeft mijn moeder voor mijn ogen vermoord toen ze me op mijn vijftiende probeerde te beschermen. De Duat deed niets en zei dat het onze schuld was. Om te overleven begon ik op mijn zestiende te zingen in herenclubs. De meeste vaste klanten waren mannen van de Duat. Ik heb Osiris in de ogen gekeken en dat vele malen overleefd. De Duat heeft mijn man vergiftigd. Waar was dat allemaal goed voor als ik er niet sterker door ben geworden?'

Ma'ats stem was zacht. 'Nefertiti. Je bent misschien sterker dan de meesten, maar je bent een mens. Geen godin. Je mag gevoelens hebben.'

Achterdochtig keek ik haar aan. 'Ik neem aan dat je je meerderen hierover gaat vertellen?'

Ma'at leunde naast me tegen het aanrecht. 'Nee. Maar je moet weten dat er goede mensen zijn. Ik wist dit allemaal niet. Als ik zou uitleggen wat er is gebeurd, weet ik zeker dat we de man kunnen pakken die...'

Ik lachte hol en wreef over mijn voorhoofd. 'Wat schattig. Je snapt het niet, hè? Ze krijgen die man nooit te pakken, Ma'at. Zij *zíjn* die mannen. Alleen het Huis van Aton krijgt die mannen te pakken. De paar vrouwen die deel uitmaken van de politiemacht zijn onderdeel van het toneelstukje dat ze opvoeren. Jullie zijn hun pionnen. Zeg eens, Ma'at, hoeveel vrouwen zitten er bij de politiemacht?'

Ze zweeg. Ik knikte.

'En ik herken je accent. Ik hoor het nu. Je komt uit Aaru.

Een leuk bergstadje, waar alle Ifset wonen. Ik durf te wedden dat je slim en sterk bent opgegroeid en dacht dat je naar de valleien zou komen om ons te laten zien hoe het moet. Ze zeiden tegen je dat we corrupt waren, en je geloofde ze omdat het je van pas kwam om ze te geloven, anders zou je je moeten afvragen waarom jij daarboven was en wij hier beneden, en dan zou je niet tot de conclusie zijn gekomen dat jullie ons hier beneden nodig hebben om jullie daarboven te houden.'

Ma'at droeg geen make-up en was wars van uiterlijk vertoon. De eerlijkheid paste bij haar. Haar huid gloeide in het warme licht van de keuken, zijdeachtig, donker.

Ze knikte. 'Je hebt gelijk.'

Allebei zwegen we even en we keken elkaar aan. Ik was ontzettend moe. Ik zuchtte.

'Ma'at, ik doe slechte dingen om slechte mensen tegen te houden. Het is de enige manier om ze ermee te laten stoppen goede mensen slechte dingen aan te doen. Weet je echt niet wat je mensen doen?'

Ze schudde haar hoofd zo heftig dat ik niet kon geloven dat het een leugen was, zelfs als ik dat wilde.

'Nou, dat is belachelijk.'

'Dat is het ook. Sorry.' Ze zag eruit alsof haar wereld zojuist op zijn kop was gezet.

Ik schraapte mijn keel. 'Ik ben je dankbaar voor vandaag. Echt. Je hebt het leven van mijn beste vriendin gered. Maar dit... laten we dit niet doen. Ik wil niet een soort fantasie zijn. Mijn leven is geen spel. Je hoeft niet te doen alsof het je interesseert of iets kan schelen.'

'Volgens mij weet je al dat ik een slechte actrice ben.' Er verscheen een glimlachje op haar gezicht, en ik verraste mezelf door terug te glimlachen.

Ik zweeg en leunde achterover tegen het aanrecht. Ze bracht een deel van me naar boven dat eerlijk wilde zijn. Mijn hart had heel lang op slot gezeten. De inspanning die het me kostte om het te beschermen putte me uit. 'Op een deel van mijn ziel zit eelt. Om monsters te verslaan moet je er soms een worden. Weet je wat ik een uur voordat ik je leerde kennen deed? Ik gaf de opdracht lichaamsdelen van een man te snijden en hem te castreren.'

Ma'at keek onverstoorbaar. 'Wat had hij gedaan?'

'Wat?'

Ze haalde haar schouders op. 'Wat heeft hij gedaan dat je dat deed?'

'Hij sloeg baby's uit zijn vrouw.'

Ma'at knikte. 'Dus hij verdiende het. Nefertiti, ik sta aan de kant van gerechtigheid. Daarom ben ik bij de Duat gegaan. Als de Duat geen gerechtigheid uitvoert, moet ik er misschien over nadenken aan welke kant ik sta.'

Ik hield me stil terwijl ze verderging. 'En… ik denk niet dat je eelt op je ziel hebt, maar een ziel hebt die de pijn van anderen met zich meedraagt. Het is een sterke ziel.'

Ik slikte en probeerde mijn tranen te onderdrukken. In een poging mezelf af te leiden draaide ik me om om nog iets te drinken uit de kast te pakken. Terwijl ik dat deed, gleed de rode zijde van mijn gewaad langs haar lichaam en ik schonk snel in, in de hoop dat ze mijn moment van zwakte niet had gevoeld. Ik bood haar iets te drinken aan. Ze knikte en ik trok een wenkbrauw op. 'Zit je werktijd erop?'

Ze lachte hol, en het was dieper dan voorheen, rasperiger, vol suiker en gruis. 'M'n horloge is stuk. Ik weet niet meer hoe laat het is.'

Ik hield mijn glas op en we klonken. 'Welkom in het Huis van Aton, waar de zon nooit ondergaat.'

Ma'at nam een slokje, trok haar neus op, maar hield mijn blik vast. Haar ogen doorboorden me zoals ze dat gedaan hadden toen ik op het podium stond, en ik had het gevoel dat de schijnwerpers nu op een andere manier op me gericht waren, door mijn huid schenen zodat mijn ziel aan haar werd blootgesteld. Ik joeg mezelf angst aan door dat niet erg te vinden. Met een vinger ging ze van mijn voorhoofd naar mijn neus, naar mijn lippen, een zacht spoor dat me een delicaat gevoel bezorgde. Ze volgde de contouren van mijn lippen en ik voelde me ontspannen.

Toen ze fluisterde was haar adem doortrokken van alcohol, en ik inhaleerde diep, aangeschoten door haar nabijheid. 'Dus wanneer mag je uitrusten, Nefertiti?'

Ma'at hield haar handen om mijn gezicht en mijn ogen gingen als vanzelf dicht. Zachtjes kuste ze mijn oogleden en ik zag sterretjes. Die nacht bood ze zichzelf aan als een schild zodat ik zacht kon zijn, mezelf kon zijn, bemind kon worden als iets kostbaars. Ze omhelsde me helemaal, kuste mijn gekartelde litteken. Die nacht werd het Huis van Aton de bakermat van een nieuwe vrijheid.

Het was grappig dat ik geloofde dat ik haar fantasie was en het nooit bij me opkwam dat zij die van mij was.

Toen een indringer de volgende ochtend de omheining en beveiliging omzeilde en mijn kamer binnendrong, gaf ik mezelf de schuld. Ik had het moeten weten. Het was Matties partner. Toen de officier van de Duat me uit mijn bed sleepte, tegen de muur smeet en zei dat ik mijn handen omhoog moest doen en me niet mocht bewegen, bewoog ik niet, maar ik grinnikte wel. Ik keek naar Mattie terwijl ze haar pistool op me richtte, nog steeds in mijn badjas, terwijl ik rook naar mijn zeep, mijn crème, mezelf. Het had eigenlijk wel iets poëtisch. Ik had mezelf dit aangedaan.

'Goed gedaan,' zei de officier tegen Mattie. 'Dit moet moeilijk voor je zijn geweest.'

'O, je moest eens weten,' zei ze. 'Maak je geen zorgen.' Haar blik week niet van de mijne, zwaar en ondoorgrondelijk, terwijl die een paar uur eerder nog zacht van lust was geweest. 'Ik handel dit wel af.'

De officier floot zacht, onder de indruk. 'Weet je het zeker? Laat mij het doen. Alsjeblieft. Ik heb ze verteld dat de missie was afgebroken, zoals je tegen me zei, dus dit kan gewoon onze overwinning zijn. Maar laat mij het alsjeblieft doen. Ik wil niks liever dan deze bitch doden. Moeten we een pistool gebruiken? Ze is heel creatief. Er is geen reden waarom wij dat niet ook kunnen zijn.' De officier was een kletskous. Ik kon het niet laten om met mijn ogen te rollen. Ik had zes geweren in mijn kamer en op dat moment waren die stuk voor stuk buiten mijn bereik. Typisch. Zelfs als ik het mes onder mijn kussen had gepakt, zou het geen zin hebben gehad. Ik had haar moeten vermoorden toen ik de kans had. Gisteravond had echt gevoeld, en veilig, en lief, en dat is precies waarom ik had moeten beseffen dat het een leugen was. Voor mensen als ik, met macht zoals die van mij, is echt, veilig en lief niet weggelegd.

Mattie keek me in de ogen, op dezelfde manier als gisteravond, met dezelfde vingers die me hadden gestreeld om de trekker.

'Ik zei dat ik dit zou afhandelen.'

'Bah. Jij mag alle leuke dingen doen.'

Ik sloot mijn ogen. Ik zag Akhens gezicht. Bastets gezicht. Alle gezichten van de meisjes.

En toen zag ik sterretjes.

De knal weerklonk door me heen… zonder een kogel.

Ik deed mijn ogen weer open en zag de officier bloedend op mijn smetteloze houten vloer liggen. Het zou een rotklus worden om het eruit te krijgen.

Mattie was buiten adem. Met grote, wilde, mooie ogen keek ze naar me op en haar pistool was nog steeds gericht.

'Hebben we mensen om dit op te ruimen of doen we dat zelf?'

Naleli

Mijn lichaam was heet. Als in blóédheet. Niet het soort heet waarmee de jongens andere meisjes op school beschreven. Niet het soort heet waardoor de ogen van jongens zwaar aanvoelden en hun stem een paar octaven omlaagging. Nee, ik was heet als bij het bakken, de lange mouwen van mijn shirt zogen de zon op en hielden alle warmte vast tussen het materiaal en mijn huid. De skinny jeans die aan mijn benen kleefde werd al snel een instrument van zelfkastijding. Offerde ik mezelf echt op aan de goden van sociale acceptatie door pubers? Ik was een heiden! Waarom bevond ik me op een examenfeest bij een zwembad? Dat stond voor alles wat ik mijn hele leven had afgekeurd.

Helaas, mijn beste vriendin, Letsha, had me hierheen gesleept omdat ze zei dat het 'leuk' zou zijn, en ze had een nieuw badpak dat ze wilde 'uitproberen' en 'je kunt niet je hele leven lézen, Naleli'. Dankzij haar zou ik nu omkomen door een zonnesteek. Het was zomer in Lesotho, half november, en de zon brandde met de specifieke wreedheid die een paar dagen vóór hevige regenval plaatsvond, alsof die vastbesloten was om de onvermijdelijkheid van de wolken terug te dringen.

'Je weet toch dat je gewoon… je kleren uit kunt doen, toch?' zei Letsha, terwijl ze haar kin in de lucht hield en een kringelende rookpluim uit haar mond liet ontsnappen, haar stem afgeknepen en gedempt door het inhaleren van een joint die er behoorlijk dik uitzag. Ze zat op het plompe bakstenen muurtje naast me, aanzienlijk koeler in het zwarte badpak met uitsnedes dat al haar zachte rondingen liet zien.

Ik had de belachelijke knalroze bikini die mijn moeder had gekocht alleen maar aangetrokken om haar het zwijgen op te leggen, en die zat veilig verstopt onder mijn shirt en spijkerbroek, waar hij zou blijven tot ik thuiskwam.

'Naleli, je kunt je niet blijven verstoppen,' had mijn moeder gesmeekt. 'Trek hem anders aan voor het geval dat.'

Voor het geval wat? Voor het geval mijn huid op magische wijze één kleur wordt? Voor het geval mijn leeftijdsgenoten opeens minder lomp en schofterig worden? Ik zag hoe de net bevrijde laatstejaars van Maloti Valley Secondary hun benen in het koele water dompelden of samen op de dekens op de strakke grasmat lagen, zonder na te hoeven denken over hun lichaam of wat ze ermee deden, zich in elkaar verstrengelden alsof ze de onvermijdelijke scheiding die het eindexamen met zich mee zou brengen probeerden te compenseren. Ik zat prima waar ik zat, te observeren op het muurtje, onder de beschutting van een boom. Op het brede terras voor de glazen deuren van het op een rondavel geïnspireerde herenhuis, koesterde de royalty van Maloti Valley zich in de stralen van de zon en het leek wel alsof ze gloeiden wanneer ze zich bewogen.

Ik keek weg van hun gloed en rolde met mijn ogen naar mijn beste vriendin. 'Je bent grappig.'

Letsha draaide zich naar me toe en schoof haar zonnebril omhoog op haar blond-met-zwarte cornrows, die overgingen in lange vlechten tot aan haar middel.

'Ik meen het.'

'Letsha, alsjeblieft, ik ben hierheen gekomen. Voor jou. Is dat niet genoeg?'

Op het terras tegenover ons zaten Keeya en haar hofdames zich onbeschaamd op te doffen. Keeya zag er in haar kleine witte bikini uit als een engel die genoot van een hemels tussenjaar. Ze zwaaide met haar lange, glanzende, ontkroesde haar en stak haar telefoon uit naar de hemel. Eerst nam ze selfies, en toen ze tevreden was, stond ze haar vriendinnen grootmoedig toe om zich te koesteren in haar gloed (met glimmende lipgloss en kreten van 'Jemig, Lindelani, je ziet toch wel dat je m'n licht blokkeert?').

Links van hen zat de leider van het stel, Khosi. Khosi Nkoli, die dit feest gaf, Khosi Nkoli, die aanvoerder was van het atletiekteam, Khosi Nkoli, die in theorie beschreven zóú kunnen worden als een lekker ding. Khosi Nkoli (klassenvertegenwoordiger), die een langdurige relatie had met Keeya (klassenvertegenwoordigster), want natúúrlijk had hij een knipperlichtrelatie met alle pieken en dalen van een gelikte Amerikaanse tv-show, waar dertigjarigen acteren dat ze zeventien zijn. Volgens de website van de school waren klassenvertegenwoordigers scholieren die werden gekozen op grond van 'hun toewijding aan de school en omdat ze het best de belangen van de leerlingen zouden vertegenwoordigen bij het docentenkorps'. In werkelijkheid werd de benoeming van de twee klassenvertegenwoordigers bepaald door hoeveel mensen met ze wilden neuken, en Khosi en Keeya werden met gemak bekroond tot de winnaars.

Letsha grijnsde en volgde mijn blik naar het stel. 'Ja, tuurlijk. Laten we doen alsof het voor mij was.'

'Wat?'

Letsha negeerde me. 'Anyway. Hoge kragen, lange mouwen... Het zou cool zijn als je dat zou wíllen dragen, maar ik weet dat dat niet zo is. Ik zie de kleren waar je in winkels naar staart, en...'

'Ik denk gewoon dat ze jóú goed zouden staan!' onderbrak ik haar.

Khosi nipte uit een plastic beker terwijl zijn lange, atletische en in theorie neukbare lichaam in zijn citroengele zwembroek glinsterde in het felle zonlicht. Zijn lichaam was een en al harde ribbels en scherpe hoeken, maar zijn gezicht was zacht; hij stond in het midden van zijn hof en leek een beetje gedesoriënteerd. Keeya rukte aan zijn elleboog en haakte een glinsterende (was dat bodyglitter?) arm door de zijne terwijl hij zijn vrienden een verhaal vertelde. Khosi grinnikte, maar reikte toen omhoog om een hand over zijn hoofd te halen en daardoor bevrijdde hij zijn arm weer. Zijn blik dwaalde lui over zijn koninkrijk en ving de mijne. Bijna viel ik van het muurtje. Hij fronste zijn wenkbrauwen van verbazing waarna hij ze samen met zijn mondhoeken optrok en mijn hart sneller liet slaan.

'Waarom jíj niet?' vroeg Letsha zacht.

Het prikkelende gevoel dat ik onder mijn shirt voelde werd onmiskenbaar scherp, de hitte kwam van diep onder mijn huid omhoog. 'Je weet wel waarom.'

In een ander leven waren Khosi en ik vrienden geweest. Als achtjarigen, toen mijn moeder in de salon van zijn moeder werkte, speelden we na schooltijd samen in de hitte van verwarmde kammen en stoomapparaten. Op ons tiende ontwikkelden we een geheime handshake die verregaande behendigheid vereiste. Op twaalfjarige leeftijd zaten we bij elkaar terwijl hij zijn stripboeken las en ik mijn romans en we ze om de beurt weglegden om de wonderen van onze wereld aan elkaar uit te leggen, elkaar erin sleepten, ze samenvoegden en ons eigen universum creëerden. Toen we dertien waren was het duidelijk dat hormonen en de puberteit onze wereld hadden veranderd en ons naar een nieuw tijdperk hadden gevoerd: de adolescentie. Khosi werd langer, zijn spieren werden strakker en zijn stem dieper. Tijdens mijn lichamelijke ontwikkeling groeiden er echter bleekroze vlekken op mijn diepbruine huid. Eerst op mijn gezicht, toen op mijn armen, tot ze bijna overal zaten en het onmogelijk werd ze te verbergen. Ik had gehuild en mijn huid geschrobd tot de realiteit tot me doordrong. Khosi heeft er nooit een woord over gezegd. Zijn glimlach bleef even krachtig stralen als hij me zag, en op de een of andere manier was het een balsem voor de giftige opmerkingen van de andere kinderen (hoewel Letsha er altijd voor zorgde dat ze daarmee ophielden). Ook was er onze fundamentele sociale verschuiving: ik was van de boekenclubs, hij van de sportverenigingen. Meisjes wilden bij hem zijn en meisjes praatten zelden met mij. Jongens wilden hem zijn en leken voor mij geen belangstelling te hebben. Doordat hij bij het atletiekteam zat was hij automatisch het middelpunt van de atleten, en Keeya deed als aanvoerster van het korfbalteam niet voor hem onder.

Een tijdje leefden Khosi en ik nog steeds in de fantasie dat onze vriendschap deze sociale kloof zou kunnen overleven, dat ze de natuur zou kunnen trotseren. Ik werd actief genegeerd door de mensen die hij zijn vrienden noemde, maar hij merkte het nooit op. Hij ging er, omdat hij zelf geliefd was, van uit dat iedereen aardig was, zonder te beseffen dat aardig zijn afhing van het feit of mensen je zagen als een van hen. Hij merkte nooit dat mensen mijn bestaan negeerden of me vijandig aanstaarden, alsof ik er alleen al door mijn nabijheid voor kon zorgen dat zij minder aantrekkelijk werden. Het gemak waarmee hij met iedereen omging was voor mij het bewijs dat hij zijn charisma had gekregen door op zijn dertiende verjaardag een magisch drankje genaamd 'Droomprins' te drinken. Dat móést de oorzaak wel zijn. Het is niet normaal om met anderen om te gaan zoals Khosi dat deed, niet zonder magische hulp. Het elixer was als volgt samengesteld: een niet-bedreigende hoeveelheid intelligentie, genoeg om te zorgen dat hij geen dwaas was, maar niet genoeg om hem als een nerd te bestempelen, een beetje vriendelijkheid (maar nooit genoeg om te suggereren dat iedereen van zijn niveau was, want als iedereen gelijk is kun je niet van nature een prins zijn), en natuurlijk iets ambitieus. Waar werden Populaire Jongens anders door gevormd dan door *Old Spice, honey and all things nice*?

Toen we vijftien waren begonnen we uit elkaar te groeien, maar we stuurden elkaar nog steeds berichtjes, trokken nog steeds zoveel mogelijk met elkaar op en probeerden nog steeds de kloof tussen ons in te ontkennen. Toen kwam zijn zestiende verjaardagsfeestje. Zodra ik zijn huis binnenliep kreeg ik een misselijk gevoel in mijn maag, een gezwollen knobbel waardoor ik het liefst rechtsomkeert wilde maken. Zelfs met Letsha aan mijn zijde, wat altijd voor veiligheid zorgde, voelde ik me opeens vreemd en niet welkom. Wilde ogen flitsten mijn kant op, ogen die er nog gekker uitzagen door het effect van meegesmokkelde, fluorescerende mixdrankjes. Ik droeg een wit topje met bandjes en een spijkerrok die ik geleend had van Letsha (tot grote vreugde van mijn moeder), maar voelde me plotseling naakt. Mijn hart bonsde in mijn oren en overstemde een bonkend nummer van Usher. Ik wilde Letsha net vertellen dat dit een ontzettend slecht idee was geweest en dat we onmíddellijk moesten vertrekken, maar ze wierp al een flirterig lachje naar een leuke jongen en echt, het enige wat er voor een jongen voor nodig was om verliefd te worden, was een glimlach van Letsha. Ik kon mijn vriendin haar plezier niet ontzeggen omdat ik me ongemakkelijk voelde, dus ik gebaarde naar haar dat ze moest gaan, en toen ze zich ervan vergewist had dat ik het meende, liep ze met licht wiegende heupen op haar prooi af. Zonder Letsha was ik nog kwetsbaarder. Ze was cool, te cool zelfs voor de royalty van Maloti Valley. Het was algemeen bekend dat ze een autoriteit was, en nu was ik helemaal alleen, zonder de bescherming dat ik getolereerd werd omdat ik bevriend met haar was. Ik glipte snel in de overlevingsmodus en zag een hoekje aan de andere kant van de kamer waar ik me in kon nestelen, maar zodra ik een stap in die richting zette, stootte mijn gezicht tegen een warme, stevige borstkas, wat mijn zorgvuldig opgestelde plannen dwarsboomde. Ik keek op en zag de heldere grijns van de eigenaar, die met zijn fonkelende ogen recht in die van mij keek.

'Yo, Leli! Je bent er!' Khosi's stem was zonneschijn.

Hij sloeg zijn armen om me heen en mijn neus begroef zich in zijn schouder, waardoor ik direct toegang kreeg tot zijn warme, zoete, bosachtige geur. Een vreemde tinteling trok door mijn lichaam. *Interessant.* Ik nam me voor dat later te analyseren. Hij liet me los en ik voelde me een beetje licht in mijn hoofd. Uitdroging plus allergieën misschien.

Ik schraapte mijn keel.

'Eh, nou, ik wilde eigenlijk niet komen. Maar toen voelde ik me rot omdat we allebei weten dat een feest valt of staat bij mijn aanwezigheid.'

Khosi knikte, en zijn glimlach werd breder. 'Dat is waar. Zonder Naleli Labello is het geen feest. Nu je het zegt...' Hij deed een stap naar achteren, zette zijn handen aan zijn mond en brulde: 'Iedereen wegwezen! Naleli is er! Jullie kunnen allemaal naar huis! Jullie zijn niet meer nodig!'

Lachend stortte ik me op hem en trok zijn handen weg van zijn mond. 'Stop! Idioot.'

Hij grijnsde en liet zijn blik over me heen glijden. 'Echt, jij bent de belangrijkste reden waarom ik dit feest heb gegeven. Ik moest iets bedenken zodat je met me zou dansen. Het is tegenwoordig hartstikke moeilijk om tijd met je door te brengen.'

Het was waar dat ik altijd als Khosi me vroeg of ik wilde chillen weigerde, maar dat was alleen omdat hij altijd ergens wilde afspreken waar zijn vrienden ook zouden zijn. Zijn vrienden, die me zouden vragen: 'Ben je zo geboren? Of is het zo... gegróéid?' of: 'De witte delen van je huid... jeuken die?' en zelfs: 'Noem je jezelf zwart? Kún je jezelf wel zwart noemen?' Alsof vitiligo een mutatie was die op de een of andere manier buiten de gewone biologie en logica lag en mijn voorouders uitwiste. Ik had besloten een uitzondering te maken voor zijn verjaardag.

Ik nam nog een besluit: om de harde waarheid om te ruilen voor een zachtere, en ik hield mijn hoofd schuin.

'Eh, Khosi, denk je dat ik een van je fans ben die achter je aan loopt? Vanwege die paar haren op je kin en omdat je nu de baard in je keel hebt?'

Khosi gooide zijn hoofd naar achteren en brulde: 'Kom op nou...'

'Nee, jíj kom op, baas. Ik heb een foto waarop je met je hand op je heup de kerkpruik van mevrouw Majoro draagt. Die gelikte-gast-shit kun je bij mij wel vergeten. Ik kén jou...'

Khosi stak uitdagend een hand uit en hield me tegen: 'Ten eerste: die pruik stond me echt goed. Ten tweede weet je dat ik dat nooit zou kúnnen denken. Jij leidt, ik volg. Dat is de reden dat ik die pruik überhaupt droeg. Het was jóúw idee om hem te stelen en ik had er alles voor over om je aan het lachen te maken. Het was ook jóúw idee om dat dansje te bedenken dat we vroeger altijd deden op "Khona".' Hij zweeg even en beet op zijn lip, met ogen die glommen door een idee dat bij hem opkwam. Ik begon meteen mijn hoofd te schudden, en mijn bloed werd koud terwijl ik een enkele waarschuwende vinger ophield.

'Khosi. Nee. Nope. Ik ga níét...'

Maar hij riep al naar zijn vriend die de leiding had over de bluetooth, ongevoelig voor de nieuwsgierige blikken van zijn leeftijdsgenoten, die zich verwonderden over deze interactie tussen de soorten. Populair en plebs. Normaal en abnormaal. De eerste slagen van de drum galmden door de kamer.

'Zet harder!' riep Khosi. Ik wilde me ergeren, maar mijn frons was nog maar net opgekomen toen mijn glimlach doorbrak. Dat was Khosi's kracht. Zijn schouders gingen op en neer op het ritme terwijl hij achteruitliep naar de open plek in het midden van zijn woonkamer, zijn armen voor zich uitgestrekt en zijn handen ritmisch naar me wenkend.

'Je weet dat ik niet zonder jou kan dansen, Leli.'

Zijn gezicht verzwakte mijn vastberadenheid. En we hadden natuurlijk een publiek aangetrokken. Letsha had haar jongen opzij geduwd en keek me met grote, vrolijke ogen aan terwijl ze knikte en met haar lippen de woorden 'doe het' vormde, gesterkt door wat ze wist over de vele dansjes die ik ons in haar kamer had laten doen met YouTube. Ik slaakte een diepe zucht.

'Dit is je verjaardagscadeau voor de komende tien jaar.'

Khosi's glimlach werd breder toen ik naast hem stond en aan het ingewikkelde beenwerk begon. Iedereen barstte uit in gejoel en geschreeuw toen Khosi meedeed, en met spiergeheugen vielen we in de pas, huppelend, draaiend en buigend terwijl onze armen scherp door de lucht zwiepten. We voerden een privégesprek dat jaren oud was maar tijdloos aanvoelde; onze woordenschat was complex, gelaagd, en onze energie won aan kracht. Dit waren wij terwijl we rondrenden met synthetische krullenpruiken op. Dit waren wij terwijl we het tegen elkaar opnamen in het zwembad bij hem thuis (ironisch genoeg won ik altijd). Mijn zelfbewustzijn viel weg en ik voelde me lekker in mijn vel, vrij vanbinnen.

Khosi was een beetje onhandiger dan ik, langzamer, en uiteindelijk stopte hij en liet me de dans alleen afmaken. Ik eindigde in het middelpunt van de belangstelling, met luid applaus, zijn gejuich het hardst, zijn glimlach het breedst. Ik was vergeten dat er naar ons gekeken werd. Hij boog voor me.

Ik lachte. 'Waarom heb je jezelf dat aangedaan? Je weet dat ik de betere danser ben.'

Hij haalde een schouder op. 'Ik zei het toch. Ik doe alles om je aan het lachen te krijgen.'

Door de kracht van Khosi's blik bleven de woorden in mijn keel steken. Ik slikte.

‘Khosi! We hebben geen ijs meer, man!’ Bij het geluid van de stem van zijn vriend schrokken we allebei op.

Khosi’s ogen bleven gericht op mijn gezicht terwijl hij riep: ‘Er is nog wat in de vriezer buiten! In de garage.’

‘Waar is dat?’ mengde de stem zich weer in ons gesprek.

Khosi vloekte binnensmonds en schudde zijn hoofd. ‘Idioten.’ Hij streek met zijn duim over mijn snel kloppende pols en boog zijn hoofd om er zeker van te zijn dat ik hem in de ogen keek. ‘Niet bewegen.’

‘Ik ben er zo buiten adem van dat ik de Beyoncé van dit feestje moet zijn dat ik me niet kán bewegen.’

Khosi lachte toen hij achterwaarts van me wegliep, zijn ogen dansend in de mijne. Zijn onderlip klemde zich tussen zijn tanden op een manier waardoor ik me scherp bewust werd van elk deel van mijn lichaam, waarna hij twee handen als in gebed tegen elkaar hield en snel naar de achterdeur liep.

Ik had niet beseft hoe gespannen mijn ademhaling was geweest totdat ik een diepe zucht had geslaakt, en de spanning die ik had geprobeerd te negeren naar de oppervlakte raasde en me helemaal warm maakte. De vlinders in mijn buik vertelden me dat mijn genegenheid voor Khosi een metamorfose had ondergaan. Wie had gedacht dat het mijn lot zou zijn om een enorme crush te hebben op de jongen die me ooit vroeg of *Titanic* gebaseerd was op een toneelstuk van Shakespeare?

‘Dat was schattig.’

Hoewel ik de stem slechts vaag herkende, was het genoeg om mijn lach te laten verdwijnen en mijn zoete dromen bitter te laten worden. Ik draaide me om en zag Keeya, die met haar glanzende, volle lippen haar hoofd schuin hield. Letsha had het tafereel vanaf de andere kant van de kamer gezien en kwam al op ons af. Steels schudde ik mijn hoofd. Met een lijfwacht zou ik er alleen maar zwak uitzien. Ik beantwoordde Keeya's nepglimlach.

'Wat was er schattig, Keeya?'

Haar glanzende oogschaduw maakte de donkere glinstering in haar ogen alleen maar duidelijker.

'Dat dansje, *sis*. Het was schattig.'

Ze stak haar hand uit om met een van mijn vlechten te spelen, als een kat die zich vermaakt met een muis, en liet haar blik over me heen glijden. 'Maar ik kan je nog schattiger maken! Ik heb mijn make-uptasje bij me. We kunnen een snelle make-over doen!'

Met samengeknepen ogen keek ik naar haar. Was ze dronken of alleen maar gek? 'Wat? Nee, ik wil geen...'

Keeya stak haar hand uit om mijn kin omhoog te houden terwijl haar ogen het midden hielden tussen een schattige ijsbaan en een ijzige afgrond. 'Je zou gewoon mooi zijn zonder...'

Mijn maag draaide zich om en ik manoeuvreerde mijn gezicht uit haar greep. Haar gezicht deed alsof ze zich verontschuldigde en ze toonde die zoete glimlach weer. 'Luister, ik zeg alleen maar dat we volgens mij dezelfde kleur hebben. Ongeveer. Nou ja, je bruine stukjes hebben natuurlijk dezelfde kleur.' Ze lachte en de scherven scheurden door de restanten van mijn goede humeur.

'Dus ik kan helpen om al die stukjes op je gezicht te verbergen. Het allemaal één kleur maken, hè? Zodat mensen niet naar jullie staren als jullie samen zijn.'

Ik deed een stap naar achteren en negeerde het waarschuwende prikken in mijn ogen. 'Khosi en ik hebben geen...'

Haar glimlach smolt als sneeuw voor de zon en ze kreeg een staalharde blik. 'Nee. Inderdaad niet. En jullie zouden ook nooit iets kunnen krijgen. Dit is allemaal liefdadigheid. Hij is aardig tegen een meisje dat hij van zijn moeder moest uitnodigen. We weten allebei dat Khosi een lieve jongen is. Hij wilde dat je je op je gemak voelde. Maar ik wil je eraan herinneren dat je je niet té op je gemak moet voelen.' Ze kwam dichter naar me toe en legde een hand op mijn schouder. Ik schudde hem van me af. Ze lachte.

'Luister,' vervolgde ze, 'zelfs als hij denkt dat hij je leuk vindt, denk je niet dat hij uiteindelijk genoeg krijgt van mensen die naar je staren alsof je een freak bent? Ik doe dit voor jou, sis. Uiteindelijk wil hij bij iemand zijn die normaal is. Jij verdient het om bij iemand te zijn... die is zoals jij.'

Ik klemde mijn tanden op elkaar en hoopte dat mijn tranen de zwaartekracht zouden trotseren. 'Fuck you, Keeya.'

Ze grijnsde. 'Ik probeer alleen maar te helpen.'

Ik wurmde me langs haar heen. Zodra Letsha mijn glinsterende ogen zag, wilde ze Keeya's extensions uit haar hoofd trekken. Het enige wat de moorddadige blik in haar ogen verminderde waren mijn wanhopige smeekbeden. 'Alsjeblieft, Letsha. Kunnen we gewoon gáán?'

We waren net de deur uit toen Khosi verscheen en met grote, bezorgde ogen mijn pols greep. 'Hé, ho... Leli, wat is er? Wat is er gebeurd?'

Mijn tranen werden groter toen ik hem zag. De grond verschoof eindelijk onder ons en scheidde ons en onze werelden. Keeya was dan misschien wel een gemene kleine heks, maar ze had een punt. Onze vriendschap kon niet standhouden. Dat had hij misschien niet geweten, en waarom zou hij ook? Hij was de koning van de jungle. Voor zover bekend had hij geen vijanden. Ik daarentegen ontwikkelde iets wat het tegenovergestelde van camouflage was en het werd elke dag alleen maar opvallender.

'Weet je wat, Khosi? Het lijkt me het beste als we dit opgeven. We waren in onze kindertijd vrienden. Laten we het daar maar bij laten. Je hoeft het niet meer te proberen.'

Hij schudde zijn hoofd. 'Wat? *Naleli...*'

Ik rukte mijn pols uit zijn greep. 'Nee. Khosi, kíjk naar me. Zie je me? Zie je me echt? Weet je wat je vrienden zien als ze naar me kijken?'

Hij fronste zijn wenkbrauwen. 'Het kan me niet schelen wat ze denken. Het maakt me niet uit hoe je eruitziet...'

Ik lachte hol terwijl de tranen over mijn wangen biggelden. 'Heel erg bedankt dat je door mijn afstotelijkheid heen kunt kijken.'

'Kom op. Dat bedoelde ik niet...'

Ik schudde mijn hoofd. 'Het doet er niet eens toe. Je ziet wat je wilt zien, Khosi. Je wilt geloven dat alles schattig en fijn en zonnig is, want dat werkt voor jou...'

Ergernis gleed over zijn gezicht. 'Leli, ik weet dat je denkt dat mijn vrienden je niet mogen, maar heb je ooit gedacht dat het misschien komt omdat je ze wegduwt? Je probeert het niet eens! Je denkt dat je beter bent dan zij...'

Letsha hapte naar adem en beet alleen op haar tong omdat ik haar pols stevig beetpakte. Mijn hart brak, maar ik maakte mijn stem ongevoelig en hield mijn kin omhoog.

'Ik bén beter dan zij. Het zijn een stelletje oppervlakkige eikels.'

Khosi deed een stap naar achteren en zijn mooie gezicht betrok. 'Is dat hoe je over me denkt, Leli?'

Ik slikte. 'Ik weet het niet. Maar ik denk dat we voortaan bij elkaar uit de buurt moeten blijven.'

En dat deden we. Twee jaar lang deden we alsof we vreemden waren voor elkaar, en lieten nauwelijks merken dat we elkaar kenden, totdat ik het standaardberichtje kreeg dat hij aan iedereen stuurde met een uitnodiging voor zijn verjaardagsfeestje. We waren achttien en stonden op het punt de wereld in te trekken, een nieuwe wereld waar de kliekjes op school niets meer voorstelden. Ik had roerloos naar het scherm gestaard, getroffen door een déjà vu. Het laatste berichtje dat ik van hem had gekregen was een persoonlijke uitnodiging voor zijn zestiende verjaardagsfeestje.

Leli. Mijn sweetsixteenfeestje wordt niet sweet zonder jou. Kom alsjeblieft.

Ik was hier, bij hem thuis, uit vrije wil. Waarom? Was het om dezelfde reden als waarom ik lid was van de debatclub en meedeed aan de Model United Nations? Was het masochisme? Het maakte nu niet meer uit, want hij glimlachte naar me, en als een dwaas merkte ik dat ik teruglachte terwijl ik door mijn shirt en spijkerbroek heen zweette. Ik was een vochtige pop.

'Eh, Letsha, ik ga wat te drinken halen. Ik moet afkoelen. Wil je iets?'

Letsha trok een wenkbrauw op toen ze zag waar ik naar keek. 'Nee, laat maar. Ga jij je drankje maar halen, sis.'

Haar knipoog was niet nodig.

Ik was nog maar net bij de tafel met punch toen ik voelde dat er iemand naast me kwam staan en zijn geur rook. Ik keek op en zag dat hij een drankje voor zichzelf inschonk, ook al was ik er vrij zeker van dat hij vijf minuten eerder nog een volle beker had gedronken.

Hij draaide zich naar me om en wierp me een aarzelende glimlach toe. 'Ik ben echt blij dat je gekomen bent.'

Ik haalde mijn schouders op. 'Letsha's idee.'

Was hij gegróéid? Waarom rook hij zo lekker? Stond de hitte in wisselwerking met zijn natuurlijke muskusgeur? Had ik echt net de woorden 'natuurlijke muskusgeur' gedacht?

De zonnesteek bereikte duidelijk een dodelijk niveau.

Hij knikte. 'Natuurlijk.' Ongemakkelijk wreef hij over zijn hals. 'Eh, ik zag online dat je een beurs voor bestuurskunde en politicologie hebt gekregen. Vergeet je me niet als je premier bent?'

'Dat zal ik niet doen. Ik zal aandringen op een wet die zegt dat als je een zwembadfeestje geeft, je er ook echt in moet gaan. Dus je gaat met terugwerkende kracht de gevangenis in.'

Khosi lachte. 'Ik wil wel, er wil alleen niemand met me mee.'

Hij zweeg even en schraapte zijn keel. 'Luister, Naleli...'

Ik schudde mijn hoofd en lachte opgelaten. 'Nee, je hoeft echt niet...'

Hij richtte zijn hoofd naar de zijkant van de tuintafel en we liepen een eindje weg van de mensen die plotseling ook dorst hadden gekregen en langzaam hun punch inschonken terwijl wij praatten.

Khosi richtte zijn blik op mij en zorgde ervoor dat ik hem in de ogen keek.

'Ja, dat moet ik wél. Ik denk er al twee jaar aan. Je had gelijk. Ik was egoïstisch. Ik wilde de waarheid niet zien omdat het… alles te veel voor me zou hebben verstoord. Ik wilde niet accepteren dat al mijn vrienden eikels zijn. Ik had er spijt van, echt meteen, maar na een tijdje schaamde ik me gewoon te erg om met je te praten. En toen ik zei dat het me niet uitmaakt hoe je eruitziet…'

Mijn maag draaide zich om bij de herinnering.

'We hoeven niet te herhalen…'

'Wat ik bedóélde was dat je mooi bent. Vanbinnen en vanbuiten. Voor mij ben je altijd mooi geweest. Je hebt mij niet nodig om je dat te vertellen, maar ik wil gewoon dat je het weet. Ik heb altijd naar je opgekeken. Je bent zo zeker van jezelf. Je weet wie je bent. En het spijt me dat ik te zwak was om achter je aan te gaan. En het spijt me dat ik te laat ben.'

Ik nam een slok van mijn rum-cola, die nauwelijks was afgekoeld door het smeltende ijs dat ik erin had gedaan. Ik dacht dat het misschien de emoties zou beheersen die in me rond wervelden. Maar helaas. Ik keek uit over het lege zwembad en toen naar de glooiende bergen, in de hoop dat het mijn razende hartslag tot bedaren zou brengen. Nogmaals bleken mijn pogingen om mijn gevoelens te beheersen tevergeefs. Eindelijk keek ik naar hem op. Zijn ogen glinsterden, zijn gezicht was open en zijn kaak strak. Ik haalde diep adem.

'Eh, voor wat het waard is, ik heb nooit gedacht dat je een oppervlakkige eikel was. Ik heb altijd gedacht dat je een diepzinnige eikel was.'

Khosi gooide zijn hoofd naar achteren en bulderde het uit op een manier waarvan ik niet had beseft hoe erg ik die had gemist.

'Dank je. Dat is veel waard.'

Ik schraapte mijn keel. '... en, eh, voor de goede orde, ik probeerde je inderdaad weg te duwen. Ik was bang dat jij mij uiteindelijk van je vandaan zou duwen. Ik dacht dat het minder pijn zou doen als ik je voor was. Maar ik heb me vergist.'

'Ik zou je nooit bij me wegduwen, Naleli.'

Zijn stem was zacht en rauw en mijn adem stokte.

We keken elkaar strak aan terwijl er een zoete stilte tussen ons viel, geaccentueerd door gedempte hiphop en gelach en...

'Daar ben je, schatje.'

Keeya.

Keeya wilde haar arm door die van Khosi steken, maar hij stak zijn hand snel in de zak van zijn korte broek en hield zijn arm stevig langs zijn zij. Keeya's lippen gingen van elkaar en ze begon snel met haar ogen te knipperen, alsof ze niet helemaal besefte wat er net was gebeurd.

Het was een beslissende zet, de bedoeling was duidelijk. Ze hadden niets met elkaar – echt niet. Ze was er duidelijk niet aan gewend geen controle te hebben en richtte haar blik op mij, haar ogen samengeknepen op dezelfde dodelijke manier als twee jaar geleden, duidelijk in de hoop de macht terug te winnen door me te overweldigen.

'Leuke outfit, Naleli.'

Ik hield mijn hoofd schuin en was erop voorbereid. 'Ah, vind je, Keeya?'

Ze knikte.

'Ja. Alsof je echt je best hebt gedaan. Er was veel lef voor nodig om hierheen te komen, en dat je er überhaupt bent is gewoon zo... zelfverzekerd, weet je wel? We kunnen niet van je verwachten dat je ook nog een badpak draagt.' Ze zette een hand op haar smalle heup. 'Ik kan me voorstellen dat het supereng is met jouw... aandoening.'

Khosi keek naar Keeya alsof hij haar voor het eerst zag, met walging op zijn gezicht.

'Keeya, hou op. Wat is er in godsnaam mis met...'

Ik schudde mijn hoofd en lachte. 'Keeya... hoe voelt het om de hele tijd zó bang voor me te zijn?'

Ze verstijfde en liet een lach horen die klonk als een harde kuch. 'Pardon?'

Ik haalde mijn schouders op. 'Ik zeg het alleen maar. Als ik had geweten dat ik de superkracht had om gemene meisjes het gevoel te geven dat ze bedreigd werden, was ik vaker naar feestjes gekomen.'

Keeya stotterde en had zich net genoeg hersteld om te vragen of ik 'helemaal gestoord' was en me voor domme koe uit te maken, toen ik opkeek naar Khosi en vroeg: 'Hé, wil je zwemmen?'

Keeya's bange gekakel kwam tot een abrupt einde en haar mond viel open. Hoewel Khosi zijn wenkbrauwen fronste van verwarring, lichtten zijn ogen op. 'Wat?'

'Ik zéí,' en ik tilde de onderkant van mijn shirt op en trok het over mijn vlechtjes, waardoor de felroze bikini die ik had verstopt zichtbaar werd, 'ik ga zwemmen. Kom je?' Mijn spijkerbroek stond op het punt te worden afgepeld en het gevoel van frisse lucht die mijn huid kuste was euforisch. Het overtrof bijna het hoogtepunt van Keeya door het lint laten gaan.

Khosi's ogen flitsten over mijn lichaam, waarna hij mijn blik ving en zijn mondhoeken instemmend omhooggingen. En dus liep ik, met Khosi achter me, in mijn knalroze bikini met het bleke en bruine van mijn huid bloot en glanzend, naar het zwembad, langs een sprakeloze Keeya met haar mond wijdopen. Gesprekken verstomden en maakten plaats voor verstild gemompel, en blikken draaiden in mijn richting. Ik zette hun aandacht van me af en richtte me op het unieke gevoel dat ik me goed voelde in mijn huid – ik zat lekker in mijn vel.

Ik sprong in het water. Ik merkte het niet eens toen Khosi zich bij me voegde. Ik was sinds mijn twaalfde niet meer in een zwembad geweest – dít zwembad – en ik genoot van de koele vertrouwdheid van chloor die mijn huid omhulde, helemaal, en de zon die op de lappendeken van mijn rug gloeide, mijn schouders, me streelde. Het voedde me, ik voelde me er primitief door – onderdeel van de natuur en heerlijk natuurlijk. Ik spetterde en draaide en botste tegen Khosi aan, die me aankeek, glimlachte, met zijn ogen als sterren, helderder dan ooit. Een paar seconden lang was het enige geluid ons gelach en hiphop uit de luidsprekers.

Toen hoorde ik een schorre stem over het terrein echoën: 'DAT IS MIJN BESTE VRIENDIN! BADDEST BITCH IN MALOTI VALLEY. DIE TIETEN ZITTEN LEKKER IN DIE BIKINI, AYYYY!' De uitroep werd onderbroken door een grote plons. Letsha's hoofd dook een paar seconden later op terwijl ze beide vuisten in de lucht stak en triomfantelijk schreeuwde. 'YES!'

Even later werd haar geschreeuw aangevuld met applaus, gejuich en nog meer gespetter toen mensen giechelend, dansend en plonzend het zwembad in sprongen nadat ze uit hun paspophouding aan het zwembad waren geschoten en in beweging kwamen. De muziek was luider, het geklets was wilder, het gelach uitgelatener.

Ik dreef naar de rand van het zwembad die het verst van de luidsprekers verwijderd was, leunde ertegenaan en spreidde mijn armen uit op de richel. Ik sloot mijn ogen en hief mijn gezicht naar de lucht, met druipende vlechten, en vroeg me af hoe ik het zo lang had volgehouden zonder me zo vrij te voelen. Toen ik mijn hoofd naar voren bracht, bevond ik me oog in oog met Khosi, en ik vroeg me af hoe ik het zo lang had volgehouden zonder zo bekeken te worden.

'Geen feest zonder Naleli Labello,' fluisterde hij terwijl hij me met zijn glinsterende ogen recht aankeek en zijn lippen zich krulden tot een zachte glimlach.

'Ik leid,' bracht ik hem zachtjes in herinnering, en ik trok hem naar me toe tot onze gezichten nog maar een paar centimeter van elkaar verwijderd waren, 'jij volgt.'

Zhinu

'Laten we het nog één keer doornemen, Zhinu.'

Zhinu kreeg niet eens de kans om te zuchten voordat haar moeder verderging. 'Het vliegtuig vertrekt om 11:00 uur. Het ontbijtprogramma begint om 07:00 uur, maar we zijn maar een uur van het vliegveld en jouw segment duurt een kwartier. Er is tijd voor een optreden van drie minuten, met een beetje ruimte voor vertraging of een doorloop.'

Zhinu's moeder keek niet op van haar telefoon terwijl haar gemanicuurde nagels klikten op de glanzende rechthoek van glas, kobalt, lithium en bedrading. Haar moeder veranderde de wereld met elke vingerbeweging, elke tik; ze toverde actie tevoorschijn uit rots en zand. Het witte licht verlichtte haar gezicht in het donker, maakte haar dieprode lippenstift helderder en benadrukte de chique grijze strepen in haar sluike boblijn. Ze zag er al tijdloos uit dankzij haar genen, maar injecties hielpen ook. De gloed van haar telefoon bezorgde haar een etherische kwaliteit, als een godin, wat schuurde met haar stevige, zakelijke, hese toon, die ze had gekregen door jarenlang Vogues te roken. Zhinu zei altijd dat ze moest stoppen, en haar moeder giechelde dan schor, waarna ze op berispende toon zei: 'Wie is de moeder hier? Jij of ik? Jouw stem werkt in deze wereld omdat die lief en soulvol is, meisje. Mijn stem werkt omdat ik klink als een man. Een man met wie de mannen die de macht hebben seks willen. Het helpt om dingen voor elkaar te krijgen. En voor jou moet mijn stem werken om jouw stem te laten werken en om succes te hebben. Wil je geen succes hebben? Zing die liedjes, zorg ervoor dat je vader trots kan zijn, en het enige wat jij hoeft te doen is me mijn sigaretten aangeven. Wees eens lief en doe dat.'

Ze bleef tikken terwijl de auto verder reed.

'We doen je haar en make-up in het hotel. Dat heb ik vanavond besloten.' De lange nepwimpers van haar moeder fladderden nog steeds niet omhoog. 'Ik heb het meisje geboekt dat je vanavond heeft opgemaakt voor de prijsuitreiking. Ik vond haar leuk. Ze zei niet veel. Ik vind het vreselijk als ze te veel praten. Ik vind het vreselijk als je tegen ze terugpraat. Waarom moet je hun vriendin zijn? Waar moeten jullie over roddelen, jóngens? Ga je haar uitnodigen op je bruiloft? Ze willen je gewoon gebruiken! Bloedzuigers. Bewaar altijd een koele afstand, Zhinu. Jij bent hun keizerin en keizerinnen roddelen niet met domme marktvrouwen. Bovendien vertrouw ik de visagisten van de zender niet. Die maken je altijd ouder…'

Zhinu wist zeker dat haar moeder geen enkele keer adem had gehaald. Vaak vroeg Zhinu zich af of ze slechts deed alsof ze ademde zodat mensen niet te veel vragen zouden stellen over haar onsterfelijkheid.

'Hé, Bingwen. Weet je de laatste keer nog? Ze maakten Zhinu's lachrimpeltjes alleen maar erger. Ik had het de hele tijd tegen haar over die lachrimpeltjes. Het is niet nodig om zo breed te lachen. Je bent een popster, geen clown, zei ik!'

Zhinu's moeder keek niet op toen ze naar haar assistent riep, die op de passagiersstoel van de gelikte wagen met getinte ruiten zat. Zhinu zag de achterkant van Bingwens designerkapsel (een belachelijke low fade die blond was geverfd, en aan de bovenkant omhooggewerkt, terwijl zijn edges donker waren gebleven) op en neer bewegen.

'O, absoluut.' Zijn stem droop van de spot. 'Het was verschrikkelijk. Ze zag er ouder uit dan u!'

Bingwens voornaamste doel was de gedachten van Zhinu's moeder met steeds een beetje meer sarcasme te herhalen. Zhinu's moeder was slim genoeg om te beseffen dat ze op zijn minst een beetje voorzichtig moest zijn met de manier waarop ze alles bracht – wat dat betreft erkende ze in elk geval haar dubbele rol van manager en verlener van geestelijke bijstand. En terwijl ze dus altijd een zwaard gericht hield op Zhinu's rug om haar in beweging te houden, drukte ze ook de platte kant van het lemmet tegen het hoofd van haar kind om haar af te koelen als ze koorts had en gebruikte ze het om zachtjes het haar uit haar gezicht te vegen en tegen haar te zeggen dat alles goed zou komen. 'Zolang je maar doet wat ik zeg, Kleine Ster.'

Bingwen was haar medium, waardoor ze de berichten kon overbrengen die uit haar eigen mond te grof zouden klinken, wat ze wist. Bingwen genoot van deze rol. Voor het ongeoefende oor was de minachting waarmee hij sprak misschien niet hoorbaar, maar Zhinu was een muzikant, en dat was ze al sinds haar geboorte, dus ze kon een toon horen die er maar een heel klein beetje naast zat, of een pipa die maar een klein beetje vals klonk, of, in dit geval, de verbittering van een wannabe-ster zonder noemenswaardig talent en een ongezonde obsessie met roem. Bingwen was het schoothondje van haar moeder. Hij was begonnen als haar hairstylist en was hogerop geklommen door haar meedogenloos te vleien. Door de ijdelheid van Zhinu's moeder was het makkelijk om haar te verleiden, en ze wilde duidelijk dat Bingwen haar dochter was, wat vooral duidelijk was omdat ze dat vaak hardop zei. Ze grapte (klaagde) dan: 'Konden we Bingwens ziel maar in Zhinu's lichaam gieten…' Waarna Zhinu's moeder lachte. Bingwen lachte nog harder – te hard, oorverdovend hard –, met de losgeslagen rauwheid die gewoonlijk gepaard ging met door verdriet ingegeven gejammer en verlangen. Ze lachten terwijl Zhinu stil bleef zitten, zwijgend en misselijk, en zich verwonderde over het gemak waarmee ze naar die nachtmerrie verwezen alsof het een weemoedige droom was. En nooit vroegen ze zich af wat er zou gebeuren met Zhinu's toegeëigende ziel.

Zhinu had er vaak op gezinspeeld dat ze haar eigen assistent wilde, maar haar moeder had haar weggewuifd. 'Je hebt mij, Zhinu. Wat heb je nog meer nodig? Ik weet wat het beste voor je is. Ik ken je beter dan jij jezelf kent.'

De kristallen op Zhinu's bijna doorschijnende, nauwsluitende jurk begonnen zwaar aan te voelen op haar huid. Alsof ze het gewicht van elk ervan op zich voelde drukken. 'Druk creëert diamanten, Kleine Ster! Je hebt het maar te pikken,' zou haar moeder zeggen. O nee. Nu hoorde ze de stem van haar moeder zelfs in haar hoofd. Zhinu verschoof op haar stoel en keek uit het getinte raam van hun auto met chauffeur naar de invallende schemering. Ze herkende de stad niet, maar hij was prachtig. Het landelijke werd geleidelijk steeds stedelijker. De torenhoge, elegante ginkgobomen, die als flirtende wimpers langs de straat stonden, maakten plaats voor heldergele ramen en glinsterende winkelpuien die gelaagd, veelkleurig en verleidelijk waren. Van buitenaf zou iedereen die door het raampje van de auto keek slechts een glimmende zwarte ruit zien die hen buitensloot. Zhinu leunde met haar voorhoofd tegen het koele glas en zag een vreemde vervorming van de realiteit, de wereld zoals die was, maar gedempt, minder levendig. Het was alsof ze met een verdoofde tong eten proefde.

Het was laat en ze kwamen net van een prijsuitreiking waar Zhinu kans had gemaakt op de prijs voor Populairste Potentiële Idool. Wat betekende dat eigenlijk? Dat ze er het best in was nog géén superster te zijn? Nou, kennelijk was ze zelfs daar niet het beste in, want ze had niet gewonnen. Daar was haar moeder boos over. Ze was zelfs zo nijdig dat ze er om een of ander punt te maken op had gestaan dat ze de afterparty oversloegen. 'Creëer mysterie rondom jezelf,' zei ze, alsof iemand die de potentie had een potentieel idool te zijn mysterie nodig had. 'Laat ze naar je smáchten. Te veel aandacht maakt alles goedkoper.'

Voordat Zhinu's moeder haar fulltime ging managen had ze een winkel voor naaigerei gehad, maar ze praatte als een pr-manager die geboren was in een flat in de stad en vanaf haar eerste ademhaling naar zwarte koffie en nicotine had verlangd. Zhinu had geen idee of haar moeder wist waar ze het over had of dat ze gewoon afdwong dat iedereen alles wat ze zei voor waar aannam. Hoe dan ook, het werkte een beetje. In slechts drie jaar tijd was Zhinu van zingen bij lokale wedstrijden terechtgekomen op prijzengala's. Toch zou Zhinu willen dat ze op de afterparty was. Het kon haar niet schelen dat ze niet had gewonnen. Wat had het voor zin om alles maar te slikken en liedjes te zingen waarin 'kiss me' rijmde met 'miss me', geschreven door mannen van zevenenveertig die zowel naar haar als haar moeder loerden, als ze zich niet eens kon bezatten met haar leeftijdsgenoten? Misschien zou ze zelfs wel vrienden hebben gehad. Door jarenlang thuisonderwijs en muzieklessen, waarbij haar moeder haar tegen iedereen had opgezet, had ze een nogal karig sociaal leven. Ze had in ieder geval gehoopt dat ze tegen de tijd dat haar (moeders) dromen binnen handbereik waren in staat zou zijn contact te maken met iemand, wie dan ook. Ze had inmiddels echter de reputatie een ijskoningin te zijn. Op feesten in het muziekwereldje was ze op zichzelf, omdat ze erachter kwam dat haar moeder zich ermee bemoeide als ze een praatje probeerde te maken. Haar moeder hield vol dat het belangrijk was om afstand te bewaren, dat kliekjes voor zwakkelingen waren, en hoe meer je jezelf afzonderde, hoe machtiger je was. Ze was van mening dat mensen om je heen hebben je essentie ondermijnde.

Zhinu vroeg zich af of haar moeder deze filosofie in het leven had geroepen toen Zhinu's vader was overleden. Haar moeder en vader hadden elkaar jong leren kennen, in een klein dorp, en ze hadden veel van elkaar weg gehad. Haar vader had in haar moeder een tederheid en een speelsheid naar boven gebracht die tijdens zijn afwezigheid verwelkt was. Na zijn dood raakten hun vrienden al snel uit beeld. Ze werd een uitgeklede versie van zichzelf, en haar scherpe tong, die zoet was gemaakt door liefde, zwiepte als een mes. Ze kon er niets aan doen. Zachtheid herinnerde haar aan de liefde die ze was kwijtgeraakt. Misschien was de overtuiging dat haar macht voortkwam uit eenzaamheid een overlevingsmechanisme, misschien putte ze er troost uit? Misschien dacht ze dat isolatie een geschenk was voor haar dochter – ze wilde voorkomen dat Zhinu dezelfde pijn als zij zou moeten doorstaan. De enige zekerheid die Zhinu had was dat ze haar vader miste en de vrouw die haar moeder was geweest toen ze bij hem was.

Het duurde even voordat Zhinu merkte dat de wereld tot stilstand was gekomen. Ze draaide zich weg van het raam en kwam weer terug in de realiteit door het kleurrijke gescheld van haar moeder tegen de onfortuinlijke chauffeur – en Bingwen die erop varieerde – en boos getoeter buiten de auto maakte duidelijk dat ze stilstonden.

'Heb je er niet aan gedacht om te controleren of de auto aan de eisen voldeed voordat je besloot ermee te gaan rijden?'

De arme chauffeur praatte op smekende toon tegen Zhinu's moeder terwijl hij zijn telefoon tegen zijn oor hield. 'Het spijt me heel erg, mevrouw. Ik regel meteen een alternatief vervoermiddel. Dit is nog nooit eerder gebeurd...'

'En het zál ook nooit meer gebeuren! Ik zorg ervoor dat je ontslagen wordt!'

Bingwen bemoeide zich er ook mee. 'Je vervoert kostbare lading...' Zhinu wist dat hij het over zichzelf en haar moeder had. '... geen vrachtwagen vol slachtkippen! Ik had aan je pak moeten zien dat dit een puinhoop zou worden. Hoe kon ik nou van iemand die er niet eens voor kan zorgen dat zijn uniform de juiste maat heeft verwachten dat hij weet wat hij doet?'

Zhinu rolde met haar ogen. 'Rustig maar, Bingwen. Doe niet zo lullig. Jouw overhemd heeft letterlijk een gescheurde zoom en er zitten gaten in. Ik kan je hele tepel zien.'

Bingwen draaide zich om en schoof langzaam de zonnebril omhoog die hij om onbekende redenen droeg. 'Is dit slutshaming?'

'Dit is styleshaming.'

'Hiermee eis ik de boerenidentiteit weer op, en dat is niet

alleen subversief, het is ook ontzettend chic. Ik ben blij dat de traditionele prinsessenlook voor jou werkt, maar sommigen van ons kleden zich liever buiten de gebaande paden…'

'En die paden zijn ongetwijfeld dankbaar.'

Bingwen maakte een geluid dat alleen maar kon worden omschreven als sissen.

'Genoeg!' Zhinu's moeder vond hun gekibbel meestal vermakelijk – ze dacht dat het een soort intimiteit als die van een broer en zus was, in plaats van oprechte, zinderende haat – maar op dat moment raakte ze in paniek door hun hachelijke situatie. 'Wat heb je opeens, Zhinu? We hebben hier geen tijd voor! We zitten vast in de rimboe en we hebben morgen dingen te doen!' Ze tikte (sloeg) op de schouder van de chauffeur. 'Kun je jezelf nuttig maken en ons precies vertellen hoelang het duurt voordat er een vervangende auto is?'

De chauffeur stotterde terwijl haar moeder tegen hem schreeuwde dat hij iets moest zeggen, tot Zhinu tussenbeide kwam en naar de chauffeur glimlachte. Dat leek hem een beetje te kalmeren.

'Meneer, het is in orde. We moeten het alleen weten zodat we vooruit kunnen plannen.'

De chauffeur keek naar Zhinu en alleen naar Zhinu, zijn ogen klampten zich aan haar vast alsof ze zijn reddingsvlot was. 'Twee uur, mevrouw.'

Zhinu had durven zweren dat het gekrijs van haar moeder werd gevolgd door het geluid van verwoed klapperende vleugels buiten de auto.

'Bedoel je dat we VASTZITTEN in dit dorp?'

Zhinu's moeder sloeg haar lila bontjas strakker om zich

heen, alsof ze zich wilde beschermen tegen de vloek van een stad zonder Starbucks in haar directe blikveld. Het was zomer – te warm voor zulke kleding – maar haar moeder tergde en tartte de natuur altijd. Ze vormde haar eigen microklimaat. 'En we kunnen niet eens een taxi bellen omdat het onveilig is! Hebben ze überhaupt taxi's hier?'

Zhinu tikte op haar telefoon en binnen een paar seconden bepaalde ze hun precieze locatie. 'Oké, moeder, het is geen dorp, het is een stad. En van wat ik vanuit het raam heb gezien, is het mooi. Het is eigenlijk best dicht bij waar we morgen heen gaan. Het is waarschijnlijk makkelijker om hier de rest van de nacht te blijven en morgenvroeg op pad te gaan. Iemand van het bureau komt ons morgen toch ophalen?' Ze richtte zich tot de chauffeur en knikte hem hoopvol toe. Kordaat knikte hij terug.

'Ja, mevrouw. Natuurlijk!'

Zhinu wendde zich glimlachend tot haar moeder, en probeerde niet te veel te genieten van deze afwijking van de routine. Dit was een avontuur voor haar. 'Zie je wel? Blijven ademen, mama.'

Haar moeder keek kwaad. Zhinu kon er niets aan doen, maar ze moest lachen om de dramatiek van haar moeder, waarop haar moeder nog bozer keek.

'Leuk om te zien dat je dit grappig vindt, Zhinu. Goed, als het nodig is blijven we hier. Bingwen, zoek het duurste hotel. God sta me bij als het een Marriott is.'

Ze kwamen er al snel achter dat het stadje een uitgelezen plek voor staycations was. Zhinu's moeder schrok van de term 'staycation'. Nu alle hotels volgeboekt waren, was de enige plek waar ze terecht konden een herberg die The Magpie

Lodge heette. Wat Zhinu betrof was het een leuk boetiekhotel. Haar moeder noemde het 'een hut die nauwelijks geschikt was voor dieren'. Op dat moment dacht Zhinu oprecht dat haar moeder zou flauwvallen, wat het voor Zhinu alleen maar leuker maakte. Het was slechts een rit van zeven minuten van de plek waar hun auto met chauffeur was gestrand (haar moeder had een taxi geëist) en het stond in een smal straatje dat aangelegd was in het nabijgelegen bos. Het leek mijlenver verwijderd van de steden waaraan Zhinu gewend was. De grijze bakstenen werden verlicht door bamboefakkels die het grindpad omzoomden en verlichtten als nobele bewakers. Het ingebrande pannendak was van een inktzwart hemelsblauw dat versmolt met de lucht. Het was mooi, delicaat. Ze voelde een plotselinge lichtheid over zich heen komen, een gewichtloosheid die haar een opgewekt gevoel bezorgde, ondanks het gemopper van haar metgezellen. Alles in haar leven was geordend, overzichtelijk en voorbeschikt. Dit voelde als een uitje.

Er was niemand bij de receptie. Het glanzende palissander werd aan elk uiteinde bewaakt door twee glazen eksters, die majesteitelijk toekeken terwijl Bingwen verwoed op de bel tikte om iemands aandacht te trekken en Zhinu's moeder op hoge toon vroeg of iemand in de lege lobby wel wist wie ze waren.

Zhinu keek een paar ogenblikken geamuseerd naar de twee, waarna ze besloot deze vorm van entertainment interactief te maken.

Zhinu plooide haar gezicht om de irritatie van haar moeder te weerspiegelen. 'Ja, dit is belachelijk! Waarom worden we behandeld als boeren?' Haar moeder keek haar aan met wat leek op een sprankje trots terwijl Zhinu verderging. 'Ik bedoel, waar is de rode loper voor de genomineerde in de categorie Populairste Potentiële Idool? Wat krijgen we nog meer? Mensen die me niet herkennen als winkelend meisje nummer twee in de Koreaanse reclame voor medicinale anti-roosshampoo? Ik ben winkelend meisje nummer twéé, verdomme!' Zhinu sloeg op de balie om haar woorden kracht bij te zetten.

Bingwen stopte met het tikken op de bel om Zhinu vol afschuw aan te kijken. Haar moeder zuchtte diep en wreef in kleine cirkels over de brug van haar neus.

'Zhinu, wil je voor één keer in je leven volwassen...'

'O mijn god! Winkelend meisje nummer twee? Nee toch?' De diepe stem behoorde niet toe aan Bingwen, Zhinu of haar moeder.

De drie gasten draaiden zich om en zagen een man vanaf een zijdeur in de lobby naar de balie lopen, terwijl de deur achter hem dichtzwaaide. Het bloed stroomde naar Zhinu's gezicht en haar wangen werden roze. Hij was lang en droeg een groen flanellen overhemd, met opgerolde mouwen die pezige onderarmen onthulden, boven een wit hemd met een paar vuile vegen. Het zat zo strak dat Zhinu's blik langer bleef hangen dan gepast was. Zijn halve glimlach onthulde een kuiltje in zijn rechterwang dat diep genoeg leek om over te struikelen en in te vallen. Zijn gezicht was hoekig en had scherpe randen, zachter gemaakt door een mond als een kussen. Hij nam plaats achter de balie en keek haar recht aan. De blik dreigde haar hele leven zoals ze het kende te verwoesten.

'Als ik had geweten dat winkelend meisje nummer twee hier was, had ik me netter gekleed.' Zijn glimlach werd breder en Zhinu's huid tintelde. Ze knikte.

'Dank je. Dat waardeer ik. Ik heb drie maanden aan die

zwiep met mijn haar gewerkt. Weet je hoe vaak er plukken aan mijn lipgloss plakten? En ik moest het gefrustreerde krabben precies goed krijgen.'

De man hield zijn hoofd een beetje schuin, alsof hij anders naar haar keek, en zijn donkere ogen flitsten over haar kristallen jurk. 'Toewijding aan je vak. Dat respecteer ik.'

De lobby kreeg een geladen sfeer en Zhinu was zich plotseling bewust van elke vezel in haar lijf. Haar moeder schraapte haar keel.

De man rukte zijn blik los van Zhinu en glimlachte naar haar moeder. 'Welkom in de Magpie Lodge. Ik ben de eigenaar, Zhou Niulang, en jullie zijn vast degenen die de gezinssuite hebben geboekt. Ik haal jullie gegevens erbij en dan geef ik jullie je sleutels.'

Niulang tikte op de computer naast hem terwijl Bingwen bij de balie vandaan stapte en fluisterde: 'Sleutels?' Hij wreef over zijn voorhoofd. 'Ik word gek. Ze hebben niet eens elektrische sloten. God sta ons bij.'

Zhinu glimlachte. 'Niemand wil je rafelige shirts met v-halzen stelen, Bingwen.'

Zhinu's moeder rolde met haar ogen. 'Ik ben uitgeput, kids. Niet dit weer. En Zhinu, wat een lef van je om kritiek te hebben op Bingwens stijl terwijl jij net stond te flirten met een man die gekleed is als een bóér.'

Bingwen grinnikte en Zhinu kon wel door de grond zakken.

'Een boer is een groot woord, mevrouw.' Niulang nam weer het woord. 'Ik heb maar één koe. Taurus. Daarom ben ik gekleed zoals ik gekleed ben. Ik was haar aan het melken, en ze heeft me liever casual. 't Is een lieve meid. Een beetje humeurig soms...'

Zhinu verslikte zich en haar moeder keek nijdig.

'... zo laat had ik geen gasten meer verwacht. Neem me niet kwalijk. Kamer 7.' Hij overhandigde Zhinu de sleutels en schonk haar een peinzende en bijna onzichtbare glimlach, die duidelijk alleen voor haar was bedoeld.

Zhinu's moeder liet een krachtig en ferm 'Hmm' horen, waarna ze twee keer knikte en naar Niulang gebaarde dat hij hun koffers moest pakken.

'Het is laat. Hoe sneller ik slaap, hoe sneller deze nachtmerrie voorbij is.'

Zhinu's hart brak bij de gedachte dat de avond voorbij zou zijn. Haar lichaam kwam in opstand tegen het idee. Ze zou willen dat er nooit een einde aan kwam.

Zhinu's eerste kus was met een jongen van haar dansschool geweest. Ze was veertien en het was chaotisch gegaan. Hij vertelde iedereen de volgende dag dat hij haar rechterborst had aangeraakt. Zhinu had het specifieke van zijn leugen altijd fascinerend gevonden. Waarom alleen die ene borst? Waarom de rechter in het bijzonder? Destijds was het echter de grotere geweest, dus objectief gezien was het een intelligente keuze. Misschien vond hij allebei haar borsten aanraken wat veel van het goede. Hoe dan ook, haar moeder was er op de een of andere manier achter gekomen. Ze was natuurlijk razend geweest. 'Het mag pas als je achttien bent en dan alleen met iemand die rijk is. Voor minder kun je je geen afleiding veroorloven.'

Die rijke man was niet op magische wijze komen opdagen toen ze achttien was. Zhinu's moeder had Zhinu's leven vormgegeven, dus alles was gericht op haar weg naar het sterrendom, voor iets anders was geen tijd. Nu was ze drieentwintig en de enige met wie ze ooit het bed had gedeeld was haar moeder. Ze deelde nog steeds een bed met haar moeder. Zhinu verschoof zich zo dat de elleboog van haar moeder loskwam van haar rug. Bingwen snurkte in zijn eenpersoonsbed in de hoek van de kamer. Omdat er duidelijk geen minibar was, waren ze samen naar de kleine bar in het hotel gegaan en hadden ze geprobeerd een fles van Niulang te kopen. Die had hun er gratis één gegeven. De twee hadden elk drie shots whisky genomen en een Ambien geslikt en waren gelukkig vrij snel knock-out gegaan. Zhinu was intussen klaarwakker.

Het was een warme nacht, en zelfs in het naveltruitje en korte legging die Zhinu uit haar weekendtas had gehaald voelde ze zich verstikt. Het raam stond open, maar de benauwdheid werd met elke seconde die verstreek alleen maar drukkender. Bingwen snoof. Zhinu's moeder bewoog, zuchtte en sloeg Zhinu in het gezicht. Zhinu schoof haar moeders hand weg en klom uit bed. Voor het fatsoen schoot ze een hoody aan, waarna ze haar gympen aantrok en de kamer uitglipte, op zoek naar iets wat ze nog niet kon identificeren.

Dat was een leugen. Zhinu wist wel degelijk waarnaar ze op zoek was. Ze wist waarnaar ze op zoek was, want toen ze de lege receptie zag, kelderde haar hartslag, haar wangen werden warm en ze had het diepe, zware gevoel dat ze in plaats van een popster een clown was. Waarom zou hij er überhaupt zijn? Er was geen enkele reden waarom hij zou willen wachten om met haar te praten om – ze keek naar de klok achter de balie – één uur 's nachts. Shit, één uur 's nachts? Ze moest over vier uur opstaan! Het zou de juiste beslissing zijn om terug naar bed te gaan en watten in haar oren te stoppen, en toch verzette haar lichaam zich tegen het idee om te gaan slapen.

Het gegrom van haar maag gaf haar een excuus om het onvermijdelijke uit te stellen, en herinnerde Zhinu er ook aan dat er een automaat in het halletje had gestaan. Zhinu volgde haar hongerige lichaam en bij de gedachte zich te vullen met iets wat gefrituurd, goudbruin, zout en voorverpakt was trok er een heerlijke sensatie door haar heen. Alles wat haar moeder haar liet eten was gestoomd, licht, schoon en groen. Het was dan ook een beetje een anticlimax dat Zhinu voor het stralende, zoemende apparaat stond en zich herinnerde dat ze geen geld bij zich had. Terugkeren naar de kamer schoot zo'n beetje het doel voorbij. Zhinu vervolgde haar rebelse bui en schopte tegen de automaat. Het pakje tempura-zeewier waarop ze had geaasd schoof heen en weer, maar gaf zich niet gewonnen. Ze sloeg tegen het glas. Het zakje wiebelde flirterig terug en kwam een beetje dichter naar de rand. Zhinu's hand deed pijn, maar de opwinding die door haar heen schoot verzachtte de tinteling. Een lach borrelde naar boven en naar buiten. Ze trapte weer tegen de automaat en begon er met beide handen tegelijk op te slaan. Deze keer kon het haar niet eens schelen of het zakje bewoog, het enige wat ze voelde was de vibratie in haar arm en een nieuwe kracht die door haar heen ging. Ze voelde zich een superheld na de eerste beet door een mutant. In een oogwenk beukte ze met haar vuisten op het glas, schopte er verwoed tegen en ze merkte dat ze klanken slaakte die primitief waren en uit haar binnenste kwamen. Het voelde goed om haar stem te gebruiken op een manier die niet lief of beheerst was. Ze was euforisch en woedend, wild en vrij...

'Gaat het?'

Shit.

Zhinu's armen vielen langs haar lichaam. Op haar gehijg na hield ze zich stil. Ze draaide zich om en depte haar ogen, waarvan ze net had gemerkt dat ze nat waren, en zag Niulang in de deuropening staan en haar met vriendelijke nieuwsgierigheid aanstaren. Hij had gedoucht – ze kon duidelijk zeep en shampoo ruiken – en zijn haar zat in de war. Hij had een joggingbroek aangetrokken en zijn hemd verwisseld voor een schoon exemplaar. Hij zag er echt verrukkelijk uit. Zhinu streek wat haar uit haar gezicht en schraapte haar keel, ging rechtop staan en dwong zichzelf stralend te glimlachen. 'Ja! Ja. Dank je. Eh. Sorry, ik… Ik…' Niets wat ze zei zou een logische verklaring zijn voor wat hij zojuist had gezien. Door niets zou hij denken dat ze een normaal mens was. Op zijn minst had ze zichzelf net ontmaskerd als een incompetente dief. Ze zuchtte. 'Ik had honger.'

Niulang liep naar haar toe. Door zijn blik bleef ze aan de grond genageld en haar adem werd zwaarder. Shit. Hij zou hen uit het hotel gooien. Haar moeder zou haar vermoorden. Bingwen zou zich tegoed doen aan haar stoffelijk overschot.

'Wat wil je?' vroeg hij.

Zhinu slikte. 'Wat?'

Niulang wees naar de automaat.

Zhinu schraapte haar keel. 'O!' Ze wees aan wat ze op het oog had. 'Die alsjeblieft. Dank je.'

Niulang liep naar de automaat toe, trapte twee keer en sloeg in een ingewikkeld, behendig patroon tegen de zijkant. Twee zakjes met snacks vielen neer. Hij reikte haar er eentje aan en grijnsde.

'Er komt een bepaalde techniek bij kijken.'

Zhinu lachte, waardoor al haar strakke spieren ontspanden. 'O. Ik deed beng, beng, beng…'

'Daar ging je de mist in. Het is beng, beng, béng.' Niulang tikte tegen de zijkant van zijn hoofd. 'Het is een wetenschap. Voel je er maar niet slecht over.' Hij liet zijn blik over haar heen gaan. 'Zhinu, toch?'

Haar naam klonk goed in zijn mond.

'Eh, ja.'

'Niulang,' zei hij, alsof ze zich er niet aan vast had geklampt vanaf het moment dat ze die naam had gehoord. 'Wil je iets drinken? Ik ken hier een geweldige bar. De barman is een beetje een eikel, maar je kunt hem gewoon negeren.'

Zhinu beet op haar lip om niet te lachen. 'Eh, ik moet terug naar…' Wat? Het bed dat ze deelde met haar moeder?

'Ik wil heel graag iets drinken. Dank je.'

In ongeveer acht seconden was Niulang achter de bar gesprongen en had voor hen allebei een laagje Baiju ingeschonken. Zhinu ging op de barkruk zitten en genoot van het brandende gevoel van haar eerste slok. Het vuur in haar borst voelde toepasselijk en zorgde ervoor dat ze zich meer overgaf aan het moment. Het was een verrassend lekkere aanvulling op het tempura-zeewier.

'Ik was boos.' Zhinu draaide haar tuimelglas rond op de onderzetter en keek op naar Niulang. Hij was een vreemdeling. Ze had niets te verliezen. 'Dat wat je net zag toen je binnenkwam? Dat was ik die boos was.'

Niulang knikte. 'Waar was je boos over?'

'Dat is het hem juist. Dat weet ik niet eens. Alles? Niks. Tot dat moment wist ik niet eens dat ik boos was. Ik ben meestal niet boos.'

Niulang nam een slokje. 'En, hoe beviel het? Is het voor herhaling vatbaar?'

Zhinu lachte en knikte. 'Weet je, ik geloof van wel. Het voelde geweldig om het gewoon te kunnen voelen. Ik had al een tijdje geen ruimte meer gehad om te voelen.' Ze zweeg even. 'Sorry voor wat ik je automaat heb aangedaan.'

Niulang haalde zijn schouders op. 'Het is oké. Hij doet het nog. Je hebt mijn ogen geopend voor een nieuwe manier om hem te gebruiken. Snacks en verontwaardiging. Dat zou ik eens moeten proberen.'

'Ja? Wat heb jij om boos over te zijn?'

Niulang lachte, en het was een diepe, ronde lach, voedzaam en heerlijk, en het vulde Zhinu's maag tot ze het gevoel had dat ze het tempura-zeewier niet nodig had.

Hij wreef over de achterkant van zijn hoofd. 'Eh, laten we eens kijken. Het feit dat mijn lieve vader twee jaar geleden opeens is overleden en me deze herberg heeft nagelaten terwijl ik halverwege mijn studie was? Het feit dat ik, omdat ik de oudste ben, de verantwoordelijkheid kreeg en moest stoppen om hem te runnen zodat mijn zusje kon gaan studeren? Het feit dat het mijn sociale leven ondermijnt, waardoor mijn enige vriend een koe is die te vaak naar mijn zin last heeft van verstopping?'

Zhinu snoof en sloeg haar hand voor haar mond. 'Sorry, ik lachte niet om...'

Niulang schudde zijn hoofd. 'Je hoeft geen sorry te zeggen. Ze zoent geweldig, dus ik vergeef haar.'

Zhinu giechelde en nam nog een slok van haar drankje, maar haar gedachten lieten haar glimlach al snel verdwijnen.

'Gecondoleerd met je vader. Die van mij stierf op m'n

twaalfde. Hij speelde klassieke muziek en kon bijna elk instrument bespelen. En hij kon zingen. Hij heeft me alles geleerd wat ik weet. Hoe sneu het ook klinkt, hij was mijn beste vriend. Mijn moeder grapte altijd dat ze jaloers was, maar volgens mij vond ze het geweldig. Ze wist niet hoe ze genegenheid moest tonen, en dus liet ze hem zijn gang gaan. Maar toen ging hij dood...' Zhinu haalde haar schouders op en bedwong haar tranen. 'Toen ging hij dood.'

Niulang knikte. Een tijdje zweeg hij. Hij liet de seconden voor haar uitstrekken. Uiteindelijk zei hij: 'Dus je bent niet alleen een ongelooflijk succesvolle commerciële ster uit een reclame voor medicinale anti-roosshampoo, maar je bent ook zangeres?'

Dat was precies wat ze nodig had. Hij ontlokte Zhinu weer een glimlach. 'Ja.'

'O nee, je bent beroemd, hè?'

Zhinu lachte. 'Op sommige plekken. Niet genoeg, volgens mijn moeder.'

Niulang kreunde. 'Natuurlijk ben je een ster. Ik bedoel: kijk nou naar je. Ik dacht dat je van een bruiloft of zo kwam. Mijn zusje lacht me altijd uit omdat ik niet bij de tijd ben. Sorry dat ik het niet wist.'

Zhinu probeerde de vlinders te temmen die tekeergingen in haar buik toen hij had gezegd: 'Kijk nou naar je.' Ze genoot van de gedachte door Niulang te worden bekeken, meer dan voor welk publiek ze ook had opgetreden.

'O god, alsjeblieft, dat is nergens voor nodig. Ik ben dankbaar! Het voelt goed dat iemand belangstelling voor mij heeft in plaats van... wacht, ik wilde niet zeggen dat jij belangstelling voor me hebt, ik bedoelde...'

'Maar ik héb belangstelling voor je.'

De kamer om hen heen kromp ineen en werd donkerder, tot ze alleen hem zag.

Hij glimlachte. 'Wat voor nummers zing je? Ik moet je opzoeken...'

'Alsjeblieft niet.' Zhinu dacht aan haar laatste videoclip, waarin ze verkleed als zeemeermin mannen op zee verleidde. Haar schelpenbeha was bezaaid met strassteentjes en haar gezicht zat onder zo'n dikke laag make-up dat ze zichzelf nauwelijks herkende. Het nummer heette 'Lost At Sea'. Het was geschreven door mannen die seks met haar wilden, en het ging óver mannen die seks met haar hadden. 'Ik zing niet het soort liedjes dat ik wil zingen.'

'En wat zijn dat voor liedjes?'

'Mijn eigen nummers. Blijkbaar hebben die niet de juiste sound voor mijn uiterlijk. Waarom passen míjn liedjes niet bij mijn uiterlijk? En het wordt allemaal besloten door van die vieze oude mannen, of eigenlijk beesten, die betaald worden om me in de markt te zetten. En ik moet aardig tegen ze zijn, want het brengt me in ieder geval dichter bij het moment waarop ik misschien mijn eigen liedjes mag zingen. Het is alsof ik een trol moet kussen om de sleutel van het kasteel te krijgen. Weet je dat ik nog nooit een van mijn eigen nummers voor publiek heb gespeeld?'

'Nou, dat is onaanvaardbaar.' Hij rechtte zijn rug, sloeg op de bar en liep naar de opslagruimte. Zhinu boog haar bovenlichaam over de bar om te proberen te zien wat hij aan het doen was. 'Niulang?'

Na een paar ogenblikken met geritsel en gerommel verscheen Niulang weer met een gitaar in zijn hand. Hij gebaarde dat ze hem moest volgen.

'Kom mee.'

'Dit is Taurus.'

Ze waren buiten in de milde zachtheid van de zomernacht, te midden van het getjirp van de krekels. De koe werd achter de berg gehouden, in een veld dat uitkeek op een bos. Niulang had twee keer met zijn tong geklakt en het dier was bijna meteen naar hem toe komen sjokken.

Zhinu lachte en leunde over het hek om de zachte vacht op Taurus' grote kop te aaien. 'Ze is prachtig. Waarom is ze zo laat nog wakker?'

Niulang stak zijn hand uit en kietelde Taurus onder de kin. 'Ze geeft de voorkeur aan de nacht. Al sinds ze klein was. Vandaar de naam.' Koket knipperde de koe met haar lange wimpers naar Niulang.

Zhinu trok een wenkbrauw naar hem op. 'Weet je zeker dat je een grapje maakt over dat zoenen?'

Niulang kwam overeind, grijnsde en gaf haar de gitaar aan die hij uit de opslagruimte had gehaald. 'We hebben soms muzikanten die in het weekend spelen, open podia, dat soort dingen, dus we bewaren een paar instrumenten in opslag. Volgens mij kunnen Taurus en ik geweldig publiek zijn voor je eerste optreden als singer-songwriter.'

Zhinu lachte en schudde haar hoofd. 'Dat is lief, maar geen sprake van.'

'Waarom niet? Je hebt al een nummer in gedachten. Dat zie ik aan je gezicht.'

Zhinu opende en sloot haar mond. Ze keek naar Taurus voor hulp, maar die zag er in het schemerdonker van de buitenverlichting bijna net zo vol verwachting uit als Niulang. 'Ik... het is nog niet af. Het heeft nog geen bridge.'

Niulang haalde zijn schouders op. 'Nou en?'

Zhinu probeerde opnieuw te protesteren, maar haar vingers streken al langs de gitaar en wilden doen wat ze gewend waren.

'Wat als ze me uitjouwt?' vroeg Zhinu, terwijl ze de riem omdeed en begon te stemmen.

Niulang keek geschokt bij de gedachte. 'Wie, Taurus? Dat zou ze nooit doen. Maar met een beetje pech roept ze "Boe".'

Zhinu lachte. 'Wauw. Gênant.'

Maar het had gewerkt, want ze merkte dat haar zenuwen afnamen en het bonzen in haar oren vervaagde. Niulang draaide zich om en leunde met zijn ellebogen op het hek, en de kop van Taurus tuurde eroverheen om toe te kijken. Zhinu sloot haar ogen. Ze luisterde naar het kabbelende beekje in de verte, het koor van krekels en het geluid van Niulangs diepe ademhaling. Ze had het gevoel dat ze een heel orkest achter zich had.

En dus zong ze. Het lied weefde zich rond de gitaarsnaren terwijl haar stem vanuit haar ziel naar de hemel steeg. Het was een lied over pijn, woede en verlangen, en terwijl ze zong danste de bridge van haar tong en vloog de lucht in, met woorden van hoop, triomf en liefde. Van een kracht waarvan ze niet wist dat ze die bezat. Om die weer te geven veranderde ze het refrein.

Toen Zhinu haar ogen opendeed, besefte ze dat er tranen uit waren gerold. In Niulangs ogen stonden ook tranen, alle speelsheid was van zijn gezicht verdwenen terwijl hij haar opnam. Zhinu's maag keerde zich om toen ze de gitaar van haar nek haalde en tegen het hek zette.

'Was het slecht? Het is echt de eerste versie van...'

'Zhinu, dat was... je bent...' Niulang schudde zijn hoofd, alsof hij probeerde de woorden in de juiste opstelling te laten vallen. 'Het was prachtig. Jij bent prachtig.'

Het was rond vier uur 's ochtends en de vogels begonnen te fluiten, alsof ze reageerden op Zhinu's liedje. Hoewel de zon zich nauwelijks had vertoond, voelde Zhinu haar eigen gloed vanbinnen. Voor het eerst had ze het gevoel dat ze niet naar buiten hoefde te kijken om goede raad te zoeken, om te weten wat ze moest doen, om te beoordelen wat ze wilde. Ze wist wat ze wilde. Niulang stapte dichter naar haar toe en de hitte in haar brandde steeds feller. Toen bevond haar borst zich tegen die van hem en zijn arm om haar middel, en haar hand streelde over zijn borst. Ze genoot ervan haar macht over hem te voelen, het snel op en neer gaan van zijn ribbenkast. Haar handpalm dwaalde over zijn hart en drukte ertegenaan. Hun neuzen stootten en schampten tegen elkaar, en eventjes genoot Zhinu van de stilte van alleen maar zijn, zonder de stem van haar moeder, zonder druk, zonder verwachtingen. Ze voelde zich almachtig en de meester van haar lot. Ze sloeg haar hand om zijn nek en ging op haar tenen staan om hem te kussen. Hij kuste haar onmiddellijk terug, gretig, alsof hij op haar had gewacht, alsof hij haar thuis verwelkomde.

De kus werd gulziger, meegaand, zijn handen gingen over haar heen en streelden haar, waardoor haar honger zowel verzadigd als erger werd. Ze sprong op en sloeg haar benen om zijn middel, omdat ze zo dicht mogelijk bij hem moest zijn. Niulang zette haar op het hek. Toen ze zich losmaakten om op adem te komen (waarom moesten ze sterfelijk zijn?), streek Niulang zachtjes wat haar uit haar gezicht en glimlachte teder naar haar.

'Je zoent veel beter dan Taurus. Zij gebruikt veel te veel tong.'

Zhinu snoof en haar ogen dwaalden van hem af toen ze

merkte dat Taurus weg was gekuierd, verveeld en waarschijnlijk jaloers. Ze draaide zich weer naar hem toe en volgde zijn profiel met een vinger.

'Hé, dank je.'

Hij leunde zachtjes tegen haar vinger. 'Waarvoor?'

'Dat ik mijn liedje voor je mocht zingen. Dat voelde goed.' Zhinu glimlachte. 'Héél goed. Ik voelde me een ster. Echt.'

Met glinsterende ogen keek Niulang haar aan. 'Ik bedoel… je bént een ster, Zhinu. Je ziel straalt. Dat wist ik zodra ik je zag. Hij verlichtte mijn hele wereld.' Hij zweeg even toen het besef over zijn gezicht flitste: '… en je vertrekt over een uur.'

Zhinu was niet van plan het moment te laten verpesten door teleurstelling. Ze had te veel meegemaakt om zoiets alledaags als tijd haar geluk te laten belemmeren. Ze pakte zijn kin vast en fluisterde tegen zijn lippen: 'Dan kunnen we er maar beter alles uit halen. Heb je nog een verzoekje?'

Niulangs ogen werden donker op een manier waardoor Zhinu's bloed kolkte met iets uitgehongerds. 'Een toegift.'

'Een liedje of een kus?'

Niulang bewoog zich naar achteren en zette de gitaar tussen hen in. Hij leunde naar voren en zoende haar op het plekje tussen haar kaak en haar hals, waardoor haar hart sneller ging kloppen terwijl hij glimlachte tegen haar huid. 'Ik ben een groupie. Ik ben voor allebei in.'

Zhinu lachte. Ze liet de zon opkomen met haar lied.

'Ben je aan de drugs?'

Zhinu staarde naar haar moeder in de weerspiegeling van de make-upspiegel terwijl ze haar lipgloss aanbracht.

'Moeder, dat ik vandaag heb besloten om zelf mijn make-up te doen wil nog niet zeggen dat ik aan de drugs ben.'

Haar moeder schudde haar hoofd en tuurde naar haar dochter. 'Dat is niet het enige. Je lijkt veranderd. Waarom was je vanmorgen al op, gedoucht en aangekleed? Waarom staarde je als een idioot uit het raampje van de auto en lachte je onderweg?'

Zhinu beet op haar lip terwijl herinneringen aan die ochtend door haar hoofd schoten. 'Ik vind mijn werk alleen maar leuk, moeder. Ik dacht dat je dat wilde?'

Bingwen zat op de bank in de artiestenfoyer en Zhinu zag hem met een schuin hoofd naar haar kijken. Vandaag droeg hij een bril zonder glazen. 'Wiet is het niet. Is het een speciaal soort paddo?'

Zhinu lachte. 'Bingwen, ik heb je altijd gezien als de gemene grote broer die ik nooit heb gehad.'

De grijns verdween van Bingwens gezicht. Hij leek oprecht geschrokken. 'O mijn god. Ze heeft een zenuwinzinking. Moet ik iemand bellen?'

'Zhinu? Jij bent hierna!' Een productieassistent met een klembord tuurde de foyer in en deelde mee dat ze nog vijf minuten had.

Zhinu draaide zich om en gaf haar verbijsterde moeder een kus op haar wang. 'Ik hou van je. En ik ben dankbaar voor de kansen die je voor me hebt gecreëerd.'

Toen Zhinu de foyer uitliep, hoorde ze haar moeder roepen: 'Bingwen, wat moet ik doen? Ik kan geen ontwenningskliniek betalen!'

'Heel erg bedankt dat je hier vanochtend bent, Zhinu!'

De stem van de presentatrice was griezelig zangerig, gekunsteld en kunstmatig. 'En nu zijn we hier op Channel 77 blij dat Zhinu haar nieuwste single voor ons gaat zingen, "Lost At–"'

Zhinu boog naar haar microfoon. 'Eerlijk gezegd ga ik dat nummer niet zingen.'

De glimlach die op het gezicht van de presentatrice was gepleisterd paste niet helemaal bij deze onthulling. De autocue kon haar nu niet helpen. 'O...'

Zhinu draaide zich om en pakte de gitaar aan van haar band en negeerde glunderend het verre geluid van haar moeders gekrijs. Ze hield het instrument tegen zich aan, sloot haar ogen en ademde in, hoorde de krekels, hoorde de vogels, hoorde Niulang. Ze deed ze weer open en glimlachte naar de camera. 'Dit nummer heet "Magpie".'

Thisbe

De muziek dreunde door de muren van Thisbes studentenkamer heen en drong door de vulling van het kussen dat ze over haar hoofd had getrokken. Luid en onverbiddelijk vulde ze haar kamer, vulde haar oren, vulde haar hoofd. Thisbe gromde in haar matras. De muziek had misschien omschreven kunnen worden als 'goed', maar wat heeft 'goed' voor zin als het drie uur 's nachts is en je over nog geen zes uur een seminar over het feodale systeem hebt? Om niet te vergeten dat ze in de winter twintig minuten zou moeten lopen om er te komen. In het nóórden. Ze kon haar studentenleven toch niet beginnen met een moord? Haar ouders zouden ontzettend teleurgesteld zijn. Daarnaast zou moord haar plannen kunnen dwarsbomen om de volgende Michelle LaVaughn Robinson Obama te worden.

Er was iets misgegaan bij Thisbes kameraanvraag, en in plaats van het moderne meisjesblok dicht bij de bibliotheek waarvoor ze zich had aangemeld, was ze in een afgelegen gemengd studentenhuis geplaatst, in een oude hal met flinterdunne muren – en erger nog, er zat een scheur in haar muur die de huishoudelijke dienst nog steeds niet had gerepareerd. Ze hadden gezegd dat het binnen een week geregeld zou zijn. En hoewel het trimester al een maand aan de gang was en Thisbe haar buurman (die duidelijk een eikel was) niet kende, wist ze hierdoor al precies wie hij was. 'Pyramus,' hoorde ze ze 's avonds laat kreunen, gedempt tussen het gegiechel door. '*Py* (beng) *Ra* (beng) *Mus* (beng)! Doe open, vieze gore fuckboy,' hoorde ze naast haar deur schreeuwen, bijna elk moment van de dag, door meisjes die duidelijk echt woedend waren en overmand door verdriet. Thisbe hoorde dan het klikken en kraken van zijn deur die openging, en binnen enkele minuten, nee, seconden, nee, milliseconden, ging het gegrom en gevloek over in gevlei en zoete beloftes, nam de woede af en ging de storm liggen, gekalmeerd door een lage, vlakke stem. Redelijk, beheerst, alle misstappen en probleempjes gladstrijkend. *Schat, liefje, snoes.*

Hij was een soort bad-bitchfluisteraar. En dit waren allemaal bad bitches, laat dat duidelijk zijn. Eén keer klopte een van zijn bezoeksters aan bij Thisbe, en had ze mogen zien wat Pyramus' type was. Tot in de puntjes verzorgd, Rihanna-lite, edgy. Strakke buikspieren onder een kort Wu-Tang-shirt. Een artistiek opgemaakt gezicht, hoge jukbeenderen. Een gelikt, kort kapsel waarvoor Thisbe noch de gezichtsvorm noch het geduld had. Veel oorpiercings. Lang. Het meisje had met inktzwarte, geveerde wimpers op Thisbe neergekeken en haar wenkbrauwen opgetrokken naar Thisbes Global Gyaldem-shirt (een grote conferentie voor jonge zwarte vrouwen die de macht weerwoord gaven), hoofddoek en wazige ogen, waarna ze lief had geglimlacht. 'O. Verkeerde kamer. Sorry.' Want blijkbaar was het ondenkbaar dat Thisbe een van zijn bezoeksters had kunnen zijn.

Ze sloeg tegen de muur tussen hen in. Drie vuisten tegen het gebarsten pleisterwerk was meestal genoeg. Om de een of andere reden waren er deze keer zes voor nodig. Binnen enkele ogenblikken nam de muziek af tot een volume dat minder oorverdovend was, gevolgd door het gebruikelijke: 'Sorry!', behalve dat het 'Sorry!' deze keer om de een of andere reden verstikt klonk. Thisbe wilde iets zeggen, maar ze kon niet bedenken wat, en bovendien was hij een vreemdeling, en bovendien: hoe kon ze denken dat ze kon bepalen in wat voor bui hij was, alleen maar omdat ze gewend was zijn onoprechte verontschuldigingen door de muur heen te horen nadat hij haar wakker had gehouden. En niet op de manier waarop hij meisjes gewoonlijk wakker hield, dit was verre van leuk. Niet dat zijzelf op die manier door hem wakker gehouden zou willen worden. Hoewel ze wel een blik had geworpen op zijn Insta-Twitter-Book of whatever, toevallig, omdat hij was langsgekomen als 'mogelijke vriend' (nee, bedankt), en hij wás knap, als je op dat soort knap viel. En dat soort knap was een scheve, gevaarlijk ogende glimlach en de bouw van iemand die maar twee keer per jaar naar de sportschool hoefde te gaan om gespierd te worden. Gladde, boterachtige huid alsof hij in een vorm was gegoten. Zijn korte zwarte krullen leken heel vertrouwd met sheaboter, alsof ze een of twee keer per week samen koffiedronken. Volle lippen, die er op de een of andere manier uitzagen alsof ze waren gebeeldhouwd met een beitel en gevuld met het dons van engelenvleugels. Thisbe was echter een ontwikkelde vrouw en daarom deden dát soort dingen haar niets, ze voelde zich alleen aangetrokken tot mannen als ze op een bepaald holistisch, spiritueel, multidimensionaal niveau haar gelijke waren, en zelfs dan...

Ze hoorde vier harde klappen op haar deur. Thisbe vloekte binnensmonds... waarna haar adem opeens stokte. In een goed ingestudeerde minuut sprong ze uit bed, sloeg het licht aan, gooide haar hoofddoek van de Senegalese twists die hoog op haar hoofd waren gestapeld, verwisselde haar T-shirt voor een tanktop, depte wat lippenbalsem (met een zachte glans) op haar lippen, gorgelde met mondwater en spuugde het uit haar raam.

Ze opende haar deur en glimlachte naar degene aan de andere kant.

'Ha, Kazeem.'

Pyramus

Kazeem was een eikel. Pyramus wist uit betrouwbare bron dat Kazeem met Kyla Reynolds van twee verdiepingen lager neukte. Kyla Reynolds was opgegroeid in Suffolk, droeg Barbour-jacks en toen Pyramus een keer zijn 'Netflix and Chill'-playlist had opgezet, had ze gevraagd waarom hij zo'n voorspelbare smaak had, net toen 'Can You Handle It' van Usher begon. Vervolgens vroeg ze of hij iets 'interessanters' kon opzetten, zoals Mumford & Sons, wat klonk als de naam van een ambachtelijke slager in Kensington. Maar daar ging het niet om – Kazeem was een schoft, en nu was hij dronken de kamer van Pyramus' buurvrouw binnengestrompeld – hoe heette ze ook alweer? Phoebe? Nee, het was Thisbe. Een van de weinige keren dat hij haar had gezien had hij gemerkt dat ze een gouden ketting met een T eraan droeg. Het was laat geweest en ze was snel ergens naar op weg geweest, met boeken in haar hand, en hij kuierde ergens heen, met sterkedrank in zijn hand. Hoe dan ook, hij had gemerkt dat Kazeem had besloten om de kamer van Thisbe op willekeurige dagen van de week binnen te strompelen.

Iedereen vond Kazeem Kamais een goeie gast omdat hij zo'n bullshit-bril droeg, geneeskunde studeerde en opvallend veel gebreide truien bezat voor iemand die geen literatuurprofessor van zesendertig was, maar in werkelijkheid was hij een lul van de ergste soort, omdat hij een oneerlijke lul was. Pyramus wist dat hij ook een lul was, maar hij was tenminste eerlijk. Hij ging nooit vreemd. Meisjes wisten waartoe hij in staat was – of niet. Het was eerlijk gezegd een saai verhaal: een moeder die stierf tijdens zijn vormende adolescentiejaren en een vader die vond dat rouw een privéproces moest zijn dat je stoïcijns onderging, waardoor hij uiteindelijk gereguleerde genegenheid en aandacht zocht (niet te veel, hij zou niet weten hoe hij daarmee om moest gaan). Hoewel hij diepe eerbied en respect voor vrouwen had en oprecht (hij zwoer het) vond dat ze het superieure geslacht waren, was hij niet in staat om een blijvende band met hen op te bouwen, want: *verlies*. Het was volgens het boekje, en dat wist hij omdat hij een module psychologie had gevolgd en daarbij hadden ze letterlijk een hoofdstuk over zijn verlatingsangst gehad. Hij had het aangestreept en het meisje naast hem had dat opgemerkt en hem ernaar gevraagd. Ze hadden twee geweldige weekends samen. Ze zei dat hij prachtige handen had, zacht maar stevig.

Vrouwen kwamen naar hem toe voor een leuke tijd, en hij deed vreselijk zijn best om die te leveren. Het was een overeenkomst die voor beide partijen gunstig was, en er ontstonden alleen misverstanden omdat, nou ja, laten we eerlijk zijn, vrouwen soms graag iets achter en onder woorden zochten, op zoek naar iets wat ze eigenlijk wilden horen. Hij nam het hun niet kwalijk, en hij begreep het, maar hij had de neiging om iets te compliceren wat ongecompliceerd had moeten blijven. Maar toch. Hij híéld van vrouwen. Kazeem daarentegen was het soort klootzak dat in het geheim een hekel aan hen had terwijl hij deed alsof hij een woke god was die naar de zwarte feministische boekenclub ging en keer op keer 'zwarte vrouwen' tweette (niets anders, alleen 'zwarte vrouwen'). Dat was genoeg om zijn status als held te verhogen. Hij zou tenslotte dokter worden, dus waarom zou je dan moeite doen om geen klootzak te zijn? Het maakte niet uit hoe ontwikkeld ze waren – meisjes koesterden altijd een primitief verlangen om een dokter te daten.

Hoe dan ook, Pyramus wist dat zijn buurvrouw, Thisbe, 's ochtends om negen uur college had, omdat hij elke dinsdag wakker werd terwijl ze naar een soort empowermentmantra voor vrouwen luisterde: 'Je bent een koningin. Je bent Lorde, Angelou, Simone, Walker, Hooks, Davis, Morrison, Knowles, Fenty, Robinson-Obama. Je zult de wereld opschudden, je zult de aarde in beweging brengen, je gaat gedurfd om met je essentie, je neemt alle ruimte in, je blijft niet op je pad, je legt nieuwe wegen aan...'

Pyramus voelde zich nu via een omweg een bad bitch – een krachtige, onafhankelijke vrouw die zich niet laat belazeren – hij merkte zelfs dat hij snauwde toen een van zijn jongens een van zijn vriendinnen 'vrouwtje' noemde. Hij voelde zich gesterkt door Thisbes lezingen, zijn wereldbeeld veranderde, maar het belangrijkste was: als híj al wist dat Thisbe de volgende ochtend vroeg een college had (hij had niet gedacht dat ze wakker zou worden van zijn muziek, en daar voelde hij zich slecht over: hij zou gezworen hebben dat het een respectabel volume was), waarom wist Kazeem dat dan niet?

Pyramus deed zijn koptelefoon op, zette zijn eigen dj-mix op en liet zich weer op zijn bed ploffen. Hij gaf er de voorkeur aan dat de muziek zijn kamer vulde, hem omhulde en omringde, maar dit zou volstaan. Hij had zijn muziek alleen maar opgezet om de zoveelste ruzie die hij met zijn vader had over god-mocht-weten-wat-misschien-wel-alles te overstemmen. Door zijn koptelefoon heen hoorde Pyramus Kazeem dronken door de kamer strompelen. Kazeem was een lul.

Thisbe

De vorige avond was Kazeem weer binnengevallen. Ze hadden ruzie gehad. Eigenlijk was het minder een ruzie en meer een besef. De vorige avond, toen Thisbe had gevraagd waarom Kazeem haar alleen maar onaangekondigd en in het donker wilde zien, terwijl hij in het openbaar alleen maar naar haar knikte en misschien discreet haar kont vastpakte, had Kazeem gezegd: 'Ik wil dat we speciaal blijven, voor nu. Door te veel druk van buitenaf verwatert wat we hebben.' Thisbe hapte niet helemaal, want, wat, dacht Kazeem soms dat hij een soort Hollywood-droomprins was wiens marktwaarde afhing van zijn beschikbaarheid op romantisch vlak? Thisbe was niet dom. Thisbe wist dat ze ronder was dan de meisjes die in de buurt van Kazeem paradeerden en de meisjes met wie hij in het openbaar flirtte. Ze wist dat ze mollige dijen en brede heupen had, gezet, met kuiltjes. In het donker kneep en streelde Kazeem ze en zakte erin weg. In het openbaar had hij liever meisjes naar wie hij toe kon rennen en die hij kon optillen en rondzwaaien, meisjes waar hij gemakkelijk zijn armen omheen kon leggen en die hij volledig kon omhullen. Thisbe had een scherpe geest en een zacht lichaam, en het viel haar op dat Kazeem er geen moeite mee had om openlijk aanhankelijk te zijn met meisjes die dichter in de buurt kwamen van het tegenovergestelde. Ze merkte dat die meer knikten bij de dingen die hij zei, zoals: 'We moeten opnieuw definiëren wat het betekent om zwart te zijn.' Op een keer had Thisbe gevraagd waarom ze hun zwartheid opnieuw moesten definiëren en hem gevraagd waarom ze niet gewoon konden *zíjn*. Hij had gezegd: 'Zijn is te passief,' en toen ze hem verder begon te ondervragen stond hij op en stotterde en verhaspelde zijn woorden, omdat hij het niet gewend was ondervraagd te worden. Hij mompelde iets over een ochtendcollege, dat nieuw voor haar was, en smeerde hem.

Thisbe besloot dat ze wilde weten waarom ze alleen zijn type was als hij wat had gedronken. Ze wilde weten of er iets aan het daglicht was waardoor ze veranderde in een boeman. Ze zag dat Kazeem schrok van het feit dat hij bijna door zijn charme heen was, en nog voordat zijn mond openging zag ze zijn defensieve houding al overgaan in woede. Hij had gezegd dat ze overdreef, zich aanstelde, en trouwens, had hij gezegd toen hij zijn shirt weer aantrok: 'Je gedraagt je behoorlijk dramatisch als je bedenkt dat we niet eens neuken.'

Toen hij dat zei had Thisbe iets van opluchting gevoeld. Sinds ze waren begonnen met rommelen had ze zich afgevraagd wanneer hij zich zou gaan vervelen, wanneer hij haar haar maagdelijkheid voor de voeten zou werpen. Ze had gezegd dat ze er nog niet klaar voor was en hij had gezegd dat het cool was, maar het was duidelijk alleen cool zolang ze dankbaar was dat hij zich verwaardigde haar te zegenen met zijn middelmatige streeltechniek. Een onhandige kneep in haar tieten. Een eigenaardige pets op haar kont. Thisbe vroeg zich vaak af waarom hij nog steeds bij haar terugkwam als er geen seks bij kwam kijken, maar nu was het haar duidelijk. Kazeem vond het deugdzaam van zichzelf om seksuele activiteiten met haar te ondernemen terwijl hij zich aan haar grenzen hield, en als beloning mocht hij haar ermee chanteren, het in zijn arsenaal opslaan voor wanneer de roze tint van haar bril vervaagde en ze niet verblind werd door zijn schamele prestaties op het gebied van genegenheid. Hij moet geweten hebben dat die dag uiteindelijk zou komen, en daarom had hij zijn giftige antwoord al helemaal voorbereid. Hij vond dat ze dánkbaar moest zijn. Thisbe was een laatbloeier. Ze had voor het eerst gezoend toen ze negentien was en beledigde zichzelf niet door de keren dat ze ongemakkelijk een drankje met iemand had gedronken 'dates' te noemen. Met Kazeem had ze meer genoten van het feit dat ze werd begeerd dan de begeerte zelf, maar was het de moeite waard om begeerd te worden als een heimelijk genoegen? Shit, was ze zó wanhopig? Ze nam duidelijk genoegen met de kale essentie van romantiek, de restjes en kruimels. Ze verdiende iets wat hartig en gezond was en haar vulde, ze verdiende iets wat zou overlopen uit de kommen van handen, ze verdiende het opgetild en bemind te worden. Ze wilde niemands vieze geheimpje zijn. De vorige avond had ze tegen hem gezegd dat hij weg moest gaan, en met het soort ongeloof waarbij haar maag zich omdraaide had hij gezegd: 'Wat?' De arrogántie. Ze had hem de deur uit geduwd, en haar leven. Ze schaamde zich dat ze zich zo had laten behandelen, dat ze zijn stomme, lege woorden de scherpte van haar geest af had laten slijpen, maar vooral voelde ze woede: puur, ongebreideld, krachtig.

Gisteravond, toen Pyramus zijn muziek draaide – rap, voornamelijk vrouwelijke artiesten, vol opschepperij, geloof in hun aangeboren pit en kracht, sexappeal, recht om aanbeden te worden en fúck iedereen die dat niet doet – stond Thisbe hem dat toe. Het was een troostmiddel.

Pyramus

R&B vermengde zich met het geluid van woest gebonk op Thisbes deur. Pyramus had Thisbes speellijst een welkome aanvulling gevonden op zijn schoolwerk en instantnoedels, tot Kazeem had besloten er kakofonische percussie aan toe te voegen. Pyramus had zijn noedels aangevuld met kruiden, specerijen, stukjes rotisseriekip, meeneuriënd met Thisbes trippy, spacey R&B terwijl hij kokend water in een plastic beker schonk, roerend met de zwier van een Michelin-chef die zijn niet-bestaande kookprogramma van commentaar voorzag: '*Nu moet je iets meer water toevoegen dan je nodig hebt, om ervoor te zorgen dat het meer als soep wordt, maar vergeet niet om het aan te passen aan de hoeveelheid kruiden die je gebruikt.*' Hij was trots op zijn culinaire vaardigheden, en hij wilde er echt van genieten, maar het aanhoudende geklop werd steeds heviger, brak door de R&B heen en werkte zich door de umami van een verbrijzeld blokje Maggi.

'Kom op, schatje. Niet boos zijn. Sorry, Thisbe. Laat me binnen.'

Pyramus rolde met zijn ogen. Kazeem was boos omdat hij geen toegang meer had – Pyramus had de avond ervoor alles gehoord; uitstekende show van Thisbe – en de afwijzing maakte hem gek. Hij wilde dat Thisbe hem wilde, en Pyramus kon garanderen dat als Thisbe ervoor koos hem terug te nemen, hij binnen een week zijn oude gewoonten weer zou oppakken.

‘Ik weet dat je er bent, Thisbe. Laten we dit uitpraten. Ik mis je en ik weet dat je mij ook mist.’

Verdomme. Hij kon dit niet meer aanhoren.

Pyramus zette zijn noedels neer en liep de gang in, zonder de moeite te nemen een shirt aan te trekken. Dit moest snel afgehandeld worden.

‘Ze is er niet,’ zei hij.

Kazeem nam Pyramus van top tot teen op. ‘Zie ik eruit als een sukkel?’

Pyramus grijnsde. ‘Man, wil je écht dat ik daar antwoord op geef? Ik bedoel, dat zou ik kunnen, maar ik wil het gewoon zeker weten.’

Kazeem aarzelde en schraapte zijn keel. ‘Dit is iets tussen haar en mij.’

‘Echt? Op dit moment lijkt het alsof het tussen jou en de deur is.’

Kazeem maakt een afkeurend geluidje tussen zijn tanden en wilde weer op de deur bonken toen Pyramus hem met een snelle stap onderschepte en tussen hem en de deur ging staan. Pyramus zuchtte. Hij haatte het als zijn avondeten werd onderbroken.

Kazeem knipperde met zijn ogen. ‘Wat doe je, man? Jij kunt het niet met haar doen… wacht, doe jij het met haar?’ Zijn lach was gemeen en doorspekt met venijn. ‘Dat zou heel veel verklaren.’

Pyramus sloot zijn handen voor zich en ontspande zijn schouders. Kazeem was een paar centimeter langer dan hij, maar hij had nog nooit iemand gezien die zo klein was.

‘Ik zei dat ze er niet is.’ De stem van Pyramus verhief zich niet in toon of volume, hij bleef zacht, als een tijger in het gras. ‘Maar probeer gerust nog een keer aan te kloppen.’

Pyramus kwam niet bij de deur vandaan.

Kazeem rolde heen en weer met zijn tong in zijn mond en snoof. Hij knikte alsof weggaan een beslissing was die hij eerder uit eigen keuze dan onder dwang had genomen. 'Fuck it. Ga je gang maar met 'r, man.'

Hij deinsde naar achteren en Pyramus wachtte tot hij zeker wist dat Kazeem weg was voordat hij terugging naar zijn noedels. Hij merkte dat de R&B nu zachter werd gedraaid. 'I Wanna Be Down' – dat was Brandy, toch? Het was een perfect nummer. Waarom had hij dat niet eerder opgemerkt? Na vier happen noedels hoorde hij zacht op zijn muur kloppen. 'Hé… eh. Ik weet niet of je dit kunt horen… maar bedankt.' Het was Thisbe.

Het geluid van haar stem die rechtstreeks tot hem sprak maakte Pyramus opvallend nerveus.

Hij schraapte zijn keel. 'Het is oké. Hij is een lul.' Pyramus zweeg even. 'Deze playlist is trouwens sick. Is hij van jou?'

'Ja. Je bent niet de enige met smaak.'

Pyramus glimlachte naar de dunne lijn die door het pleisterwerk van zijn muur liep.

Thisbe

Een paar dagen nadat Pyramus Kazeem had aangepakt kwam Thisbes moeder haar kamer binnen met tassen die volgepropt waren met tupperware, tot de rand gevuld met gebakken zoete producten, rijst en kip. Mama Thiz praatte zonder in te ademen en wisselde de hele tijd van onderwerp terwijl ze door Thisbes kamer zwierde en sporen van een bloemig parfum achterliet.

'Dus ik heb deze geweldige nieuwe roze lippenstift die veel te funky voor mij is, maar ik denk dat hij geweldig zou staan bij jouw teint, en trouwens, kaarsen zijn een gevaar voor de gezondheid en veiligheid, riskeer niet jouw leven en het leven van anderen omdat je wilt dat je kamer naar pioenrozen ruikt. Waarom koop je geen echte pioenrozen? Misschien kunnen we in de stad een plant voor je kopen? Trouwens, hoelang zijn de liften in je gebouw al buiten dienst? Dat zou verboden moeten zijn. Ik dacht dat ik flauw zou vallen in het trappenhuis, maar toen hielp een knappe jongeman me met mijn tassen. Hij was eigenlijk op weg naar beneden, maar hij stond erop me naar boven te brengen. Echt lief. Maar goed, het bleek je buurman te zijn! Armen als een scheepswerker.'

'Wauw. Ma, wát?'

'Vind je hem niet knap?'

'Dat is hij natuurlijk wel, maar...'

'Waarom heb je het nooit over hem?'

'Waarom zou ik?'

Haar moeder trok een wenkbrauw op en haalde haar schouders op. 'Dat weet ik niet. Toen ik zei dat je mijn dochter was, zei hij: "Ah, ik zie hoe Thisbe aan haar uiterlijk komt", en ik dacht: wauw, een jongeman met smaak en het gezonde verstand om te flirten met de moeder van het meisje dat hij duidelijk heel erg leuk vindt…'

Thisbe lachte hardop. 'Goed. Oké, ma. Ik weet dat je denkt dat iedereen verliefd op me moet zijn omdat je me gemaakt hebt, en ik wil je werk niet beledigen, maar geloof me: in dit geval gaat het daar niet over.'

Ze was blij dat Pyramus niet in zijn kamer was. Hij zou waarschijnlijk ook gelachen hebben. Eigenlijk had hij een geweldige lach, ze hoorde hem af en toe. Zijn lach was warm en krachtig genoeg om haar op te vrolijken als ze zich down voelde.

Dus Pyramus vond dat ze er 'goed uitzag'? Dat in combinatie met zijn actie van die avond pasgeleden verwarde haar een beetje. Hoewel ze met haar ogen rolde bij de eindeloze stroom berichtjes van Kazeem, moest ze toegeven dat ze een beetje in paniek was geraakt toen hij voor haar deur had gestaan. Pyramus had de situatie heel snel gekalmeerd en sindsdien was Kazeem niet meer bij haar in de buurt geweest. Ze had stiekem door het kijkgaatje van haar deur gegluurd om te zien hoe de gebeurtenis zich ontvouwde, en merkte op dat Pyramus bizar genoeg geen shirt aan had gehad toen hij Kazeem wegjoeg. Het was maar goed dat Thisbe een vrouw met een verhoogd onderscheidingsvermogen en verfijnde smaak was, anders zou zijn aanblik haar een beetje van haar stuk gebracht hebben. Ondanks haar wrok dat er een andere man voor nodig was om Kazeem weg te sturen, was ze dankbaar, en dus had ze hem bedankt. Het was lief geweest, maar – écht? Hij vond dat ze er goed uitzag?

Pyramus

Pyramus was bijna buiten toen hij besefte dat hij zijn koptelefoon was vergeten. Hij keerde zich om. Net toen hij zijn kamer binnenkwam hoorde hij de gedempte stemmen van Thisbe en haar moeder. Hij wist het niet zeker, maar…

Scheepswerker?!

Een knáppe scheepswerker.

Hij glimlachte bij zichzelf.

Die ochtend liep hij met nieuwe swag naar de sportschool, volwassen.

Thisbe

Hij was van streek. Thisbe merkte het. Zelfs zonder hem aan de telefoon te horen voordat hij zijn playlist met nijdige muziek opzette.

'Waarom kun je niet een keer vader zijn? Waarom moet ik smeken om je te zien? Je verlaat het land met je nieuwe vriendin en ik moet daar via een tante op Facebook achter komen?'

Pyramus

Pyramus had geen flauw idee waarom zijn gezicht nat was. Hij wist dat zijn muziek te hard stond. Hij was een klootzak. Hij zette zijn koptelefoon op en liet de muziek zijn gedachten meteen verdrijven.

Thisbe

Kloppen en blijven? Of kloppen en gaan. Kloppen en blijven, toch? Dat zou een normaal, rationeel mens doen. Het was niks bijzonders. Ze zou kloppen en blijven. Natuurlijk. Waarom klopte haar hart zo tegen haar ribbenkast? Ieuw. Wat was er met haar aan de hand?

Pyramus

Pyramus meende een klop op zijn deur te horen. Hij deed er even over om op te staan, maar opende hem en zag een tas vol tupperware staan die zo heerlijk rook dat zijn maag begon te rammelen. Er zat een roze post-it op geplakt.

Hé. Mijn moeder heeft me veel te veel eten gegeven. Ik dacht dat je er misschien wel wat van zou lusten.

PS Ben je single? Ik heb een vrouw van vijfenvijftig die je mee uit wil nemen.

Thisbe xx

Thisbe

Had ze echt twee x'jes gezet? Wanhopig. Ze had net zo goed voor hem op haar knieën kunnen vallen. Ze plofte op haar bed en sloot haar ogen, in de hoop de schaamte uit te wissen.

Toen klonk er een tik op haar muur die te doelgericht was om te negeren.

Ze schoot overeind.

'Dank je, Thisbe. Het eten is heerlijk.'

Hoewel haar naam goed klonk uit zijn mond, had hij heel beleefd en hoffelijk het onverstandige, quasi-flirterige deel van haar briefje genegeerd.

'Graag gedaan.'

Thisbe liet zich weer op haar bed vallen en trok haar kussen over haar gezicht.

Pyramus

Waarom zweetten zijn handen? Tot nu toe was hij zich nooit zo bewust geweest van het feit dat zijn handen zweetklieren hadden. Hij spande ze voordat hij aanklopte, alsof hij zich moest voorbereiden op wat hij ging doen. Zijn instinct was correct, maar hij was nog steeds slecht voorbereid. Eerlijk gezegd wist hij niet zeker of iets hem had kunnen voorbereiden. Toen ze de deur opendeed werd Pyramus zich er heel erg van bewust dat zijn geheugen geen recht had gedaan aan Thisbes gezicht. In het voorbijgaan zag hij haar als schattig en knap, maar nu, van dichtbij, zag hij dat ze bloedmooi was. Haar schoonheid verpletterde zijn ziel, maar liet haar tegelijkertijd ook opbloeien. Haar ogen waren rond en helder, en hij wilde zich laten leiden door hun licht, haar glimlach was zacht en lief terwijl ze op haar lip beet. Ze droeg gouden oorringen, die als kleine halo's glinsterden in het witte tl-licht van de industriële lampen in de gang. Op haar witte naveltruitje stond in grimmige zwarte letters CUZ I'M BLACK, BITCH, en het zweefde boven een schattige navelpiercing. Verder droeg ze een grijze jersey die een zacht, mollig lichaam met kuiltjes accentueerde, en haar vlechten kwamen tot een taille die licht naar binnen welfde. Ze liet zijn hart sneller kloppen.

'Hallo,' zei ze, en hij besefte dat hij nog niets had gezegd. Zonder barrière kreeg de melodie van haar stem een nieuwe helderheid.

Hij knikte. 'Hé. Eh, ik ben...'

'Ik weet wie je bent.'

Hij glimlachte weer en wreef over zijn nek. 'Is dat goed of slecht?'

Ze trok een schouder op. 'Dat heb ik nog niet besloten.'

Haar glimlach was ondeugend en er zou een soort overheidsrichtlijn voor moeten zijn. Hij was krachtig, misdadig en steeg regelrecht naar zijn hoofd.

'Het leek me makkelijker om rechtstreeks met elkaar te praten. Ben jij de vrouw van vijfenvijftig die met me uit wil?

Want voor je leeftijd zie je er echt héél goed uit.'

Thisbes glimlach werd breder. Ze knikte. 'Heel erg bedankt. Dat komt in elk geval níét door schoonheidsslaapjes. Je weet wel, omdat je muziek me 's nachts wakker houdt?'

Die zat. Pyramus wreef weer over zijn nek en liet zijn hoofd hangen, met een schaapachtige glimlach. 'Ja... Dat spijt me echt heel erg. Met muziek vergeet ik de wereld. Het probleem is dat ik soms... de wereld vergeet.'

Hij vroeg zich af of Thisbe op een dag de wereld met hem zou willen delen...

'Ik snap het. Je hebt geluk dat ik je muziek goed vind.'

Weer die glimlach. Verlegen schoot haar blik naar beneden en ze beet op haar lip. Pyramus werd gek. Hij schraapte zijn keel. 'Wil je wat van dit eten meenemen naar de kantine en met mij eten?'

Ze zweeg drie ondraaglijke seconden.

'Ik pak m'n hoody.'

De scheur in de muur was twee weken later gevuld, en de muziek lekte niet meer door gaten, gesprekken reisden niet meer zonder toestemming heen en weer. Ze verzamelden hun favoriete nummers uit die periode in een playlist die steeds langer werd en aanvankelijk geen titel had, maar uiteindelijk maanden later door Pyramus 'Love Your Neighbour' werd gedoopt. Thisbe had gelachen om de naam. 'Grappig.'

'Wat is er grappig?' zei Pyramus. 'Het klopt. We zijn buren. En... ik ben verliefd op je.'

Het was de eerste keer dat een van hen het zei. Ze zei het terug.

De playlist was een willekeurige, harmonieuze mix van wie ze waren: 'I Wanna Be Down', 'Can U Handle It?'

Gesprekken vonden plaats met niets tussen hen in, geen muren, geen pretenties, onderbroken door gelach, melodieën die om hen heen wervelden en gleden en hun woorden parfumeerden met extra zoetheid. Pyramus' handen waren een medium van genegenheid en verlangen, en als ze buiten waren reikte hij naar haar hand om die vol vertrouwen over die van hem te vouwen. Haar lichaam plooide zich over hem, ze voelde zich op haar gemak, geliefd. Hij masseerde haar buik, kuste de kuiltjes in haar dijen.

De eerste keer dat ze ruzie hadden was Pyramus weggelopen. Hij had tegen haar gesnauwd toen ze het over zijn vader hadden, onrustig over het feit dat hij zich plotseling voor haar kon openstellen, over zijn eigen kwetsbaarheid. Thisbe had zeker geweten dat dit het einde was, ze wist hoe hij omging met toewijding, wist dat hij bang werd als het diep ging. Ze wist dat hij zich zo veilig in zichzelf opsloot dat meisjes op zijn deur moesten bonken. Ze weigerde dat meisje te zijn. Misschien voelde hij zich meer op zijn gemak met een muur tussen hem en de liefde. Dat gold niet voor Thisbe. Dus dit was het dan. Thisbe had ingelogd op haar streamingaccount om te huilen bij een soundtrack. Ze zag dat er een nieuw nummer was toegevoegd aan hun playlist: 'My Heart Belongs To U' van Jodeci.

Een paar minuten later klopte Pyramus bij haar aan.

'Ik ben een idioot.'

'Inderdaad.'

Ze praatten het uit, zoenden het uit. Ze grijnsde tegen zijn lippen en vroeg hem om haar een serenade te brengen alsof hij het echt meende. Ze zei: 'En dan heb ik het over oldskool R&B, gebalde vuisten, op je knieën smeken in de regen, schatje. Ik wil een perfórmance.' Pyramus gromde in haar nek en deed drie seconden alsof hij zich schaamde voordat hij van het bed sprong, zonder shirt, met een fles deodorant als microfoon. Hun playlist vulde hun kamer, vulde hun oren, vulde hun harten.

Thisbe lachte, sloeg haar handen voor haar mond en juichte vanaf haar eerste rij op het bed.

'Zet harder!' zei ze.

NIEUWE VERHALEN

Tiara

Tiara's Top Tips

• Als je een ex tegen het lijf loop, zeg dan alleen 'hallo en dag'. Hou het leuk en beschaafd. Zo ben jij de volwassene. Schud zijn hand, geef hem eventueel een kus op zijn wang, zeg afgemeten en op vlakke toon: 'Hoe gaat het met je? Lang niet gezien!' en loop weg.
• Nu ik het er toch over heb: ontvolg al je exen of zet ze op mute, en als het toevallig een beroemde droomprins is, google dan absoluut niet uit morbide nieuwsgierigheid om tien uur op een vrijdagavond zijn naam, want dan kom je er misschien achter dat hij op dat moment voor een prijsuitreiking in jouw stad is nadat hij negentien maanden (niet dat iemand het bijhoudt) in LA is geweest.

Ik tuurde naar het scherm van mijn laptop. Ik wist niet zeker of dit precies was wat het tijdschrift bedoelde toen ze vroegen om een kort lijstje met tips om mijn memoires te promoten (*Tiara's Top Tips*, gebaseerd op een Twitter-account met adviezen dat van de ene op de andere dag enorm populair was geworden). Mijn agent noemde het memoires in de categorie 'Eat Slay Love', waarin zowel de tijdgeest als het jonge, zwarte millennialmeisje werd gevangen. Het idee dat ik dat allemaal moest zijn putte me uit.

Ik wond mijn vinger om het elastieken draadje dat aan mijn goedkope kanten slipje hing en scheurde het eraf.

Ik zat in kleermakerszit in een oversized shirt, mijn telefoon open op Instagram, mijn laptop open op Word. Vanaf het lege scherm knipoogde een stuk tekst van vijf centimeter met flinke regelafstand naar me. Ik had droge muesli in mijn mond gepropt – mijn favoriete troosteten in tijden van stress – waarvan het resultaat op mijn toetsenbord lag. Ik probeerde het eraf te blazen. Dit was belachelijk. Waarom was ik zo gespannen? Ja, de man met wie ik dacht te gaan trouwen was na bijna twee jaar weer in het land, maar waarom liet ik me door dat onbenullige feitje afleiden van mijn werk? Ik kon niet geloven dat ik voor mijn ex mijn geld op het spel zette. Geld ging vóór schatjes. Nee. Mannen waren geen schatjes. Poen ging vóór piemels. Contracten gingen vóór contacten in je telefoon. Deze tips waren stuk voor stuk vreselijk, en ik kan er niet bij dat iemand me betaalt om te schrijven. Ik keek naar Instagram om mezelf af te leiden.

Ik had hem ontvolgd, maar dat weerhield zijn pagina er niet van om als eerste te verschijnen wanneer ik op de zoekbalk klikte. Mijn telefoon was nogal oud (ik had al mijn aantekeningen erop staan: ik was eraan gehecht en had een hekel aan technische vooruitgang), dus soms zorgden lijvige apps ervoor dat hij vastliep. Dat hield vaak in dat wanneer ik op de zoekbalk klikte, het scherm bevroor en op zwart ging, en dat ik gedwongen werd even de tijd te nemen om naar mijn eigen uitgeputte weerspiegeling te kijken die me verwijtend aankeek: 'Echt, Tiara? Wéér?'

Toch hield ik vol. Ik zou mijn duim zien dansen en zweven boven een digitaal mozaïek van zijn leven, een leven waar ik ooit deel van uitmaakte – een leven dat ik nu op een scherm observeerde –, en navigeerde zorgvuldig, zodat ik niet per ongeluk een foto zou liken, zodat ik hem niet per ongeluk liet weten dat het me ook maar ene reet kon schelen waar hij mee bezig was. Wat technisch gezien ook zo was. Het was alweer een tijdje geleden dat ik langs het zonnige leven in LA had gescrold dat hij sinds zijn verhuizing voor zichzelf had vormgegeven. Het afgelopen anderhalf jaar had ik er goed aan gedaan om mentaal afstand van hem te nemen. Het was een duidelijke breuk, een nieuwe ik. Ik had geen terugval. Ik was vastbesloten om dat deel van mijn leven weg te stoppen, het alleen tevoorschijn te halen als ik er iets belangrijks uit nodig had: wie was degene voor wie ik dronken en met succes alle delen van 'Aaron Burr, Sir' had opgevoerd? O ja, hij. Soms wilde ik toegang tot een lichte herinnering aan die tijd, maar het dwong me ook de zware tevoorschijn te halen. De herinneringen aan vurige aanrakingen en hete adem in halzen. Toen we die avond na mijn opvoering van 'Aaron Burr, Sir' met elkaar naar bed gingen, duizelig van goedkope wijn en elkaar, herinnerde ik me dat het anders was dan de andere keren. Het was een bevestiging dat we van afspraakjes waren overgegaan naar iets met elkaar hebben.

En nu was hij iemand anders en genoot hij van iemand anders. Drie scrolls naar beneden zag ik haar in een glunderende selfie naast hem staan. Riley Dawn. Riley Dawn klonk niet eens alsof het een echte naam was. Riley Dawn was de naam van een aartsvijand op de middelbare school in een film. Riley Dawn moest te allen tijde genoemd worden bij zowel haar voor- als achternaam, om een gevoel van zorgvuldige afstandelijkheid te bewaren, anders zou ik haar menselijk maken. Riley Dawn moest Riley Dawn blijven om te voorkomen dat ik de fout maakte om haar te zien als meer dan de vrouw die misschien met de enige man neukt van wie ik ooit echt – wacht, Riley Dawn droeg op zijn minst BB-crème in die #nomakeupselfie #naturalbeauty selfie. Niemands huid is zo vlekkeloos. Haar wenkbrauwen zijn absoluut gemicrobladed. Ze was níét zo wakker geworden.

Riley Dawn speelde zijn liefje in zijn nieuwste zomerse blockbusterfilm: *Rough & Reckless.* Hij en Riley Dawn hadden seks terwijl hij een auto bestuurde met een snelheid van ongeveer 250 kilometer per uur. In de film. Of misschien ook wel in het echte leven. Wie weet. Het was allemaal heel voorspelbaar. Natuurlijk zou hij met zijn mooie co-ster neuken. Riley Dawn werkte aan een lipglosslijn. E! News vertelde me dat haar laatste relatie met Drake was geweest.

Weet je wat? Who cares! Ik had het duidelijk achter me gelaten. Het ging goed met me. Ik had de kunst van de *thirsttrap* geleerd, waardoor mijn Instagram-likes met minstens twintig procent omhoog waren gegaan. Ik bedoel: ik had aan een Twitter-account een bóékendeal overgehouden. Ik had een doel gevonden! Ik had vooruitgang geboekt. Het was belachelijk dat ik, Tiaraoluwa Ajayi, om tien uur op een vrijdagavond in mijn ondergoed op mijn bed naar foto's zat te kijken waarop hij een sportieve wandeling maakte met zijn schattige hond.

Shit. Ik ben gek op honden.

Op de uitholling van mijn hart na was de breuk eigenlijk niet zo zwaar als hij had kunnen zijn, omdat mijn man, dé man, kort nadat we uit elkaar waren gegaan, naar LA vertrok. En als ik kort zeg, bedoel ik nadat de deur was dichtgeslagen en de tranen waren gevloeid. Als ik kort zeg bedoel ik dat mijn maag zich nog niet uit de knoop had gehaald en het brandmerk van zijn lippen op mijn lichaam nog te zien was. Kort als in 'ik kon nog steeds met mijn vingers over mijn huid gaan en ze zouden naar beneden gaan in de inkepingen die zijn vingertoppen hadden achtergelaten'. Ik legde mijn handen op mijn heupen en mijn vingers gleden in de vorm van de zijne. De plekken waar hij was geweest waren nog warm.

Tiara's Top Tips

• Als je het met iemand gaat uitmaken, zorg er dan voor dat je dat doet vlak voordat een van jullie het land verlaat. Afstand is van wezenlijk belang om verder te gaan.

Alhoewel, in mijn geval denk ik dat zijn vertrek technisch gezien de reden was dat we uit elkaar gingen. De herinnering staat in mijn geheugen gegrift en speelt zich elke keer af als ik aan hem denk, mijn eigen persoonlijke film over kwelling. Hij had net een rol gekregen in een tv-show die in LA werd opgenomen. Het was zijn grote doorbraak en ik was dolblij voor hem.

'Kom met me mee, Tiara,' zei hij, en hij liep over van opwinding. In gedachten was hij daar al en at hij in de buitenlucht een açaibowl. 'Het wordt perfect, TiTi. Ga maar na: jij en ik die LA gaan veroveren. We kunnen doen alsof we de neef en nicht van Idris Elba en Naomi Campbell zijn. Niemand zal vragen stellen. Is Hollywood niet de perfecte plek om je schrijfcarrière te beginnen?'

Ondanks mijn gevoelens voor hem en hoe verleidelijk het ook was om te doen alsof ik familie was van een supermodel, wist ik dat het niets voor mij was.

'Babe, het is een plek waar elke koffiezaak vol zit met lui die schrijver willen worden. Het is letterlijk een fabriek voor schrijvers. En vergeet je soms dat ik een zwarte vrouw ben? Voor mij is het twee keer zo moeilijk. Seye, als ik ga, moet het op mijn eigen voorwaarden zijn. Ik sta aan het begin van mijn carrière en zoek het allemaal nog uit. We kunnen het op afstand doen en...'

Ik zat in kleermakerszit op mijn bed terwijl hij voor me ijsbeerde, met ontbloot bovenlijf en in zijn trainingsbroek, waardoor mijn vastberadenheid bijna in rook opging.

'Dit is precies het juiste moment om te gaan. Er staat niets op het spel, er is niks te verliezen.'

Aan de manier waarop zijn gezicht betrok zag ik dat hij wist dat hij een fout had gemaakt zodra hij het had gezegd. Ik was op dat moment assistente van een groep schrijvers voor televisie, oftewel de sloof die koffie haalde en de administratie deed en hoopte dat iemand in de theeblaadjes zou kunnen zien dat ik een bekroonde aflevering zou kunnen schrijven. Mijn dromen waren heel ver weg, maar ik voelde dat ze steeds dichterbij kwamen – ik dacht dat hij dat ook kon voelen. Maar mijn hart zakte in mijn maag.

'Mijn carrière en mijn dromen zijn niks om te verliezen?'

Hij zuchtte en kneep in de brug van zijn neus. 'TiTi, dat bedoel ik niet – ik ken alleen niemand met zoveel talent als jij. Je bent ontzettend slim, en ik heb het gevoel dat dat hier verspild wordt. Het wordt tijd dat je de leiding neemt over je toekomst…'

'Zolang het maar aansluit bij wat jij wilt?'

'Toen we er waren vond je LA te gek! Je zei dat je erheen zou kunnen verhuizen. En nu is het opeens een probleem omdat ik daar mogelijkheden heb en jij niet? Werkt deze relatie alleen maar als onze carrières zich in dezelfde fase bevinden?'

Ik had het gevoel dat iemand me in mijn maag had gestompt. Tranen sprongen in mijn ogen. Het was de eerste keer dat iemand me aan het huilen had gemaakt.

'Je gedraagt je als een lul.'

Spijt trok als een schaduw over zijn gezicht. 'Dat weet ik. Sorry...'

'Jouw overwinningen zijn mijn overwinningen. Ik zou niet trotser op je kunnen zijn. En ja, ik zei dat ik daar mis-schíén ooit heen zou kunnen verhuizen. Maar niet op deze manier… Ik ga niet op jouw kosten leven terwijl ik loop te ploeteren...'

'TiTi, dat wil ik graag voor je doen. Je weet dat ik daar niets om geef.'

'Oké, maar ik wel, Seye! Dit is hoe ik mijn toekomst in handen neem!' Ik probeerde mijn ademhaling te vertragen, probeerde het feit te negeren dat de fragmenten van mijn wereld de lucht in schoten, van elkaar gescheurd, met scherpe randen. Ik hoopte nog steeds dat ik ze uit hun zwevende toestand kon halen, ze weer in elkaar zou kunnen zetten, hoewel ik de waarheid kende, die voelde. Seye slikte en kwam naast me zitten, verslagen.

'Wij maken geen ruzie. Wij doen dit niet. Wat is er in godsnaam met ons aan de hand, Tiara?'

Ik draaide me naar hem toe en had het gevoel dat er een aambeeld op mijn borst werd gedrukt. 'Ik weet het niet.'

Hij slaakte een zucht en keek me met glanzende ogen aan. 'Is deze relatie niet genoeg voor je?'

Ongelovig staarde ik hem aan. 'Doe dat niet. Waag het niet om dit over mijn liefde voor jou te maken, want je weet...'

Hij schudde zijn hoofd en zijn ogen flitsten van ergernis. 'Blijkbaar weet ik geen reet, T. Ik dacht dat het jij en ik tegen de wereld was. Dat hadden we afgesproken. Jij met schrijven, ik met acteren. We zouden onze Beyoncé & Jay-Z-shit gaan doen.'

'Jay-Z is vreemdgegaan.'

'Beyoncé en Jay-Z vóór de eerste On The Run-tour.' Shit, ik had hem echt goed opgevoed. 'Het punt is dat ik dacht dat we het samen zouden doen...'

'Seye, dat kunnen we nog steeds. We zijn een team. We kunnen facetimen, bij elkaar langskomen...' Ik kon de wanhoop in mijn stem horen vechten tegen de indalende realiteit die de lucht zwaarder maakte. Ik kreeg bijna geen adem. Hij wierp me een blik toe waardoor alle zwevende fragmenten van mijn wereld neerstortten op de grond.

'Tiara, ik weet niet wanneer ik terugkom. Of ik wel terugkom. En jij weet niet wanneer je naar LA wilt verhuizen. En óf je dat wel wilt.'

Hij zweeg even, leunde met zijn ellebogen op zijn knieën en begroef zijn gezicht in zijn handen. Even zaten we daar allebei in de stilte van ons verdriet, terwijl de onvermijdelijkheid van onze ondergang diep tot ons doordrong. Het was zomer en de zon ging onder, oranje licht straalde zachtjes het donker van mijn kamer in en 'Right Here' van SWV stroomde door een raam en vermengde zich met de spanning die in de lucht hing. Als ik niet had gehuild zou ik gelachen hebben om de ironie. Uiteindelijk tilde Seye zijn hoofd uit zijn handen. Zijn ogen waren bloeddoorlopen en toen hij het woord weer nam was zijn stem schor.

'TiTi, met wie ga ik dit anders doen? Mijn familie dacht dat ik dit niet zou kunnen, maar jij altijd wel. Je nam teksten met me door. Jij bent degene die tegen me zei dat ik ervoor moest gaan. Ik wil dit echt niet doen zonder jou naast me.'

Iets in me knapte en smolt. Ik klom op zijn schoot en drukte me dicht tegen hem aan, met mijn benen om zijn middel geklemd en armen die zich om zijn nek wikkelden terwijl hij zijn gezicht in het mijne begroef en zijn armen me stevig vasthielden en hij me opsnoof. Zo bleven we een minuut of een uur zitten, aan elkaar vastgeklampt terwijl de wereld zoals we die kenden om ons heen uit elkaar viel.

Ik leunde met mijn voorhoofd tegen dat van hem. 'Ik hou van je.'

'Ik hou ook van jou.'

'En ik weet dat je jezelf ervan hebt overtuigd dat deze stap voor ons allebei zou zijn, maar je doet het voor jezelf. En dat is oké. Dit is jouw moment. We kunnen een relatie op afstand hebben. Dit is het waard.'

Seye opende en sloot zijn mond, waarna hij overeind kwam en zijn armen zich van me losmaakten. 'Ik... ik geloof niet dat ik dat kan, T.'

Mijn keel kneep dicht. Plotseling voelde ik een vreemd gevoel van intense leegte. Het was alsof de pijn te immens was, mijn hart te gebroken, waardoor mijn hele lichaam me in een zelfbeschermingsmodus trok, zodat ik niet de volle laag kreeg van de liefde van mijn leven die tegen me zei dat hij me niet de moeite waard vond.

'Goed.'

Ik klom van zijn schoot. Hij was niet bereid tot een langeafstandsrelatie, maar ik moest bereid zijn alles wat ik kende achter te laten om een goedkope versie van een Real Housewife te worden. Een paar ogenblikken zaten we zwijgend naast elkaar, tot Seye mijn slappe hand naar zijn lippen bracht en die kuste. Toen liep hij weg.

Twee jaar losten op in het niets. Als met een vingerknip. Stof. Het was de laatste keer dat we elkaar gesproken hadden.

Ik had gezien dat het goed met hem ging. Zijn tijdelijke rol als de bijdehante vriend van een stel superrijke tieners in New York werd opgewaardeerd tot een vaste rol. Hij speelde de zoon van een corrupte Afrikaanse politicus. Het deel van Afrika werd nooit bij naam genoemd, maar afgaande op de man die de rol van de vader speelde, had het land waar hij vandaan kwam een indrukwekkend accent, een mengeling van Zimbabwaans, Nigeriaans en een buitenlandse kolonie die alleen communiceerde met grommende keelklanken. Seye schitterde in wat hem werd gegeven en haalde diepte uit wat aanvankelijk een tweedimensionaal personage was. Het leverde hem zijn rol in *Rough & Reckless* op, een film die een drie keer zo grote ster van hem maakte en waarin hij een verdorven voormalige agent speelde die behoefte had aan snelheid en vrouwen met een ondoorgrondelijke verhouding tussen heup en taille. Op de een of andere manier slaagde hij erin zelfs dát de moeite waard te maken.

Tiara's Top Tips

- Probeer niet verliefd te worden op mensen die hartstochtelijk toegewijd zijn aan hun vak, want nadat ze het hebben uitgemaakt zul je nog steeds onder de indruk van hen zijn. Het kan zijn dat je geen onderscheid kunt maken tussen je gevoelens van professionele bewondering en gevoelens van een diepe, onherroepelijke liefde.

Mijn telefoon ging en de naam van mijn beste vriendin, Kameela, verving de foto van Riley Dawn en Kourtney Kardashian die kusgezichtjes naar elkaar maakten. Zoals gewoonlijk leek ze aan te voelen wanneer ik tegen mezelf in bescherming genomen moest worden.

'Gaat het?'

Ik slikte wat van de muesli door die in mijn mond zat. 'Het gaat prima met me! Luister, ik wist dat hij uiteindelijk terug zou komen. Het is oké!'

'Ben je van de stress muesli aan het eten?'

Ik pulkte een rozijn tussen mijn kiezen uit en pakte het kwart glas oude wijn van mijn nachtkastje om hem weg te spoelen.

'Nee.'

'Kijk je vanavond naar de prijsuitreiking? Ik kijk met Malik. De prijs van Seye is bijna aan de beurt.'

Tiara's Top Tips

- Spreek nooit af met je vriendje waarbij je ook zijn beste vriend en jouw beste vriendin uitnodigt. Ga nooit met z'n allen naar Afropunk Paris, ga nooit met z'n allen

> naar Frank Ocean en ga zeker niet met z'n allen eten in Nando's. Moedig je beste vriendin en de beste vriend van je vriend nooit aan om iets te krijgen, omdat ze heel egoïstisch kunnen eindigen met een stabiele en liefdevolle relatie, wat betekent dat jullie levens voor altijd met elkaar verweven zullen zijn, lang nadat jullie uit elkaar zijn gegaan.

'Ik weet het niet. Weet jij of Riley Dawn bij hem is? Kunnen we het er trouwens over hebben hoe stom de naam Riley Dawn is?'

'Heel stom. Achternaam als voornaam en voornaam als achternaam? Belachelijk. Maar hoe dan ook, waarom zou ze bij hem zijn? De prijs is niet voor *Rough & Reckless.*'

'Ze hebben duidelijk iets. Ik bedoel, foto's op Instagram vanaf dezelfde locatie? Alsjeblieft, zeg.'

'Ze zijn letterlijk collega's, Tiaraoluwa. Luister, denk je niet dat je projectie op Riley Dawn eigenlijk over iets anders gaat…'

Ik had er een hekel aan als ze mijn hele naam gebruikte. 'Ga nou niet de psych met me uithangen! Ik ben niet je patiënt. Wist je dat Seye nu een hond heeft? Die Huck heet! Als in *Scandal.* Dat geloof je toch niet? Hij keek dankzij mij naar *Scandal.* Het is een boxer. Riley heeft ook een hond, Dougie – echt stom – en op haar Instagram staat een foto van Dougie en Huck samen, met de hashtag *#RuffAndReckless.* Snap je? Ik bedoel, echt, het hele geval is gewoon zó'n performance.'

'Sis… Dat weet ik allemaal niet, maar stel dat Seye vrijgezel was en hij zei dat het hem speet, zou je dan ooit overwegen hem terug te nemen?'

Ik kauwde langzaam en probeerde te negeren dat mijn hart oversloeg bij het idee. 'Ik bedoel, dat is een heel onwaarschijnlijk scenario, maar misschien. Ik dacht dat ik met hem ging trouwen, Kam. Die gevoelens verdwijnen niet zomaar. Maar dat gaat niet gebeuren. Weet je waarom? Riley Dawn. Hé, Malik! Ben je er nog?'

'Hé, sis!' Het vriendje van mijn beste vriendin reageerde onmiddellijk. Ik wist dat ik op de luidspreker stond.

'Heeft Seye iets met Riley Dawn?'

'Dat weet ik niet. Ik bedoel, hij is een filmster, hij komt waarschijnlijk om in de poesj...'

De rest van zijn woorden werden gedempt. Het klonk alsof Kameela een kussen naar hem had gegooid. Ik had muesli in mijn mond gemikt, en door wat Malik had gezegd stikte ik bijna in een stukje haver.

'Wauw.' Met gesloten vuist sloeg ik op mijn borst en hoestte. 'Wáúw.'

Kameela's stem klonk ijler en verder weg van de telefoon. 'Dank je, Mal. Echt leuk.' Maliks stellige bewering dat het een grap was werd gevolgd door nog een doffe bons van een kussen.

Ik stond op om naar de keuken te gaan en nog meer muesli te halen. 'Ik dacht gewoon dat hij een man met inzicht was. Weet je wat? Het doet er niet toe. Ik ben gelukkig. M'n carrière gaat lekker en m'n kont is lekker. Heb je hem de laatste tijd gezien?'

'Hij is te gek, schat,' bevestigde Kameela. 'Maar dat is precies waarom ik vind dat je naar de prijsuitreiking moet kijken. Het kan een afsluiting voor je zijn. Je was er vanaf het allereerste begin van zijn carrière bij, dus in zekere zin is dit ook jouw moment.'

Ik zuchtte. Misschien had ze gelijk. De eerste keer dat we elkaar hadden ontmoet deed hij auditie voor de rol van de bijdehante, streetwise beste vriend van de witte hoofdpersoon in wat een mislukte pilot zou blijken te zijn. Ik was destijds productieassistent. Toen ik naar de receptie ging en zijn naam van de lijst riep, had hij nog een keer naar me opgekeken. In de lift was de sfeer tussen ons veranderd. Als de andere mannen met hoge jukbeenderen erachter kwamen dat ik maar een assistent was, hadden ze me vaak het gevoel gegeven dat ik onzichtbaar was. Maar Seye had me in de ogen gekeken, hallo gezegd, me de hand geschud en gevraagd hoe ik heette.

'Hoe schat je m'n kansen in, Tiara? Heb je tips?' Laag en diep rolde zijn stem de lift in.

Doordringend keek ik naar mijn lijst met knappe mannen van 1.80 meter in de leeftijd van 18-25 jaar. 'Geen idee. Iedereen heeft weer andere kwaliteiten.'

Hij lachte. 'Ja, maar ik heb het gevoel dat mijn scheve voortand het personage echt veel diepte gaat geven.'

Ik glimlachte. Hij maakte een grapje, maar ik vond zijn scheve voortand wel mooi. Het maakte zijn knappe uiterlijk interessant, maakte zijn glimlach vertederender. Ik schraapte mijn keel en besloot hem echt advies te geven.

'Oké, luister. Ik weet zeker dat je geen 2D-personage wilt spelen dat alleen maar bestaat om als de hoofdpersoon zich in een hachelijke situatie bevindt te zeggen: "Yo, dat is klote", maar dit is een opstapje toch?'

Seye trok een beledigde wenkbrauw op. 'Pardon? Het is m'n droom om Jamal te spelen, grappig en cool, die ervan droomt om op een dag rapper te worden.' Zijn stem klonk vlak toen hij de beschrijving van het personage letterlijk citeerde. Toen verscheen er een flauwe glimlach op zijn gezicht. 'Was dat overtuigend of niet?'

Hij was vlot in de omgang en bescheiden, en ook al wilde ik het niet, ik voelde me tot hem aangetrokken. Ik hield mijn lach echter in bedwang, ik wilde hem niet onzeker maken. Hij was nog steeds een acteur.

De lift ging open en ik ging hem voor door het doolhof van vergaderruimtes met glazen wanden.

'Oscarwaardig. Hoe dan ook, ik bedoel dat je moet bedenken waar dit een opstapje naar is. Denk aan je droomrol en laat je daardoor leiden. Zo hou ik het vol. Denk je dat ik lunch wil halen en thee wil zetten voor producenten die Hugh heten en niet weten hoe ik heet, naar mijn tieten staren en me niet bedanken?'

'Je spuugt in hun thee, toch?'

'Natuurlijk. Maar daarnaast hou ik het alleen maar vol door te bedenken waar ik wil zijn.'

'En waar is dat?'

'Ik wil mijn eigen werk maken. Deel uitmaken van de machine die het product maakt is geweldig, maar ik wil de generator zijn.'

Hij zweeg even en keek me aan op een manier waardoor het bloed naar mijn gezicht stroomde en mijn maag zich omdraaide. Ik schraapte mijn keel en knikte naar de auditieruimte. 'Eh, succes.'

Hij sloeg met zijn script op zijn handpalm en knikte. 'Dank je.'

Ik knikte terug en liep weg. Ik was net van mijn plek toen ik een tikje op mijn schouder voelde. Ik draaide me om en zag hem een beetje nerveus kijken, in strijd met de zelfverzekerde houding die ik eerder had gezien. Man, ik had vandaag echt geen tijd om mensen door hun auditiezenuwen heen te coachen.

'Alles oké?'

'Hé, sorry, even vlug. Heb ik volgens jou wat er nodig is voor de andere rol?'

Ik fronste mijn wenkbrauwen. 'Welke andere rol?'

'De man die je na zijn auditie je nummer gaat vragen zodat hij je lunch kan halen en misschien, als hij geluk heeft, naast je mag zitten en met je mag eten?'

'Man, dat was...'

Hij keek opgelaten. 'Ja, ik weet het. Ik kan niet meer terug. Als je me gaat afwijzen, wil je het dan voorzichtig doen, zodat ik niet huil tijdens mijn auditie?'

Ik glimlachte. 'Ik... denk dat je potentie hebt.'

Ik besloot naar de prijsuitreiking te kijken. Ik nam afscheid van Kameela en zette de tv net aan toen ze op het punt stonden zijn categorie aan te kondigen. Ik merkte dat mijn handen tintelden en dat mijn hart tegen mijn borst klopte, wat vreemd was, want het maakte voor mij geen wezenlijk verschil of hij won of – o shit, hij heeft gewonnen. Hij heeft gewonnen. *Seye Ojo*. Dat hoorde ik goed, toch? Mijn telefoon zoemde. Het was Kameela met een reeks uitroeptekens. Ik had het absoluut goed gehoord. Ik leunde achterover op mijn bank terwijl mijn ogen wazig werden, duizelig lachend wachtte ik tot hij de prijs in ontvangst zou nemen, tot de vrolijke stem van de presentator aankondigde: 'Helaas kan Seye vanavond niet bij ons zijn, maar zijn moeder zal de prijs namens hem in ontvangst nemen...'

De rest kon ik boven de kakofonie van mijn hectische

gedachten uit niet verstaan. Waarom zou hij zijn eerste Britse prijsuitreiking missen? En waarom zou hij zelfs maar in dit land zijn als hij niet zou komen opdagen? Ging het wel goed met hem? Ik wilde net mijn telefoon pakken om Malik te bellen en te vragen of hij waardevolle informatie voor me had toen mijn aandacht door de stem van zijn moeder weer naar de tv werd getrokken.

'Mijn zoon is altijd moedig geweest. Hij had altijd al grotere dromen dan ik voor hem had. Ik heb hem niet altijd gesteund zoals ik dat had moeten doen, omdat ik bang was. Bang dat de wereld hem zou afwijzen. Ik dacht dat ik hem beschermde, maar mijn zoon heeft altijd risico's genomen voor de dingen waar hij van houdt en daarom bewonder ik hem. Dat is de reden waarom ik de prijs vanavond namens hem in ontvangst neem. Hij neemt een groot risico voor de liefde. Hij vermoordt me hiervoor. Maar goed, hij wil graag de volgende mensen bedanken...'

Wacht, wat? Is hij naar Las Vegas gevlucht om met Riley Dawn te trouwen of zo? We grapten altijd dat we dat zouden doen om stelling te nemen tegen het kapitalistische circus rondom bruiloften. In hun geval zou het gewoon een publiciteitsgimmick zijn om hun reputatie als het 'eigenzinnige' Hollywoodstel te verstevigen. Smakeloos. Mijn hart sloeg over en ik voelde paniek opkomen toen er bij me werd aangeklopt. Dat was om allerlei redenen verontrustend: niet alleen woonde ik op de vijfde verdieping, je had ook een sleutel nodig om in mijn gebouw te komen en het was bijna middernacht. Ik hoopte echt dat het niet mijn buurman was die urenlang naar Eminem luisterde, want zo'n toewijding aan agressieve witte rap vond ik een beetje eng.

Ik nam niet de moeite om een broek aan te trekken als

aanvulling op mijn wijde sweatshirt, zette de tv op pauze en sloop naar de deur, terwijl ik uit de keuken een broodmes pakte voor het geval ik mezelf moest verdedigen.

'Wie is daar?' riep ik, voordat ik zelfs maar door het kijkgaatje keek.

'Ik ben het.' Ik liet het mes vallen. Ik verroerde me niet, volledig verbluft als ik was. Er klonk een kort schrapen van een keel. 'Sorry, ik bedoel, ik ben het, Seye. Iemand heeft me op de begane grond binnengelaten. Kam heeft me je adres gegeven. Je moet niet boos op haar zijn. Ik heb zo'n beetje gesmeekt en ze heeft me alle hoeken van de kamer laten zien voordat ze het aan me gaf.' Hij zweeg even. 'Nu ik dit allemaal hardop zeg, hoor ik hoe eng het is dat ik om middernacht zonder waarschuwing vooraf voor je deur sta.'

Ik keek in mijn spiegel bij de deur. Dit was niet wat ik van onze reünie verwacht had. Het was de bedoeling dat ik er betoverend mooi uitzag, niet met mijn haar opgebonden in een hoofddoek, met eyeliner besmeurde ogen en een groot verschoten T-shirt dat onder de muesli zat. Het was de bedoeling dat het op een evenement voor de filmindustrie was waarop ik een jurk droeg die mijn kont accentueerde. Ik zou het ermee moeten doen. Dit was casual chic, toch?

Na een paar ogenblikken stilte zei hij: 'Je hebt gelijk. Ik moet gaan. Sorry. Ik was alleen… ik was alleen met mijn moeder op weg naar de ceremonie en ze bleef maar vragen wat er aan de hand was. Ze zei dat er iets niet aan me klopte. En ik wist niet wat ik tegen haar moest zeggen, T. Want dit had een van mijn meest trotse momenten moeten zijn. Erkenning krijgen in de stad waar ik geboren ben… maar ik had het gevoel dat er iets ontbrak. Iemand. Maar mama wist het. Ze zei dat ze er voor een deel vrede mee had dat ik acteerde omdat jij naar haar toe was gegaan en gezegd had dat het me pijn deed dat ze me niet steunde. Ik wist niet dat je dat gedaan had, T. Ik weet dat dit gestoord is, maar eerlijk gezegd betekent deze prijs niks zonder...'

Ik deed de deur open en voelde mijn adem stokken. Hij leunde tegen de deurpost in een smoking die duidelijk duur was, met een gekreukt overhemd en zijn vlinderdas losgeknoopt om zijn nek. Een baard stond hem goed, en zijn huid gloeide diep door de zon van LA, alsof de stralen besloten hadden zich in hem te nestelen en iets in zijn huid zagen dat hun glorie waard was. Hij keek op en wierp me een schalks lachje toe waardoor mijn onderdrukte gevoelens een golf vormden die bijna door de dam brak die ik had opgetrokken om ze tegen te houden. Bijna.

'Hé, TiTi.'

Ik wilde hem slaan. En hem dan zoenen. Tegen hem schreeuwen. Tegen zijn borst duwen. En hem dan weer zoenen. Hij keek naar me en in me, vermoed ik, op ongeveer dezelfde manier als ik naar hem en in hem keek, en ik had geen tijd om hem buiten te sluiten. En zelfs als ik dat deed had het geen zin, hij kende alle geheime doorgangen, de alternatieve routes naar binnen.

Hij slikte moeizaam en keek heel serieus, alsof hij op het punt stond iets vreselijk diepzinnigs te zeggen.

'Je hebt mijn shirt aan.'

Ik keek naar beneden en vloekte vanbinnen. 'Ik was vergeten van wie het was.' Dat was zowel de waarheid als een leugen. Ik heb altijd geweten dat het van hem was, maar op een gegeven moment maakte hij zo'n deel uit van mijn leven dat weten dat het van hem was en weten dat het van mij was hetzelfde was.

Seye glimlachte.

'Echt? Want het is het paddo-shirt.'

Het paddo-shirt. Het shirt dat Seye droeg toen we met Malik en Kameela waren gaan wandelen in Californië en Malik het geniale idee had gekregen om een ander soort groepstripje te maken. Kameela weigerde en bood aan een oogje op ons te houden. Seye en ik gingen niet echt goed op drugs. Op het hoogtepunt van zijn trip had Seye aangekondigd dat hij het warm had en raakte verstrikt in zijn shirt toen hij het uittrok, terwijl hij tegen me schreeuwde dat ik hem moest komen redden. In mijn geestverruiming was dat het grappigste dat ik ooit had gezien. Ik was in elkaar gezakt van het lachen, duizelig van het feit dat deze lieve, beeldschone dwaas van mij was.

Ik snoof en schraapte vluchtig mijn keel.

'Kom binnen.'

Met slechts een sok aan schopte ik het mes dat ik mee had gegrist uit het zicht. Seye trok bij de deur zijn schoenen uit en liet een zacht gefluit horen terwijl hij een blik door mijn appartement wierp. Aan de ene kant was het bizar en desoriënterend om hem in het echt te zien, in zijn verkreukte smoking, ruikend naar de aftershave waar hij reclame voor maakte, in de ruimte die ik voor mezelf had gecreëerd. Aan de andere kant voelde het alsof hij er altijd was geweest. Hij richtte zich tot mij.

'Wat een geweldige plek, Tiara. Je hebt het voor elkaar. En ik wist wel dat dat zou gebeuren. Ik heb je boek besteld, en...'

'Je hebt nooit afscheid van me genomen.'

Onder druk van de tijd en van diep onderdrukte pijn brak de dam door, en de zin barstte samen met mijn tranen uit me.

Seye's ogen glommen. 'Tiara...'

'Nee.'

Ik liep naar de keuken en hij kwam achter me aan terwijl ik een glas wijn tot de rand voor mezelf inschonk en tegen het aanrecht leunde. 'Weet je hoe verrot dat is? Ik heb gesms't en gebeld toen we uit elkaar waren gegaan en je reageerde niet één keer. Je ging bij me weg en ik mocht er zelf achter komen of ik me had ingebeeld dat wat we hadden echt was of niet. Of je ooit echt van me had gehouden. En dan sta je als een zwarte James Bond in een smoking voor mijn deur na alle seks die je hebt gehad met alle Riley Dawns en je verwacht dat alles cool zal zijn? Fuck dat... en fuck you!' Woedend nam ik een flinke slok wijn.

Seye pakte het glas uit mijn hand en zette het met glinsterende ogen neer. 'Dat verdien ik. Het is geen excuus, maar... ik heb geen afscheid genomen, want hoe kon ik in godsnaam afscheid nemen van jóú, Tiara? Dat kon ik niet. Dat heb ik nog steeds niet gedaan. Ik was een klootzak en je had gelijk. Ik had moeten weten dat je niet iemand was die zonder plan zou willen verhuizen, om daar vervolgens niet in je eigen onderhoud te kunnen voorzien. Maar ik was zo gefocust op wat ik wilde dat ik vergat dat dat de reden was waarom ik voor je viel. Ik was egoïstisch. Het spijt me heel erg en... wacht, wie heeft er seks met Riley?'

'Eh... jij?'

Seye lachte. 'Wat? Nee. Dat is m'n homie. Zij zei tegen me dat ik me moest vermannen en proberen de liefde van mijn leven terug te winnen.'

Ik dwong mijn hartslag te kalmeren terwijl de realiteit en hoop met elkaar streden. 'Seye, ik verhuis voorlopig niet naar LA.'

'Eerlijk gezegd...' Zijn stem daalde en hij kwam dichter naar me toe. Ik had zijn tenor dicht bij me gemist, hoe die mijn hele lichaam liet zoemen. 'Ik heb hier net een rol gekregen in een toneelstuk. Dat loopt zes weken. En daarna dacht ik dat ik misschien even zou blijven plakken. Uitzoeken hoe trans-Atlantisch ik kan zijn. Luister, als je tegen me zegt dat je me nooit meer wilt zien, begrijp ik dat. Ik weet dat het tijd zal kosten. Maar als je het me toestaat, doe ik alles wat er maar voor nodig is om weer in je leven te komen. Je maakt deel uit van mijn generator. Klinkt dat raar? Het is wel zo.'

Een paar ogenblikken hield ik zijn blik vast. 'Weet je, mijn beste tip voor als je je ex tegen het lijf loopt is: hallo en dag zeggen, maar ik denk dat ik bij jou nodig heb dat jij dag zegt en weer weggaat. Je bent me een echt afscheid verschuldigd.'

Seye's schouders vielen neer. Hij zweeg even, knikte en wreef over zijn kin. Hij deed een stap naar achteren. 'Je hebt gelijk, Tiara, ik...'

Ik reikte naar voren en trok hem aan zijn overhemd naar me toe. Zijn blik verschoof mee met de lucht tussen ons in, waardoor we dichter naar elkaar toe getrokken werden. Ik nam zijn gelaatstrekken in close-up, high-definition, technicolor, alleen bestemd voor mijn blik in me op: volle, bazige mond, de ronding van zijn neus. Ik haalde mijn duim langs zijn lippen.

'Hoe zou je afscheid van me hebben genomen?'

Hij slikte moeizaam toen zijn ogen mijn gezicht in zich opnamen, brandend. 'Ik zou hebben gezegd dat weggaan bij jou het moeilijkste was wat ik ooit heb moeten doen.' Hij sloeg zijn armen om mijn middel, ik die van mij om zijn nek. '… en dat ik je zo erg zou missen dat ik er bijna gek van zou worden.' Hij tilde me op en zette me op het aanrecht. 'Maar dan zou ik het opgeven, omdat ik zou beseffen dat ik nooit afscheid van je kan nemen, Tiara. En dat ik dat nooit zal willen.'

Tiara's Top Tips

- Als de man op wie je verliefd bent zijn agent, publicist en producers nijdig maakt omdat hij niet komt opdagen voor zijn eerste prijsuitreiking, omdat hij tegen je wil zeggen dat hij altijd van je is blijven houden, en dat hij niets heeft met Riley (wat eigenlijk best een leuke meid is), zeg dan tegen hem dat de auditie om weer in je leven te komen morgen begint. Zeg tegen hem dat je denkt dat hij potentie heeft.

En gooi al je muesli weg.

Orin

Ik ben op misschien wel de ergste eerste date van mijn leven. Op papier zou het ideaal moeten zijn. Ik ben op een vrijdagavond op een open mic/dj-avond in de Ritzy in Brixton, de lichten zijn gedimd, het is gezellig in de bar en ik zie een paar bekende gezichten. Mijn date is een vriend van een vriendin, werkt in de financiële sector en ik vond hem er goed genoeg uitzien om mijn vriendinnen een date met hem te laten regelen. Maar zijn hoofd blijkt zo diep in zijn kont te zitten dat hij als anatomisch wonder overgedragen zou moeten worden aan de wetenschap. Hij heeft het erover hoe moedig ik ben om in een vakgebied te werken waar je veel in moet stoppen en weinig voor terugkrijgt, en muziekfotografie is een apart beroep – hij heeft zelf fotografie als hobby, had ik de foto's gezien die hij afgelopen winter had genomen tijdens een vakantie in de Alpen? Het is zó jammer dat ik niks met m'n rechtenstudie doe. Ik glimlach, verbijt de lichte neiging tot moorddadige gedachten en zeg dat hij zijn telefoon moet pakken en zijn muziek-app moet openen. Nadat ik een podcast met de titel 'Money Matters: It's A Man's World' weg heb geklikt (ik geef mezelf een compliment dat ik niet ter plekke opsta en wegloop), ga ik naar een top-tien-playlist met 'Urban' nummers en zeg dat ik met zes van de artiesten heb samengewerkt. Hij verslikt zich in zijn gin-tonic en zegt dat hij nog nooit van ze gehoord heeft. Hij verandert snel van onderwerp en begint te vertellen dat de gin die hij besteld heeft – de duurste op de menukaart – naar kattenpis smaakt, en niets voorstelt vergeleken met de gin die hij geproefd heeft tijdens een rondleiding door een distilleerderij in de Cotswolds, waar hij trouwens altijd met zijn familie naartoe gaat zodra het begint te zomeren. Ze hadden daar een landhuis. Ik nam een grote slok rosé, in de hoop dat die de azijnsmaak die het woord zomeren bij me opwekte zou verzachten.

Zijn naam is Raphael Adeniyi Akinyemi.

'Het is grappig,' zegt hij, waarmee hij me verzekert dat de volgende zin zo vreselijk sneu wordt dat een deel van mijn ziel erdoor afsterft, 'dat mijn naam Raphael is, je weet wel, als de engel, terwijl ik toch zo'n duivel kan zijn.' Hij knipoogt naar me en mijn maag draait zich om.

'En ik weet het,' vervolgt hij, 'je denkt dat Raphael misschien een rare naam is voor iemand met ouders uit Nigeria, maar ik vind het cool dat ik daar los van sta, snap je? Mijn ouders noemen me thuis Adeniyi, maar dat ga ik misschien schrappen. Maar ik denk er ook over om Yemi van mijn achternaam af te halen. Raphael Akin klinkt veel dynamischer, weet je?'

Ik leun achterover in mijn stoel, leg mijn elleboog op de rugleuning en heb elke poging om interesse te veinzen opgegeven, omdat ik nu begrijp dat ik het vijfde wiel aan de wagen ben op de date van Raphael Akin met zichzelf. Ik besluit dat ik het om de avond te redden maar beter van de volgende kant kan bekijken: dit is interactief entertainment. De Moderne Narcissus. Terwijl we wachten op de eerste act begint er een afrobeatnummer en ik begin te wiegelen, mijn heupen worden onmiddellijk aangespoord door de beat. Ik vind troost in het nummer. Raphael grinnikt en zegt: 'Moet je jou nou zien! Burna Boy is chill, hè?' Het is Wizkid, maar goed. Mijn momentje van troost wordt zonder pardon de nek omgedraaid. Ik hoor een scherp geluid dat klinkt als gelach en mijn ogen dwalen af naar de andere kant van Raphael, waar een man zit die met een bierflesje bij zijn lippen tevergeefs probeert een grijns te verbergen, en die met schaamteloos glimmende ogen naar me kijkt. Ik trek een vragende wenkbrauw op en hij glimlacht alleen maar breder. Duidelijk een lul die denkt dat het genoeg is om een sexy glimlach te hebben om de aandacht af te leiden van hoe onbeleefd het is om openlijk af te luisteren.

Ik ben dankbaar als de band zich opwarmt en verlang naar een witte jongen die een akoestische folk-cover van Lil Wayne's 'Lollipop' speelt om me af te leiden.

'Weet je wat m'n lievelingsgeluid is?' vraagt Raphael Akin.

Ik glimlach breed. 'Is het de zoete toon van je eigen bariton?'

Deze keer snuift de man naast ons. Raphael Akin lijkt het niet te merken.

'Nee, ik wilde de banjo zeggen. Hoewel ik op mijn universiteit in een a-capellagroep voor mannen zat. We heetten de Knightingales – met een K. Ze noemden me vroeger Lancelot. Ik was een beetje een player.'

Ik klem mijn kaken op elkaar om mijn tong in bedwang te houden, en de jongen aan de andere kant trekt mijn aandacht en imiteert een gefascineerde blik. Hij is een klootzak, maar helaas wel erg knap. Hij leunt achterover in zijn stoel in een dun en los vallend wit T-shirt met wijde hals en een eenvoudig goud kettinkje dat in schril contrast staat met de chino en het nette overhemd met een klein geborduurd mannetje op een paard dat mijn metgezel draagt. Hoe meer ik kijk, hoe meer ik het een heel goed wit T-shirt vind. Er is voortreffelijke smaak voor nodig om het perfecte witte T-shirt te kiezen om er goed in uit te zien, het is echt een barometer voor stijl. Hoewel het shirt los zit, hangt het duidelijk om een goedgebouwde torso… en ik kijk naar een andere man terwijl ik op een date ben. Mijn blik schiet omhoog en zie dat die van hem al aan de mijne vastgehaakt zit, vol met iets wat een vleugje warmte opwekt dat naar het diepst van mijn buik duikt. Zat hij naar me te kijken?

De zoete warmte die door me heen stroomt verdwijnt snel als een meisje naast hem gaat zitten, een en al glanzend haar, opvallende hakken en een wolk van sterke bloemenparfum. Onze blikken maken zich los als hij zich naar haar omdraait en zij als begroeting een lange, ingewikkelde kus op hem plant, waarbij zoveel beweging van tongen komt kijken dat ze de grenzen van hun monden verlaten. De slijmerige, kronkelende roze wirwar ziet eruit als een levende, ademende entiteit. Haar hand glijdt langs zijn borst en stopt net boven zijn riem. 'Sorry, schat,' zegt ze op hese toon. 'De shoot liep uit!'

Ik glimlach. De date van de man gaat zitten en schopt haar blote, glanzende benen omhoog als ze ze kruist. Ze draagt een enkelbandje. De date van deze jongen draagt een enkelbandje. Daaruit zou je dan kunnen afleiden dat ik niet zijn type ben en hij niet mijn type is. Ik kan niet echt fantaseren over een man die uitgaat met een meisje dat enkelbandjes draagt met zo te zien vlinderbedeltjes – mijn fantasie heeft er gewoon de ruimte niet voor. Ik leun achterover in mijn stoel, een beetje getroost door deze wetenschap, terwijl Raphael vertelt over de multimediale misdaadroman waaraan hij werkt: 'Wat als er op je e-reader in plaats van een beschreven achtervolging een filmpje van een achtervolging wordt afgespeeld? Ik zou het idee Foman willen noemen, een boek en een film in één.'

Ik vraag me af of ik een wijnkegel heb. Ik overweeg om iemand op onze rij te vragen of hij of zij kauwgum of cyanide heeft.

De avond neemt een interessante wending als de mc aankondigt dat de volgende artiest niemand minder dan de date van Lekkere Jongen In T-shirt is. De hoffelijke nonchalance die ik op zijn gezicht had gezien vervliegt meteen.

'Wacht... wat?' vraagt Lekkere Jongen In T-shirt zachtjes, met een stroeve glimlach.

De volmaakt volle lippen van zijn date spreiden zich in een grijns. 'Ja! Ik wilde je verrassen!' Ze tikt met haar vingers tegen zijn neus en begeeft zich naar het groezelige podium, met haar hakken en een nauwsluitend jurkje ziet ze eruit als een diva die bij wijze van straf buurttheater doet. Ze pakt de microfoon, zwaait met haar haar en ik kijk naar Lekkere Jongen In T-shirt en zie dat zijn gezicht nu komisch bevroren is in een grimmige glimlach die zijn angst nauwelijks verhult. Ze schraapt haar keel en tikt tegen de microfoon, die gilt van angst.

'Hé, hallo!' Ze zegt het op precies dezelfde toon die je zou kunnen gebruiken om een YouTube-tutorial over make-up mee te beginnen. Ze is fascinerend. Ik vind haar leuk. 'Goed, ik ben Lissa. Jullie kunnen me trouwens volgen op Instagram, ik ben Lissa-underscore-Loves! Maar goed, ik ga een cover van Taylor Swift doen. Kennen jullie nummers van haar?' Ze draait zich om naar de verbijsterde band die ankh-kruisen draagt en vooral neosoul speelt. Ze staren haar aan alsof ze spontaan een tweede hoofd heeft gekregen. Ze fronst haar wenkbrauwen, maar laat zich niet van haar stuk brengen.

'Echt niet? Vreemd. Maar goed, dit nummer is een klassieker.' Ze wuift met haar hand. 'Het geeft niet, ik doe het gewoon a capella en dan kunnen jullie invallen. Ik geef er een leuke draai aan, ik heb voor halverwege een stukje spoken word voorbereid!'

Op dat moment weet ik dat ik verliefd ben.

Als Lekkere Jongen In T-shirt bleek zou kunnen worden, zou hij er ongetwijfeld uitzien als iemand die thuishoorde in een roman van Stephanie Meyer. Nu is zijn kaak strak, en zijn ogen zien eruit alsof ze in een staat van shock en afschuw verkeren. Nou, dit is geweldig.

Het superster-model heeft een zangstem die klinkt zoals een suikerspin zou klinken als die een personage was in een tekenfilm, met een vleugje kat die verdrinkt. Het is echt prachtig en verschrikkelijk. Ik vermaak me prima, ze slaagt er zelfs in Raphael te overstemmen. Haar lange wimpers fladderen terwijl ze zich op haar date richt en hem een serenade brengt terwijl hij star op zijn stoel zit, zonder met zijn ogen te knipperen. Ik beweeg mijn hoofd mee met het lied, en als ze overgaat op haar spoken word, met onder meer de tekst 'peng boy, don't play me like a toy', knip ik met mijn vingers in de lucht. 'Zeg het, *sister*!'

Lekkere Jongen In T-shirt kijkt me nijdig aan. Ik grijns.

'Kom maar dóór met dat spoken word!' zegt Raphael.

'Zullen we gaan?' Raphaels onbeschaamdheid is onthutsend.

Het is pauze en we zijn in de rookruimte, waar ik mijn

tweede glas rosé drink, en te oordelen naar Raphael die steeds dichter bij me komt denkt hij dat we gaan zoenen.

'Ik woon hier niet ver vandaan, in Clapham, en ik heb een fles gin van die distilleerderij. Ik kan je je smaak helpen ontwikkelen. Ik heb niet die nepwijn die je de hele avond al drinkt. Ik bedoel, rosé? Wat ben je, een Real Housewife? Haha. Nee, ik maak een grapje. Dat is je vibe niet. Dat is duidelijk. Ik bedoel, zou je doodgaan als je voor een date een jurk droeg?' Ik draag een getailleerde cargobroek, een zwart naveltruitje met bandjes, een oversized overhemd dat van mijn schouder glijdt, sneakers en rode lippenstift, en hij zou willen dat zijn smaak zo onberispelijk flex was. 'Haha, grapje. Maar goed, ik kan een Uber bellen en...'

Ik hou een vinger tegen mijn slaap en slaak een lange, geladen zucht terwijl ik probeer bij elkaar te rapen wat er over is van mijn snel afnemende geduld. 'O, man. Raphael, vind je dat deze date goed gaat?'

Verbaasd fronst hij zijn wenkbrauwen. De ongebreidelde overmoed is bijna vertederend. 'Ik vind dat er wel een vibe is, ja.'

Ik weet dat ik meer tact zou moeten hebben, maar rosé heeft het vermogen om mijn woorden te temperen aangetast en mijn kaken doen pijn van het inhouden van mijn lach, en zijn gebruik van het woord 'vibe' heeft me tot het randje gebracht. Dus ik schud mijn hoofd, glimlach en zeg: 'Lancelot is een waardeloze bijnaam om jezelf mee wijs te maken dat je op de universiteit een player was. Toen hij Guinevere ten huwelijk vroeg, wees ze hem af en hij vluchtte naar een klooster, waar hij stierf van verdriet. Je had misschien kunnen weten dat ik dat wist als je de moeite had genomen om me iets te vragen, want dan was je er misschien achter gekomen dat ik bij geschiedenis een module over oude mythen heb gevolgd. Dan zou je alleen minder gecharmeerd moeten zijn van het geluid van je eigen stem, wat fysiek onmogelijk voor je lijkt te zijn. En Foman? Ik bedoel... objectief gezien? Dat is niet logisch. En als iemand die, oké, ik geef niet echt om je, maar als iemand die om cultuur geeft, zeg ik tegen je dat dat idee een gruwel is en een belediging voor het concept van zowel romans als films.'

Raphael kijkt me knipperend aan en in een flits zie ik dat hij na de schrik van de afwijzing de fase van zelfreflectie overslaat en meteen iets gemeens krijgt. 'Het zal wel, gast.' Gast?

De hoek van Raphaels lip krult omhoog in een lelijke grijns, waardoor hij eruitziet als een kwaadaardige Disney-prins. Eindelijk iets pittigs. Ironisch genoeg vind ik hem nu wel leuk.

'Deze date was sowieso om je een plezier te doen. Het was vanaf het begin duidelijk dat je door me geïntimideerd was. En trouwens,' – hij laat zijn blik over me heen glijden – 'waarom zou ik iets met iemand willen die zich kleedt als een kruising tussen een stripper en een crimineel? Je lijkt een beetje in de war, lieverd.'

Daar moet ik hard om lachen, want hoewel ik dol ben op het idee van een stijl die het midden houdt tussen een stripper en een crimineel, wéét ik gewoon dat een wandelende complexe raciale allegorie die zo in een film van Jordan Peele kan spelen niet tegen míj gaat zeggen dat ik in de war ben.

Ik raap mezelf bij elkaar en open mijn mond om dat te zeggen, als een koele, lage stem verbijsterd zegt: 'Dat meen je niet, toch?'

Raphael en ik kijken allebei in de richting van de stem en zien Lekkere Jongen In T-shirt met een biertje in zijn hand en een grijns over het balkon leunen.

Raphael fronst zijn voorhoofd. 'Neem me niet kwalijk?'

Lekkere Jongen In T-shirt gaat lachend rechtop zitten en wrijft over de stoppels van zijn kin. Hij haalt zijn schouders op. 'Sorry, maar ik kan er echt niet bij dat je het lef hebt om te zeggen dat ze door jou geïntimideerd is. Ik bedoel... waardoor, man? Een goedkope versie van Carlton Banks?'

Mijn hand vliegt naar mijn mond en verhult mijn elegante combinatie van naar adem snakken en snuiven terwijl Raphael sputtert: 'Bemoei je met je eigen zaken, gast,' en als dat niet de gewenste reactie oplevert, zegt hij: 'Flikker op, nigga!'

Er valt een stilte over ons deel van het balkon die eerder verbaasd is dan ongemakkelijk. De ogen van Lekkere Jongen In T-shirt fonkelen van verrukking, maar hij zet een ernstige blik op.

Hij legt een hand plat op zijn hart, alsof hij gestoken is, en zegt met de ernst van Sidney Poitier: 'Wáúw. Dat doet pijn, vriend.'

Ik schraap mijn keel om mijn lach te verhullen en schud mijn hoofd, terwijl ik mijn eigen imitatie van intense teleurstelling tevoorschijn roep. 'Ja, zulke taal is niet nodig... gast.'

Raphael kijkt vernederd. Hij knippert als een gek met zijn ogen. Hij draait zich naar me toe en opent zijn mond voordat hij zich realiseert – waarschijnlijk door mijn overdreven gekwetste blik – dat er niets te redden valt en er ook geen manier is om gezichtsverlies te voorkomen. Hij stormt de bar weer in en laat een walm aftershave van Ralph Lauren achter.

Er volgen nog een paar momenten van verbaasde stilte, tot zowel Lekkere Jongen In T-shirt als ik in lachen uitbarsten tot we kromliggen. Ons gegrinnik, gepiep en gesnuif vormen een gelaagd geheel van duizelingwekkende kameraadschap.

'O mijn god!' gil ik. 'Is dat net gebeurd? Dat was echt ongelooflijk, toch? Ik heb nog nooit een zwarte man nigga zien zeggen alsof het een scheldwoord was.'

De schouders van Lekkere Jongen In T-shirt trillen als hij knikt, en zijn dreunende gegrinnik is aanstekelijk. 'Dat was een van de beste dingen die ik ooit heb gezien. Dat meen ik echt. En waarom deed hij alsóf hij een scheldwoord gebruikte? Waarom zei hij het zo? Nee, dat was geweldig. Hij heeft uitstraling. Fuck a capella, hij had in een toneelgroep moeten zitten.'

'O, dat zat hij ook. Nou ja, een improvisatiegroep. Dat deel heb je gemist omdat je naar de wc was en niet schaamteloos kon afluisteren. Die bestond uit mannen en heette Fried Whiskey.'

Vlak staart hij me aan. 'Loop je met me te fokken?'

'Hoe zou ik zoiets verdorvens kunnen verzinnen?'

Hij haalt zijn schouders op. 'Dat weet ik niet. Ik ken je niet.'

Ik trek mijn wenkbrauwen op. 'O, oké, maar je voelt je op je gemak genoeg om een eersteklas diss te onderbreken. Dat had je trouwens niet hoeven doen. Ik had hem te pakken.'

Lekkere Jongen In T-shirt draait zich volledig naar me toe, leunend tegen de balustrade, met zijn biertje dat boven de drukke straat beneden hing. De zwoele zomeravond trok ons de nacht in met het geluid van toeterende auto's, bussen en weekendgewauwel. De lucht is doortrokken van gebakken kip, sigarettenrook en de scherpte van het sublieme mengsel van zoete wiet en zure alcohol. Voor het eerst de hele avond voel ik me volkomen ontspannen.

'O, daar twijfel ik niet aan,' zegt Lekkere Jongen In T-shirt met een gevaarlijk scheef lachje. 'Ik bedoel maar, "de zoete tonen van je bariton"?' Hij fluit zachtjes. 'Jezus. Meesterlijk.'

Ik ben gek op mannen die een literair genie kunnen citeren. Ik maak een buiging. 'Heel erg bedankt.'

Hij lacht. 'Nee, echt, het spijt me dat ik me ermee bemoeide. Dat was onbeleefd. Het was gewoon een automatische reactie op het geluid van zijn stem. Ik bedoel zijn toon... alsof mijn hele lichaam erop reageerde, weet je?'

Ik kom dichterbij en leun tegen de reling. 'Maak je er maar geen zorgen over. Ik snap het. Hij is vervelend. Hij klinkt alsof jongens in Fulham die bij een techstart-up werken een robot hebben gemaakt om de zwarte gemeenschap mee te infiltreren.'

Lekkere Jongen In T-shirt snuift. 'En dat is mislukt. Misschien geef ik hem wel aan wegens een hatecrime.'

Ik verslik me in mijn slokje wijn en hij glimlacht weer. Godsamme. Hij is echt hartstikke lekker. Zijn korte haar heeft krulletjes en een fade, en ziet er tegelijkertijd zacht en knapperig uit, en zijn ogen lopen over van een schittering die een lange, sluimerende warmte in mijn maag activeert die veroorzaakt wordt door kooltjes waarvan ik dacht dat ze allang gedoofd waren. Als hij lacht begin ik ze te voelen gloeien.

'Die man heeft sowieso geen idee waar hij het over heeft. Belachelijke meningen. Rosé is geweldig,' zegt hij met een knikje naar mijn glas. 'Ik kan er alleen niet tegen. Het maakt me sletterig.'

Ik werp hem een wrange blik toe. 'Huh, nou, dat zou ik niet graag zien, als ik afga op de zoensessie waarvan ik eerder getuige was. Ik weet zeker dat je allerlei voorschriften met betrekking tot de volksgezondheid hebt overtreden. Waar is je toekomstige Beyoncé trouwens?'

Lekkere Jongen In T-shirt schudt zijn hoofd en onderdrukt een glimlach. 'Dat is onbeleefd, man. Ik zie haar meer als een toekomstige Ariana Grande.' Hij zwijgt en krabt op zijn wang. 'Eh, eerlijk gezegd is ze weggegaan. Ze vroeg me wat ik van haar optreden vond.'

Ik knik nuchter. 'O, ik snap het. En jij vertelde natuurlijk de waarheid. Dat het mooi was, ontroerend...'

Lekkere Jongen In T-shirt bijt op zijn lip in een duidelijk verwoede poging om zijn grijns te onderdrukken. 'Ik zei dat het uniek en krachtig was.'

'Krachtig als in het zou de doden kunnen wekken?'

Zijn grijns loopt over. 'Wauw, je bent gemeen.'

Mijn glimlach wordt breder. 'Nou, jij hebt net weggejaagd wat misschien wel de liefde van mijn leven had kunnen zijn.'

'Ik kan niet alle eer opeisen. Volgens mij hebben we het samen gedaan. We vormen duidelijk een goed team.'

De sfeer tussen ons wordt gespannen en pas dan besef ik dat we alleen zijn op het balkon. De pauze is voorbij en alle anderen zijn weer naar binnen gegaan voor de rest van de show. We maken allebei geen aanstalten om terug te keren. Door het rumoer van de bar heen zweven de gedempte melodieën van een neosoulnummer door de brandtrapdeuren en weven zich door de chaotische symfonie van de straten beneden. Lekkere Jongen In T-shirt schraapt zijn keel en zegt: 'Wil je weer naar binnen?'

Mijn maag draait zich in paniek om. 'Jij?'

'Nee.'

'Ik ook niet.'

Zijn gezicht ontspant nog meer, en de hoek van zijn lip gaat omhoog en laat ook mijn hart sneller slaan. 'Eh, maar goed, ze beschouwde het als een compliment, en dat was het ook, en toen zei ze: "Nou, waarom stel je me niet voor aan de jongens op je werk?" O, ik werk trouwens als A&R bij een platenmaatschappij...'

'Wacht, echt? Waar?'

Hij kijkt op zijn hoede. 'Synergy Records.'

Ik glimlach. 'O, wauw, te gek. Ik ben fotograaf, gespecialiseerd in muziek. Ik ben met een paar van jullie artiesten op tournee geweest.'

Hij ontspant zichtbaar en stapt dichter naar me toe, met ogen die oplichten. 'Serieus? Dat is dope.'

'Hm. Je dacht dat ik zou proberen je mijn SoundCloud-link te sturen, hè?'

'Absoluut, ja. Je zou niet de eerste zijn. Ik ben trouwens Deji.'

Hij steekt zijn hand uit, wat nogal formeel lijkt, aangezien we elkaars romantische tekortkomingen van dichtbij hebben meegemaakt. Toch pak ik zijn hand. Hij slaat die van hem stevig om de mijne en mijn hart gaat tekeer.

'Eh, leuk je te ontmoeten. Ik ben Orin.'

Zijn ogen worden groot en hij doet een stap naar achteren, alsof hij me wil opnemen. 'Shit, ben jij Orin Adu?'

'Ja... Hoe wist je...'

'Ik hou van je werk. Echt, het is prachtig. Dit is misschien ontzettend suf om te zeggen, maar het kan me geen fuck schelen – ik volg je fotografieaccount op Instagram. Ik heb zelfs een van je prints aan mijn muur hangen – Burna Boy in Parijs? Ongelooflijk. Je werk is echt kunst. Ben ik aan het fanboyen? Ik ben aan het fanboyen. Ik stop nu met praten.'

Er verschijnen meer barstjes in zijn kalme hoffelijkheid, die plaatsmaakt voor iets oprechts en heilzaams. Hij is zowel warm als koel, makkelijk in de omgang zonder nonchalant te zijn, minzaam zonder oubollig te zijn. Door de vonken in mijn buik ontstaat een straal die ik voel verspreiden over mijn gezicht, mijn wangen vult en in mijn ogen stroomt. Ik heb het gevoel dat ik er zelf door straal.

'Dank je. Echt, dat waardeer ik enorm. Het geeft me het gevoel dat de niet-zo-geheime eeuwige teleurstelling van mijn moeder dat ik gestopt ben met mijn rechtenstudie het waard is.'

Deji knikt ernstig. 'Aha. Ik snap je. Mijn studie om mijn Nigeriaanse ouders zoet te houden was economie.'

'Een klassieker. Shit – sorry! Ik onderbrak je! Kijk mij nou eens tegen je doen alsof ik Raphael Akin ben.'

Hij schudt zijn hoofd. 'Nee, helemaal niet. Dat was een monoloog. Dit is een geweldig gesprek. Maar goed, ze zegt dat ik tegen de jongens op het werk moet zeggen dat ik de volgende Rihanna heb ontdekt, en ik zeg: "Ik weet niet zo zeker of ik dat wel kan doen," en dus zegt ze: "Jezus, waarom niet?"' Hij doet een nogal angstaanjagende impressie van haar stem en houdt een pedante vinger omhoog. 'En ik zeg: "Ik denk gewoon niet dat je klaar bent voor die fase in je carrière."'

Ik knik. 'Heel goed.'

'Dank je. Maar goed, ze zegt: "Nou, misschien ben jij híér

niet klaar voor!" en ze gebaart naar zichzelf. Ze noemt me een fuckboy en gaat weg. Dus zo kwam ik erachter dat ze me min of meer gebruikte vanwege mijn connecties. Teleurstellend. Als een vrouw me gebruikt, heb ik liever dat het vanwege m'n lichaam is.'

Als ik ben bijgekomen van mijn lachbui zuig ik wat lucht naar binnen. 'Sorry. Sorry, het is niet grappig.'

'Dat is het wel. Het geeft niet, dit was pas de derde date. We hadden niets gemeen. Dat was de laatste keer dat ik op Instagram zomaar iemand DM.'

Ik kijk hem ongelovig aan. 'Weet je het zeker?'

Deji schudt zijn hoofd. 'Nee. Ik bedoel, hoe kun je tegenwoordig nog mensen leren kennen? Ik werk de hele tijd en dating-apps zorgen ervoor dat ik een kogel door m'n kop wil jagen. Hoe heb jij Carlton Banks leren kennen? Neem me niet kwalijk als ik het mis heb, maar hij lijkt me niet echt jouw type.'

Ik lach. 'Ugh. Ja, hij is zo'n beetje het tegenovergestelde van waar ik gewoonlijk voor ga. En dat is precies waarom ik voor hem ging. Voor mijn werk ben ik veel op pad met muzikanten, dus meestal val ik op gitaristen, bassisten, drummers, je begrijpt wel wat ik bedoel. En het eindigt bijna altijd op dezelfde manier: met een gebroken hart. Ik klaagde tijdens de babyshower van een vriendin over mijn pech met jongens, en een vriendin van haar zei dat het misschien komt doordat ik steeds uitga met hetzelfde soort mannen. Zij werkt in de financiële sector en zei: "Weet je wat? Volgens mij heb ik wel iemand. Hij is de enige zwarte man op kantoor." En hoewel racisme in het bedrijfsleven heel reëel is, denk ik nu dat hij de enige zwarte man op kantoor is omdat hij de rest heeft vermoord. Hoe dan ook: iets anders leek me wel goed, en misschien heeft mijn moeder gelijk en moet ik voor iemand gaan die een stropdas naar zijn werk draagt. Misschien is mijn idee van romantiek wel onzin en is het een fantasie dat ik iemand zou kunnen vinden die me helemaal begrijpt, en misschien kan ik wel genoegen nemen met iemand die helemaal het tegenovergestelde is van wat ik wil, als hij me maar goed behandelt. Want wie heeft er nou opwinding nodig, toch? Misschien is het onmogelijk om zowel opwinding als stabiliteit te hebben. Maar zelfs mijn poging om te settelen mislukte. Misschien leg ik me er wel bij neer een ontzettend aantrekkelijke, eeuwig vrijgezelle kunstenares te zijn die vogels houdt.'

Ik zwijg even, draai me naar de knipperende lichten van de nacht en proef de leugen in mijn woorden. Ze passen niet goed in mijn mond en laten een zweem achter die mijn gehemelte afwijst. Ik schud mijn hoofd. 'Maar dat wil ik niet echt. Ik wil een ontzettend aantrekkelijke kunstenares zijn met een hond. Daar is toch niks mis mee?'

Deji werpt me een vriendelijk lachje toe met ogen die zo mild zijn dat ik mezelf er langzaam in voel wegzinken. Ik voel geen behoefte om omhooggehesen te worden.

'Daar is niks mis mee. Ik snap je. Daten is een ramp. Om te beginnen komt er heel veel doen alsof bij kijken, toch? De eerste paar dates voer je eigenlijk een perfecte, coolere versie van jezelf op. En dat is zelfs zo als je iemand vindt met wie je op een date wilt gaan. En dan is er nog de druk, weet je? Jullie hebben allebei een date en je weet dat het maar één doel heeft. Je wilt dat het werkt. En als het niet werkt ben je teleurgesteld, en op de een of andere manier moet je het binnen die teleurstelling uit jezelf halen om jezelf weer op te bouwen en het allemaal opnieuw te doen.'

Bevestigend knip ik met mijn vingers in de lucht. 'Dat. Is. Het! Ik wou dat je het onhandige, stuntelige begingedeelte kon overslaan en meteen door kon naar het leuke gedeelte. Iemand leren kennen die gewoon snapt hoe je in elkaar steekt. Die alchemie van tijd en omstandigheden voelen. De juiste plek en het juiste moment met iemand die emotioneel niet zo nutteloos is dat hij zich wel kan binden aan een cavia als huisdier dat hij meeneemt op wereldtournee, maar niet wil dat jij in zijn appartement een la voor je sokken hebt.'

'Dat kwam van diep, hè?'

'De bassist.' Mijn droge gegrinnik gaat over in een kreun en ik sla een hand voor mijn gezicht. 'Shit, waarom blijf ik mezelf dit aandoen?'

Door mijn vingers zie ik Deji zijn schouders ophalen. 'Hoop, hè? Dat is geen slechte zaak. Het is geen karakterfout.'

Mijn hand glijdt van mijn gezicht en rust op de balustrade, naast de zijne. We staan zo dicht bij elkaar dat onze benen tegen elkaar stoten en strijken. Deji's blik glinstert met een overdaad aan iets wat in hem kolkt en het houdt me op mijn plek. Een weldadige warmte verspreidt en nestelt zich in me.

'Trouwens,' verbreekt hij de stilte, 'stripper en crimineel is een uitstekende combinatie, en als dit het is, doe je het goed. Je ziet eruit als de vriendin van een sitcompersonage uit de jaren negentig.'

Ik lach. 'Dank je. Dat is superlief en superspecifiek.'

'Ik was heel erg verliefd op Ashley Banks.'

Hitte stijgt naar mijn wangen. 'Dus je bent een grote fan van de Fresh Prince.'

'Dat was m'n lievelingsprogramma.'

Ik lach. 'Stel je voor dat alle dates zo makkelijk gingen als deze. Erachter komen wat vroeger je lievelingsprogramma was, van dichtbij getuige zijn van elkaars romantische blunders, zien hoe slecht de ander zoent...'

Deji steekt afkeurend zijn hand op, met een bloedserieus gezicht. 'Je overschrijdt een grens. Dat lag helemaal aan haar. Er was geen redden aan. Ik ben een geweldige zoener, Orin Adu.'

'Dat is nogal een bewering.'

'Ik zeg niks wat ik niet waar kan maken.'

Zijn stem daalt en de bas galmt door me heen terwijl zijn ogen mijn adem achter in mijn keel vastpinnen, waardoor de tijd langzamer gaat. Het gedempte dreunen van het nummer van Erykah Badu dat in de bar wordt gedraaid vertraagt en keert zich om in mijn oor, alsof we door tijdelijke en fysieke beperkingen scheuren, want ik heb geen idee hoeveel tijd er nu is verstreken, en de grond onder mijn voeten voelt onbelangrijk vergeleken met de kennis die ik nu opdoe. Ik voel het gewicht van wat dit is tegen mijn borst drukken, ik voel mijn hart sneller slaan door de bedwelmende volheid van wat dit zou kunnen zijn. Er zijn maar heel weinig momenten in mijn leven waarop ik onwankelbaar vertrouwen had, maar op dit moment heb ik de onwrikbare zekerheid dat Deji niet alleen een geweldige zoener is, maar ook dat ik hem niet alleen op zijn woord zal hoeven geloven.

Hij glimlacht met die zacht ogende lippen die eruitzien alsof ze gemaakt zijn van marmer en wolken. 'Weet je, in theorie zou dit als we ergens heen gaan, nog een drankje doen en misschien een hapje eten, kunnen tellen als een eerste date. Technisch gezien is het min of meer perfect, omdat we elkaars nummer niet hebben. Als we een waardeloze tijd hebben, kunnen we allebei naar huis gaan en het vergeten. Als een van ons het nummer van de ander vraagt en die dat niet ziet zitten, is diegene niet verplicht om het te geven.'

'Sorry, is dit jouw manier om me mee uit te vragen?'

'Als je nee wilt gaan zeggen, dan nee.'

Ik grijns. 'Zolang je belooft me niet te behandelen als een *toy... peng boy*,' zeg ik, waarmee ik de diepzinnige woorden van Lissa-underscore-Loves parafraseer.

Deji lacht en knikt, met in zijn ogen dansend licht. 'Je bent vreselijk.'

'En toch wil je me mee uit nemen.'

'Ja, want je bent duidelijk ook een heel grappig, slim, interessant en lekker vreselijk mens en ik zou je graag beter willen leren kennen om te doorgronden hoe gemeen je precies bent.'

Ik druk een hand tegen mijn borst en hou mijn hoofd schuin. 'Dat is een van de liefste dingen die iemand ooit tegen me heeft gezegd. Volgens mij is dit het moment om je te vertellen dat ik je een lul vind. Echt, toen ik je voor het eerst zag, dacht ik: bah, wat een klootzak. Stel je eens voor hoe blij ik was toen ik erachter kwam dat ik gelijk had.'

'Pas op, ik word verliefd op je en dan wordt het voor ons allebei gênant.'

In het restaurant bestelt hij een fles rosé en hij knipoogt naar me.

Ik ben op misschien wel de beste date van mijn leven.

Alagomeji

Onze prinses groeide op in Noble Street. Een licht hellende weg in het hart van Lagos, verborgen in een dichtbevolkte metropool-in-een-metropool die bekendstaat als Yaba. In de jaren zeventig is het een druk, kosmopolitisch centrum dat zich los begint te maken van de ketenen van het kolonialisme. De oude rode leien daken en Romeinse zuilen die bescheiden fluisteren van een bezadigde 'netheid' bevinden zich naast nieuwe betonnen bouwwerken; modern, onstuimig en geometrisch verbluffend. Die verkondigen op luide toon de opkomst van een nieuw Nigeria. Deze betonnen gebouwen zijn patriottisch, trouw aan hun bloed. Ze zetten opnieuw de toon en brengen het land terug naar zijn roots, want als er iets is wat Nigerianen graag doen, is het wel schreeuwen. *Eko oni baje*. Op de opschepperige Lagosiaanse manier is dát natuurlijk het enige wat telt – 'Lagos zal nooit bederven'. Deze mantra is geconcentreerd in Yaba, want hier bevinden we ons in de kern van de kern, het hart van het hart. En in het hart van het hart is liefde rijk en in overvloed.

Deze liefde is overweldigend aanwezig in een appartement boven in een flatgebouw aan Noble Street, waar onze prinses woont. Dit is haar toren, haar kasteel. De naam van onze prinses, vertaald uit het Yoruba, ontvouwt zich tot een versie van 'God houdt van me', en inderdaad, ze wordt gekoesterd met pure genegenheid. Ze woont samen met zeven familieleden: een liefhebbende, ietwat aanmatigende vader, wiens vastberadenheid wordt ondermijnd door een onfeilbare en tedere genegenheid; een lieve, zachte moeder, die de zorg op zich neemt van verdwaalde kinderen in de buurt, en twee zussen en twee broers. Ze is als vierde geboren en liefde wordt in haar gegoten. Liefde geeft onze prinses de ruimte om zichzelf te zijn. Haar tong is snel en scherp en heeft een ernst die haar leeftijd ver voorbijgaat. Hij legt onrecht bloot en maakt haar ouders te schande. Haar hele leven zal ze opkomen voor het goede en onuitwisbare sporen van goeds op de wereld achterlaten. Want het is niet zo dat ze een prinses is die toevallig in Noble Street woont; zij is degene naar wie die is vernoemd. Op de een of andere manier plaatste God twintig of dertig jaar voor haar geboorte in de harten van de stedenbouwkundigen, die op het punt stonden om die straat aan te leggen, de kennis dat deze specifieke straat nobel moest zijn. Hun zelfverklaarde en onwetende kolonialistische superioriteit had hen misschien laten denken dat ze de straat vernoemden naar een Engelse commandant of ambtenaar, maar ze hadden het mis. De straat werd vernoemd naar onze prinses. Hij is vernoemd naar haar hart, een hart dat zowel sterk is met integriteit als zacht met vriendelijkheid. Noble Street werd zo genoemd ter ere van haar tedere felheid.

Op tienjarige leeftijd wordt onze nobele prinses naar een kostschool in Abeokuta gestuurd, op twee uur rijden van Lagos. Van een afstand lijkt het een draconische straf, een verbánning – en gezien haar tranen en schoppen lijkt dat ook zo. De waarheid is echter veel banaler en enigszins teleurstellend voor de doeleinden van dit dramatische verhaal. Ze werd weggestuurd omdat degenen die van hun kinderen hielden dat in die tijd deden. Liefde werd gezien als iets wat een beetje angstaanjagend zou moeten zijn, liefde was het Oude Testament, veertig jaar in de woestijn. Liefde werd gezien als een kracht die alleen maar moest dúwen, niet trekken. En dus ging ze weg, een klein meisje met slungelige benen, technisch gezien een jaar te jong voor haar nieuwe avontuur, omdat ze een klas had overgeslagen. Ja, ze is ook nog slim.

Een dichter zou Abeokuta beschrijven als een heuvelachtig, rustiek stadje met poederachtige rode aarde en bomen die zo dik en weelderig groen zijn dat het lijkt alsof ze de goden een pluchen vloerkleed zouden hebben verschaft. Een toerismemedewerker zou Abeokuta een ‘armoedige idylle’ kunnen noemen en verwijzen naar de geiten die door het verkeer kronkelen als ‘pastorale aantrekkingskracht die naadloos opgaat in de stad’. Voor een stadsmeisje als onze prinses is het een groezelig, veredeld dorp waar veel mensen te veel staren. Wat is gróén als je het grijs van beton zou kunnen hebben? Aarde als je bestrating zou kunnen hebben? Blauwe luchten als je smog zou kunnen hebben? Lagos is een gecompliceerde manier van elkaar de hand schudden en een sprongetje maken, het is een warme, plagerige belediging bedoeld om op vertrouwdheid te duiden. Abeokuta is een geeuw en een uitrekken, een uitstulping van de buik door het eten van yamballetjes. Het is een lome omhelzing waardoor je je oververhit, verstikt kunt voelen. Dat gevoel wordt versterkt door het feit dat de stad onder rotsen ligt, enorme rotsen, zozeer zelfs dat de stad Onder De Rots wordt genoemd (de Yorubabevolking is van nature nogal letterlijk aangelegd). De enorme bergkeien omringen de stad en fungeren als haar schots en scheve fundament. Onze prinses zweet om door de schaduwen van de keien heen te schijnen, om niet traag en lui te worden door de hitte.

Herbert McCauly Street ligt op een steenworp afstand van Noble Street. In deze straat woont in de jaren zeventig onze prins. De straat is vernoemd naar de grote Nigeriaanse nationalistische staatsman, die als reactie op de verklaring van de Britse koloniale regering dat zij de 'ware belangen van de inboorlingen voor ogen' had, ooit antwoordde: 'de afmetingen van de "ware belangen van de inboorlingen" zolang die algebraïsch gezien gelijk zijn aan de lengte, breedte en diepte van de zak van de witte'. Toen onze prins ouder werd, besloot hij dat hij op reizen voor zijn werk naar het buitenland alleen traditionele Yoruba-kleding zou dragen. 'Laat ze weten wie ik ben,' zei hij dan. Hij was de zoon van een man die zijn achternaam veranderde van het 'Cole' van een witte, die zijn voorouders toegewezen hadden gekregen, in de voornaam van zijn vader, Babalola, wat 'vader is eer' betekent. In een Nigeria dat zojuist vrij was geworden, leeft zijn nieuwe achternaam ook zojuist vrij, en luidt een terugvordering van het rechtmatige eigendom in, een terugneming van het voorouderlijke. Vader is eer, moederland is eer.

Onze jonge prins zou uitgroeien tot een van de meest eervolle mannen onder de mensen. Zijn voornaam, vertaald, is een versie van 'God houdt van mij', en net als onze prinses wordt hij behoed en beschermd door Gods liefde. Hij woont samen met zeven familieleden: een rustige, zachtaardige, vredelievende vader, een krachtige, stevige, geduchte moeder, die ook de zorg op zich neemt voor verdwaalde kinderen in de buurt, en vier broers en een zus. Hij is als vierde geboren (twee van zijn broers zijn een tweeling) en liefde dwarrelt door hem heen, bijeengescharreld door de hiaten van lastige, plagerige broers die aandacht en emotie opslokken. Toch verhongert onze jongen niet – God houdt tenslotte van hem. Dus dat waarin de broers van onze prins tekortschieten, vervult hij: in hun brutaliteit vindt hij zachtheid in zichzelf, uit hun aanvallen cultiveert hij een stevige bescherming. Het is een aardse, organische liefde, dik als honing, rechtstreeks uit de raat. Je loopt misschien het risico gestoken te worden, het is des te zoeter als je hem eenmaal hebt bereikt.

Onze prins houdt van spelen. Hij is ongeremd, mager en bijdehand. Op een dag na school, als hij tien jaar is, schopt onze prins buiten in de buurt een balletje met zijn vrienden, een en al ellebogen en gekreukte shirts. Hij trapt tegen de bal en die komt terecht op het hoofd van een meisje dat over straat loopt. Hij bonkt tegen haar lange dikke zwarte vlechten. Ze loopt hand in hand met iemand die ouder is met een soortgelijk gezicht als dat van haar – haar oudere zus. Het meisje laat de hand van haar zus los, wrijft over haar hoofd en werpt onze prins de meest vernietigende blik toe die hij ooit in zijn jonge leven heeft gezien. Het meisje ziet eruit alsof ze van zijn leeftijd is, misschien iets jonger, maar ze heeft een imposante uitstraling, eentje van autoriteit en soevereiniteit. Voordat hij stotterend kan uitbrengen dat het hem spijt, gooit ze de bal naar hem toe en roept: 'Kijk waar je gaat. Ah, ah, ben je blind? Met die grote ogen van je!' Ze pakt de hand van haar zus en stormt weg, alsof zíj de baas is. De prins kan er niets aan doen, hij is onder de indruk. Hij schopt de bal naar zijn vriend.

Op elfjarige leeftijd wordt onze sjofele prins naar een

middelbare kostschool in Abeokuta gestuurd. Het is een plek met een overvloed aan ruimte, ver van de druk die zijn broers creëren en waar zijn spieren kunnen rekken. Het is een plek waar hij zichzelf kan zijn en ongehinderd kan groeien. Hij denkt dat het een avontuur wordt.

Noble Street en Herbert McCauley Street bevinden zich in een wijk van Yaba die bekendstaat als Alagomeji – twee klokken –, vernoemd naar de twee klokkentorens aan weerszijden van het gebied. Het is een plek die wordt gekenmerkt door tijd, en voor liefde moet de tijd góéd zijn. Als je onze prinses vraagt wat ze dacht toen ze de prins voor het eerst echt ontmoette, zal ze waarschijnlijk haar schouders ophalen en een ietwat ingetogen glimlach tonen, en zeggen dat ze dat niet weet en waarom vraag je haar dat? Ze heeft het druk. Als je het de prins vraagt, zal hij lachen en zeggen: 'Ze bluft. Natuurlijk heeft ze me opgemerkt. Een afro als die van mij? Een coole kerel zoals ik?' Als onze prinses bij hem in de buurt is als hij dat zegt – wat hoogstwaarschijnlijk het geval zal zijn, want de meeste dingen die hij zegt zijn voor haar vermaak – zal ze hard lachen, snuiven en antwoorden: 'Welke afro? Je raakte je haar al kwijt, mijn vriend.'

De eerste twee jaar op de middelbare school was hij de speelse en welwillende ondeugende jongen om wie ze vaak met haar ogen rolde. In haar derde jaar op school stond zijn bureau naast dat van haar. Tegen het vierde jaar waren ze beste vrienden. Urenlang praatten ze over van alles en nog wat, wat dan ook, en er werd gelachen, heel veel gelachen. Hun zinnen liepen in elkaar over en rolden om elkaar heen, hun geest vermengde zich tot hun woorden, elk gesprek trok hen steeds dichter naar elkaar. Dat zou jaren later zo blijven, met hun gesprekslagen en loops die zo diep de nacht in liepen dat hun oudste kind naar de woonkamer beneden kwam stampen en hun beval: ‘Doe! Eens! Stil! Jullie lachen te hard!’ Zonder te weten dat het een zegen was om wakker gehouden te worden door het gegiechel van haar ouders in plaats van geruzie, zonder te weten dat ze getuige was van een unieke truc van de combinatie van liefde en tijd, het vermogen om je jong te houden. Je zult volwassen worden en je relatie zal zich ontwikkelen, maar liefde heeft de gewoonte om een deel van je altijd jeugdig te houden, waardoor je een puberale, flirterige lichtzinnigheid in je hebt. Tien, twintig, dertig, veertig jaar na de ontmoeting zal ze nog steeds blozen als hij haar een compliment geeft of als hij speels haar kin aait. Hij zal nog steeds proberen indruk op haar te maken, het tot zijn missie maken om een glimlach op haar gezicht te toveren, en hij zal zich nog steeds verbijsterd voelen dat hij degene is die ze heeft gekozen.

Op school brengen de jonge prins en prinses al hun tijd samen door en delen zelfs een sleutelbos voor de sleutels van hun kluisje – iets onzinnigs dat gebeurt als je een reden wilt hebben om bij iemand in de buurt te zijn. Als je een van hen vraagt hoe hun vriendschap tot stand is gekomen, zullen ze hun schouders ophalen. Het gebeurde gewoon. Ze waren toevallig twee Alagomeji-kinderen met verschillende versies van dezelfde naam die naar dezelfde kostschool in Abeokuta werden gestuurd. Hun tafeltjes stonden toevallig naast elkaar. Ze wilden toevallig de hele tijd met elkaar praten, om elkaar in evenwicht te houden; zijn humor, haar gratie en hun integriteit pasten bij elkaar en versmolten.

Hun gevoelens rijpen sneller dan hun vermogen om ze te herkennen voor wat ze zijn. Als iemand zo integreert in je leven, neem je die warmte en die aanwezigheid voor lief, en de prins voelde de kilte toen de prinses nonchalant een vriend van hem het hof maakte. Zijn tropische eiland werd plotseling overgenomen door een koele bries toen hij op een dag tijdens de lunch zijn vriend een Fan Ice voor haar zag kopen. Van veraf heeft een ijskoud zuivelproduct waarschijnlijk niet dezelfde romantische ernst als een dozijn rozen of het vermogen om de prinses het hoofd op hol te brengen, maar de prins kende zijn vriend goed. Hij wist dat het een statement was. Het was een statement waardoor zijn maag zich omdraaide, alsof hij degene was die een Fan Ice had genuttigd die te lang in de zon had gelegen, gekocht van een zwetende man met een roestige kar. Over die bewuste vriend was bekend dat hij een vrek was. Als je een kobo van hem leende, eiste hij die terug zodra je hem had uitgegeven. Als een windstoot uit zijn raam op een dag in jouw richting blies, gaf hij je de schuld van zijn zweet.

De vrek was een centimeter of twee langer dan de prins, en de prins begon zich af te vragen of hij een kans had gemist door niet die nieuwe loafers met hakken te dragen die toen in de mode waren. Hij vond ze maar niets, maar plotseling vroeg hij zich af of het een noodzakelijke aanvulling op zijn garderobe was. Het zou misschien enig voordeel hebben opgeleverd ten opzichte van de vrek. De prins mocht de vrek graag, ondanks zijn manieren, omdat ze samen plezier hadden en hij leuk in de omgang was, maar nu? O, hij haatte hem. Het was een bijzonder warme dag, maar onze prins had het koud. Hij rilde bijna. De prinses glimlachte naar de vrek, en hoewel de prins de glimlach herkende als een ijle replica van wat gewoonlijk voor hem was gereserveerd, had hij kunnen zweren dat de koele bries was veranderd in een Baltische explosie. Het voelde alsof hij onderkoeld zou kunnen raken. Zijn hartslag haperde.

Die nacht kon hij niet slapen. Hij draaide en woelde terwijl het beeld van de prinses met de Fan Ice in zijn hoofd ronddraaide als in zijn eigen inwendige bioscoop, waar alleen de slechtste films werden vertoond. Toen ze de volgende dag tijdens een tussenuur ergens op de campus van de school op een afbrokkelende muur zaten, onderbrak de prins – niet in staat om zijn verbijstering voor zich te houden – hun gewoonlijk zo ontspannen onsamenhangende geklets.

'Waarom kocht vrek een Fan Ice voor je?'

Prinses knipperde naar hem en lachte toen. 'Wat bedoel je? Omdat hij dat wilde, *na*.'

De prins probeerde zijn stem te laten klinken alsof hij niet mopperde. Hij had het gevoel dat hij gefaald had. 'Hij wil voor niemand iets kopen.'

Prinses haalde haar schouders op. 'Eh, misschien had hij een gulle bui. Je weet dat hij pas drie zweepslagen heeft gekregen voor ongehoorzaamheid. Misschien had hij een hersenschudding.'

'Ze hebben niet zijn hoofd gegeseld.'

'Waarom gedraag je je alsof iemand jouw hoofd heeft gegeseld?'

'Laat maar.'

Stilte.

Prinses schraapte haar keel. 'Hij zei dat hij me volgende week wil meenemen naar de bioscoop. Weet je dat hij erover denkt naar een universiteit in Engeland te gaan? Net als ik?'

De prins voelde zich zwak. Hij had tussen de middag geen zin om te eten. Hij had áltijd zin om te eten. En hoewel de bonen die in de kantine werden geserveerd in het beste geval naar gestoofde aarde smaakten, was het beter dan de smaak van een bedorven Fan Ice die hij op de een of andere manier proefde wanneer hij iets probeerde te nuttigen. Hij had het gevoel dat hij van het muurtje zou vallen. De waarheid was dat hij zich naast haar altijd een kikker voelde die naast een bloem zat. Dat zei meer over haar dan over hem, want hij móCht zichzelf… maar zij? Zij zorgde ervoor dat alles licht en helder aanvoelde. Hij was graag in de buurt van haar lichtheid en helderheid. Ze zag hem direct, duidelijk, en hij had nog nooit eerder het gevoel gehad dat hij werd gezien, niet echt. Thuis waren er voor de ogen te veel mensen om te zien, en dus waren ze moe tegen de tijd dat ze bij hem kwamen. Maar zij zag hem luchtig en hij bloeide erdoor op, werd groter, als een zonnebloem die zich uitstrekte naar de hemel. En zoals we weten was ze slim. Onze prins was ook slim, maar zij was slím, levens-slim, wijs-slim. Ze zag een probleem en wist meteen hoe ze het moest oplossen; ze zag zijn slechte humeur en maakte een lijst met de redenen waarom hij zichzelf uit de put zou moeten slepen. Ze wist het nog niet, maar zij stond voor hem boven aan die lijst. Ze was de lichtstraal die in de diepte van een put scheen.

Onze prins knipperde met zijn ogen en hoewel hij van alles tegen haar wilde zeggen, was het enige wat uit zijn mond kwam: 'Waarom zei je niet tegen mij dat je een Fan Ice wilde? Ik zou er een voor je hebben gekocht.'

Onze prinses trok een wenkbrauw op. 'Ik wist niet dat het je iets kon schelen of ik een Fan Ice wilde of niet.'

'Natuurlijk kan dat me schelen. Alles wat jij wilt kan me schelen.'

De prinses keek hem aan voor wat aanvoelde als maanden. De prins wist zeker dat hij het seizoen buiten voelde overgaan van regenachtig naar harmattan. Toen keek ze naar buiten, naar de diepe, groene heuvels en rotsen, alsof ze hun oude wijsheid zocht. Uiteindelijk draaide ze zich weer naar hem om. Hij bevrijdde de lucht waarvan hij niet had beseft dat die in zijn mond gevangen had gezeten.

Ze haalde haar schouders op. 'Ik kreeg zelfs buikpijn van de Fan Ice. Volgens mij heeft hij er om geld te besparen eentje gekocht die bijna over de datum was.'

Op hun zeventiende en achttiende vertrekken de prins en prinses allebei naar de universiteit. Zij stapt voor het eerst in haar leven op een vliegtuig en gaat naar Engeland, terwijl hij zijn gammele auto vollaadt en de drie uur rijdt die nodig is om in de stad Ifé te komen. Er is een stilzwijgende afspraak dat ze contact zullen houden, maar ook zijn ze allebei heimelijk bang dat de ander gevoelloos zal worden en het zal vergeten.

Op de universiteit verkennen ze allebei nieuwe werelden. De prins gaat gemakkelijk op in zijn nieuwe wereld, want hoewel het een nieuwe wereld is, is het eigenlijk de oude wereld, want Ifé is de oorsprong van zijn volk, het volk van Yorubaland. Aan de universiteit van Ifé gedijt hij als een volle zoon op zijn eigen terrein. Charismatisch, slim, sympathiek, met een sterk gevoel voor goed en kwaad: het is alsof alles waartoe hij voorbestemd is hier wordt aangescherpt, hij hoort hier thuis.

De prinses daarentegen wordt een vreemd land met koude lucht en koude gezichten in geslingerd. Ze ploetert om haar studie te bekostigen in ondankbare baantjes voor mensen die door haar heen kijken of te veel naar haar staren. Hoewel er liefde in haar was gegoten, was het geld van haar familie op tegen de tijd dat het haar beurt was om naar de universiteit te gaan. Ze maakt het tot haar taak om het aan te vullen. De eerste twee maanden verblijft ze bij vrienden, familie van familie of in piepkleine kamers in pensions met dunne dekens en nog dunnere glimlachjes en houdt zichzelf voor dat het de moeite waard zal zijn. Dat ze in dit zonloze land nog kan schitteren. Dit weerhoudt de kilte van eenzaamheid er niet van om binnen te komen of de duisternis om neer te dalen. Dan ontvangt ze op een bijzonder sombere ochtend een brief. Ze herkent het handschrift, elegant maar krachtig, weloverwogen maar luchtig, en enigszins rond, als een hartelijk gegrinnik. Aan de postzegel ziet ze dat de brief ongeveer twee maanden geleden moet zijn verzonden, met het Nigeriaanse postsysteem plus de internationale tarieven die de ontvangst hadden vertraagd. Ze gaat op haar smalle, kleine bed zitten en scheurt de envelop open.

Ik durf te wedden dat je waar je bent geen Fan Ice nodig hebt, leest ze.

In het flauwe licht straalt ze.

De brieven blijven komen. Binnen een halfjaar heeft ze stapels. Het zijn er meer dan genoeg om haar te isoleren van de eenzaamheid. Ze zijn dik en stevig genoeg om het fundament van een huis te vormen, ze vormen een soort isolatie tussen de muren zodat ze verwarmd wordt met liefde, en op de een of andere manier hebben ze allebei het enige papier ter wereld gekocht dat niet verandert in stof, de enige inkt die niet vervaagt, dus hun woorden zijn vandaag even fris als het moment waarop ze die schreven. Wat ze tegen elkaar zeggen op dit oude perkament is iets tussen hen, een heilige schrift, en uit eerbied zullen we het onuitgesproken houden. De gevoelens erin leven en vloeien echter door hen heen, in de wereld die ze bouwen, en bekleden de muren van hun stad, op een heuvel, zodat bezoekers van ver een groot paleis zien met prachtige, decadente, bebloemde wijnstokken die door de poorten kronkelen en over de hekken stromen.

Natuurlijk beseffen ze inmiddels dat ze verliefd zijn. Dat is al een tijdje een onweerlegbaar feit, maar de erkenning ervan wordt aangemoedigd door de kilometers tussen hen in. Afstand brengt hen dichterbij. Het was niet zozeer dat ze struikelden en verliefd werden, het was meer zo dat het altijd hun realiteit was. Een vis herkent zijn behoefte aan water pas als hij ernaar snakt.

Onze prins studeert af en verhuist naar Engeland. In de tijd die ze zonder elkaar hebben doorgebracht hebben ze zichzelf aangescherpt en meer van hun individuele kracht ontdekt. Hun zelfbewustzijn maakt hun liefde alleen maar rijker, en ze hebben het gevoel dat ze samen genoeg hebben om met zijn tweeën een koninkrijk op te bouwen. En dus doen ze dat. Hun huwelijk vindt plaats in Yaba, in het gebied met de twee klokken, twee levens die in de echt worden verbonden. Onze prins en prinses worden koning en koningin.

Ze planten hun liefde in hun koninkrijk, en die liefde groeit, overvloedig, uit tot een dicht bos met bomen die zo zacht en groen zijn dat ze samengeweven kunnen worden tot een deken voor de engelen. Het fruit dat ze dragen is heerlijk, vol en zoet, en iedereen die erin bijt is gezegend, omdat God van hen houdt. Ze hebben zoveel liefde dat de vruchten de omringende steden en dorpen kunnen voeden. De koning en koningin nodigen mensen uit, voeden ze, en de mensen voelen zich versterkt, verfrist en verwend met genoeg goede gezondheid en een goed humeur om hun eigen koninkrijk te beginnen. Ze stichten een gezin, drie meisjes die opgroeien in het warme licht van hun genegenheid, die lachen beschouwen als een taal en vriendschap als een actief ingrediënt in ware romantiek. De natuurlijke ruzies die plaatsvinden kunnen hevig zijn, maar de fundamenten van het huis zijn gebouwd op mystiek papier dat vele jaren oud is, en dus zijn ze sterk en de muren brokkelen niet af, hoewel ze misschien trillen.

De oudste van hun dochters is zo geïnspireerd door de koning en koningin dat het vormgeeft hoe zij de wereld ziet. Ze herkent de alledaagse mystiek van romantische liefde die alomtegenwoordig is in een oogopslag, maar als je beter kijkt, zie je het mozaïekpatroon van begrip, geduld, vriendschap en aantrekkingskracht. Ze ziet zowel het wonder van de vonk die ontsteekt als de werking ervan, want er is werk voor nodig, en om het werk te laten werken moet je elkaar respecteren, elkaar leuk vinden. Het fascineert haar hoezeer romantische liefde een moeilijk leven kan verlichten, het beste van je kan benadrukken, niet het slechtste van je veroordeelt. Het is een geschenk waarvan ze genoot het waar te nemen bij de koning en koningin, en dus doet ze er alles aan er een beetje van te vangen en het aan anderen te schenken, de hoop ervan, het licht ervan. De koning en koningin brachten liefde tot leven voor haar. Ze zag het van dichtbij, in levendige, gedurfde, heldere pigmentstrepen. Ze zag de verhevenheid, de integriteit, de rotsvaste stevigheid in rijke, verhelderende kleuren. Door het te delen hoopt ze de wereld een beetje mooier te maken.

Tijd werd gevormd met liefde in het achterhoofd. Daarom strekken de momenten voor een gewenste kus zich uit, daarom voelt het wanneer je lippen eindelijk worden voorgesteld aan andere lippen alsof ze elkaar al een tijdje wilden ontmoeten, en daarom kan een dag met je liefde voelen als een eeuwigheid met de turbo erop. Pijnlijk, heerlijk langzaam, maar te snel, te vlug voorbij, smeltend tussen te hete vingers. Tijd en liefde zijn met elkaar verweven, ze zijn allebei maten om het leven mee op te nemen, het zijn de twee klokken. En om liefde te laten werken zoals het hoort, is het absoluut noodzakelijk dat de timing goed is. Net als in dit verhaal.

OPMERKING VAN DE AUTEUR

Bij het kiezen van de verhalen die de basis zouden vormen voor die van mij, deed ik mijn best die verhalen te selecteren met thema's die ik kon oprekken en waarop ik kon voortborduren. Omdat veel van de volksverhalen en mythen heel oud zijn, zijn ze onmogelijk te dateren. Ook zaten ze vanzelfsprekend vol vrouwenhaat en geweld, en ze waren gecreëerd in sterk patriarchale contexten. Met dit boek was ik in staat om deze verhalen opnieuw vorm te geven op een manier die inhield dat de vrouwen centraal stonden; het ging minder om uitverkoren worden en meer om hun keuzevrijheid zichzelf toe te staan te beminnen en bemind te worden.

Naleli's verhaal bijvoorbeeld was oorspronkelijk een verhaal met de titel 'Hoe Khosi zijn vrouw koos', waarin de heldin een vrouw is wier extreme schoonheid door haar ouders aan het zicht werd onttrokken met een mantel van krokodillenleer om haar te beschermen tegen begerige blikken. Terwijl Khosi verborgen zit in een struik (hartstikke griezelig!) bespioneert hij Naleli terwijl ze zich wast in een poel, ontdaan van haar krokodillenhuid, wordt 'verliefd' op haar en verkiest haar tot zijn bruid. In het originele verhaal heeft de vrouw maar weinig in te brengen en is de prins roofzuchtig. Met de krokodillenhuid zag ik echter de potentie om een verhaal te schrijven over een vrouw die haar hele leven anders wordt beoordeeld vanwege haar uiterlijk, maar uiteindelijk leert ze van de huid die ze heeft te houden, zonder iets van zich af te hoeven schudden. Een ander voorbeeld is het originele verhaal van Yaa: zij was een oppervlakkige, giechelige jonge vrouw die veroordeeld was tot het dodenrijk omdat ze ervoor koos te trouwen met een rijke, betoverende en knappe vreemdeling, in plaats van met de nobele prins uit haar dorp die haar ouders voor haar hadden uitgekozen. De moraal van het verhaal kwam neer op 'ouders weten wat het beste is'. Ik besloot het verhaal om te draaien om het te laten gaan over keuzevrijheid en verzet tegen ouderlijke verwachtingen, die onze essentie soms kunnen onderdrukken. Het gaat er niet om gestraft te worden voor het uitoefenen van autonomie, maar er juist door te worden gesterkt, een thema dat in veel van de verhalen naar voren komt.

Dit boek gaf me de geweldige kans om met mythen te spelen, ze uit te rekken tot nieuwere versies en werelden die ver verwijderd zijn van waar ze begonnen, terwijl ik er toch voor zorgde dat ze verbonden bleven met hun wortels. Psyche en Eros lieten me proberen de Olympus in een strak kantoorgebouw te stoppen, terwijl ik me voorstelde hoe Cupido zou zijn als charmante mediajongen. Het oorspronkelijke verhaal van Zhinu heet 'De koeherder en het weversmeisje', waarin beide personages sterren vertegenwoordigen (en overigens óók een verhaal is waarin een man op een vrouw stuit die naakt in een poel baadt). Het was heel leuk om vragen te stellen als: wat als ze liedjes zou weven? Wat als ik mythe en realiteit met elkaar verenig en haar een ster op aarde maak, een popster die niet weet wat ze waard is? En hoe breng ik een koe in dit nieuwe verhaal naast bruggen die gevormd worden door eksters?

Met andere verhalen mocht ik de geschiedenis induiken en die verdraaien. In Nefertiti kon ik feiten en fantasie versmelten op een manier die opwindend was voor een ongeorganiseerde geschiedenisnerd als ik. Het mysterie rond de bijzonderheden van Nefertiti's leven gaf me heel veel speelruimte. Ik veranderde het oude Egypte (Kemet) in een dystopische metropool waar de goden sterfelijk waren. Ik distilleerde de oude Egyptische filosofie en bouwde er een wereld uit op. Ma'at was een godin van rechtvaardigheid, harmonie en evenwicht, en Ifset was een filosofisch concept van chaos, onrecht en kwaad. Ik wilde vragen stellen over rechtvaardigheid: waar bevindt die zich, en wat betekent ze in een wereld die slecht is? Kan er gerechtigheid bestaan in een universum waar het donkere als licht wordt geponeerd? Uiteindelijk zien we in het verhaal gerechtigheid de kant kiezen van Nefertiti, een vrouw die met moreel twijfelachtige daden vecht om een einde te maken aan onderdrukking. Hoewel het een romance was, was het een groot voorrecht om de ruimte te hebben dit soort complexiteiten te isoleren, zelfs in een kort verhaal.

In Siya had ik de gelegenheid om een minder bekende oude Afrikaanse beschaving te verkennen: het Soninke-volk van Wagadou. Hier heb ik de legende geremixt, zodat Siya niet langer een hulpeloze 'maagdelijke' jongedame is die geofferd moest worden aan een slangengod en gered door haar verloofde – een legerofficier genaamd Maadi. In ons verhaal geeft ze leiding aan een leger en is ze verre van hulpeloos. In ons verhaal proberen ze elkaar te redden.

Hoewel sommige verhalen nauwer verbonden zijn met hun oorspronkelijke versie dan andere, was het heel opwindend om manieren te vinden om thema's en eerbetonen vast te houden en ze met mijn verbeeldingskracht opnieuw vorm te geven, en avontuurlijk te zijn met genre en toon. Ik had het voorrecht om een hele reeks volksverhalen uit heel veel verschillende culturen te lezen toen ik bepaalde welke ik voor dit boek zou gebruiken, en dat ik verhalen (met veel tegenzin) heb weggelaten is omdat ik bang was dat ik de thema's niet zou kunnen ontwarren zonder ze volledig te beroven van de rijke culturen waaruit ze komen, en ze daarmee onrecht aan te doen.

Uiteindelijk zijn al mijn verhalen me heel dierbaar, en de tien verhalen die zijn geïnspireerd op mythen en volksverhalen worden des te specialer door het onderzoek dat ik heb moeten doen om ze te kunnen schrijven, door werelden te ontdekken en te leren kennen die niet de mijne waren en ze te versmelten met wat ik al weet. Hoewel het mijn verhalen zijn – uit het hart gegoten – heb ik heel veel te danken aan de culturen die de kiemen en inspiratie hebben geleverd. Zonder hun bestaan zouden ze niet van mij zijn. Het was een grote eer en voorrecht om de kans te krijgen ze een nieuw soort leven in te blazen: ik hoop dat ik ze recht heb gedaan.

BRONNEN VAN INSPIRATIE

Ọṣun: afkomstig uit Yoruba-mythen en religie, Nigeria
Sjeherazade: 1001 nachten, Perzië
Psyche: Eros en Psyche, het oude Griekenland
Attem: Ituen en de vrouw van de koning, Calabar-volkeren, Nigeria
Yaa: Het huwelijk van de prinses, Asante-stam, Ghana
Siya: oude Soninke-legende, Soninke-volk, modern Mali, Senegal, Guinee, Gambia en Zuid-Mauritanië
Naleli: Hoe Khosi een vrouw koos, Lesotho
Nefertiti: oud-Egyptische feiten en mythe
Zhinu: De koeherder en het weversmeisje, China
Thisbe: Pyramus en Thisbe, Mesopotamië

DANKWOORD

Om te beginnen wil ik mijn erkentelijkheid betuigen voor het feit dat ik dankbetuigingen voor dit boek schrijf. Dat is een big deal, toch? Laten we daar even bij stilstaan. Er waren tijden (achter mijn computer, in tranen) dat ik moeite had om me dat voor te stellen. In die tijd reikte ik echter naar de dingen die me door het slijk van onzekerheid, twijfel en angst zouden trekken. Dit is eigenlijk een lijst van deze dingen.

Mijn vertrouwen in God. Ik ben gesterkt door Hem.

Het feit dat mijn dierbare redacteur, Katie Packer, op de een of andere manier genoeg in me geloofde om dit idee te verwezenlijken. Katie, je bent een bad bitch, zo slim, zo snugger, zo emotioneel intuïtief, en je bent er altijd om mijn hysterische tirades te verzachten en me weer op weg te helpen met een inspirerend citaat van Beyoncé en om te giechelen over een gedeelde verliefdheid op een beroemdheid. Op de een of andere manier heb je me zo grondig gezien dat je het beste in mij naar boven kon brengen, me inspireerde mijn potentie uit te graven en me daardoor als kunstenaar liet groeien. Ik had dit niet kunnen doen zonder je technische en professionele ondersteuning, maar ik had dit ook niet kunnen doen zonder jou als teamgenoot die me optrok als ik het gevoel had dat ik vastzat en me eraan herinnerde waarom ik doe wat ik doe, en wat ik kán doen. Je bent zo'n kracht en ik niet wachten tot jij deze industrie runt. Je bent zo cruciaal en zo machtig. Een van de beste aspecten van dit proces is dat ik met jou er een vriendin voor het leven bij heb gekregen.

Dat mijn literair agent, Juliet Pickering, vier jaar geleden een kort verhaal las en er op de een of andere manier genoeg in geloofde om me een literaire carrière in te slingeren en me een contract aan te bieden. Ik was bezig om mijn manuscript op te knappen voor publieke consumptie toen ze zei: 'F*** it, ik geef je een contract.' Ik parafraseer natuurlijk (nauwelijks), maar zo voelde het – een puur en krachtig gelóóf in me. Ik ben zo dankbaar dat jij het was die me hielp mijn dromen nieuw leven in te blazen. Heel erg bedankt dat je met aanhoudende kalmte en geduld reageerde op mijn angstige e-mails vol typefouten om twee uur 's nachts. Bedankt dat je me toen dat nodig was heel lief en heel zacht een schop onder mijn kont hebt gegeven. Heel erg bedankt dat je een baken van steun bent, zowel emotioneel als professioneel. Je begeleiding wordt voor altijd gewaardeerd.

Dat mijn tv-agent, Jessica Stewart, op me wachtte om dit boek af te maken!

Ha! Ik wil je bedanken voor je geduld en aanmoediging en voor de ruimte en tijd om te schrijven. Ik ben zo blij je in mijn team te hebben.

Dat mijn vader en moeder niet naar het VK zijn geëmigreerd om mij een flop te laten worden! Mama en papa, Olukemi en Olufemi Babalola, ik hou zoveel van jullie. Terwijl ik dit schrijf huil ik een beetje, en ik ben blij dat ik niet schrijf waar je bij bent, moeder, want ik weet zeker dat je met je ogen zou rollen. Jullie zijn allebei alles voor me. Zonder jullie steun zou ik geen carrière hebben. Sinds ik klein was hebben jullie altijd tegen me gezegd dat ik kon doen wat ik maar in mijn hoofd haalde. Allebei bedankt dat jullie me helemaal zagen, en niet probeerden me te beperken tot de gangbare notie van succes – bedankt dat jullie weten dat succes betekent dat ik volledig mezelf kan zijn, en dat jullie dat doen met vriendelijkheid, eerlijkheid en integriteit. Jullie zijn de beste cheerleaders die een meisje zich maar kan wensen. Elk greintje vertrouwen dat ik in mezelf heb wordt gestaafd door jullie liefde en geloof in me. Bedankt, papa, dat je erop aandrong iedereen in mijn telefoon een WhatsApp-berichtje te sturen met een link naar mijn boek. Bedankt dat je vanaf mijn eerste krantenartikel iedereen de oren van het hoofd praatte over je dochter, de schrijver. Bedankt, mama, voor het versterken van mijn wilskracht en dat je er elke late avond was, voor elke gefrustreerde kreet, voor elke inzinking, met stevige zachtheid – en zei dat ik het moest uitschreeuwen en het van me af moest zetten, want ik ben voorbestemd voor grootsheid en wat was het alternatief? Níét alles bereiken waar ik van gedroomd hen? *Ko* mogelijk. *E se, ma. E se, sir.* Alles wat ik doe wordt bekrachtigd door jullie liefde.

Het geloof en de steun van mijn vrienden.

Amna Khan – je kent me bijna beter dan wie dan ook, en je peptalks zijn ongeëvenaard. Je aanmoediging is spiritueel, diep en geeft me kracht, en als ik met je praat voel ik me altijd hernieuwd, weldoorvoed. We zijn al vrienden sinds ons vijftiende, en je hebt me zien groeien, me zien praten over dit moment. Bedankt dat je mijn verhaal over mijn dromen nooit hebt gezien als iets anders dan een vaststaande voorspelling van de toekomst. Ik weet nu zeker dat ik door deze reis met jou een beter, positiever persoon ben geworden. Ik hou van je.

Folarin Akinmade, die mijn eerste korte verhaal, 'Netflix & Chill' heeft meegelezen en de beste broer is geweest die een meisje zich maar kan wensen.

Sase Aimiuwu, mijn maatje door dik en dun, je humor sleept me er letterlijk doorheen en omarmt me. Jij bent zonlicht.

Mijn verrukkelijke Hannah Williams, die me zag hurken voor mijn laptop terwijl ik in het geheim aan het schrijven was terwijl ik werkte bij [gecensureerd]; Gena-Mour Barrett (het jachtmeisje, het jacht!); Kechi Nwagou (je willekeurige bemoedigende berichtjes gaven me een goed gevoel op momenten dat ik dat het meest nodig had); Asha Mohamed, de eerste lezer van mijn romans OOIT, je bent mijn zus en ik weet dat je weet hoe ik me voel, dus laten we de weeïge onzin achterwege laten; Oyinlola Agboola: zus, ik ben zo dankbaar voor de lach die je in mijn leven brengt; mijn petemoei, Camilla Blackett, die me letterlijk naar haar toe liet vluchten in LA toen Londen gewoon te veel was (ik had de helderheid nodig om te schrijven, en ik zal voor altijd dank verschuldigd zijn aan je vrijgevigheid en liefde. Je bent echt een engel); andere leden van mijn LA-familie: Tanya Fear (LOL. Ik hou van je, Zim-queen) en Alanna Bennett (medeliefhebber van romcoms en hoopvolle romanticus); Obioma Ugoala, voor berichtjes met steun toen ik die het meest nodig had; Kieran Yates, Joanna Fuertes en Kirby Partington, het heerlijke kruidenrek! Voor het ouwehoeren, het vertrouwen en de verlichting van de duisternis van de wereld.

Ik ben Nikesh Shukla heel dankbaar voor zijn constante steun door de jaren heen: je was een belangrijke stem die me aanmoedigde om me in te schrijven voor de wedstrijd voor korte verhalen die mijn carrière in een stroomversnelling zou brengen en had onwankelbaar geloof in me. Je bent de beste en het boekenvak heeft geluk met jou.

De elite-PBM!! Emma, Bridge, Dani en Can. Het lachen, de memes en de onvoorwaardelijke steun hebben me echt een veilig gevoel gegeven in een branche waarin ik nog steeds een plek probeer te vinden. Het is een hele geruststelling om te weten dat ik na een zware dag naar jullie toe kan komen en vastgehouden kan worden. Jullie zijn een groep werkelijk buitengewone vrouwen en ik ben ontzettend gezegend dat ik jullie ken.

Mijn grote zus, Daniellé Scott-Haughton. Ga nou niet huilen als je dit leest. Mijn zielenherder, mijn zus, mijn rots. Bedankt voor je gebeden, bedankt voor je geloof, bedankt dat je me aan de telefoon hebt laten huilen tijdens de zwaarste, moeilijkste periodes van mijn leven. Door hartzeer en beproevingen heen was je er altijd om me vast te houden, zoals je er ook was om mijn successen en momenten van blijdschap te vieren. Ik hoop dat je weet dat je een engel bent, en zo speciaal, en ik ben heel gezegend dat God je in mijn leven heeft gebracht.

Candice Carty-Williams! Literaire schurk! Weet je wel hoe flex het is om te zeggen dat ik je kan bellen en gewoon kan zeggen: 'Can, ik word gek', en voor jou om te zeggen: 'Het is oké, lieverd. Dat mag, dat is normaal.' Je bent er letterlijk vanaf het begin bij geweest. Je begon de literaire wedstrijd die mijn carrière lanceerde, en je neiging om mensen binnen te halen is ongelooflijk. Bedankt voor je gratie, vriendelijkheid, dat je mijn zus bent en dat je mijn vriendin bent.

Als ik alle vrienden zou noemen die me gesteund hebben,

zou dit deel net zo lang zijn als het boek, maar ik wil dat je weet dat elk bericht, elke opmerking, elk steuntje in de rug heel belangrijk voor me is geweest. Ik koester jullie allemaal en ik voel me heel bevoorrecht dat jullie allemaal deel uitmaken van mijn leven. Ik hoop dat ik jullie kan zegenen zoals jullie mij hebben gezegend.

Mijn (bloed)zussen, Bomi Babalola en Demi Babalola. Ik hou van jullie. Laten we er niet zweverig over doen. Het is wat het is. Dezelfde genen en zo. Jullie inspireren me allebei op heel veel manieren. Bomi, jij hebt het liefste, zachtste hart dat een sterke kern verbergt. Demi, jij hebt een sterke buitenkant die de zachtste ziel verbergt. Jullie zijn allebei buitengewone vrouwen en ik ben er heel trots op jullie grote zus te zijn.

Mijn neven en nichten, de Magbagbeola's, de Adedirans en onze baby Abiona. Ik hou van jullie allemaal en ik ben heel dankbaar dat ik jullie tot mijn broers en zussen mag rekenen. Een shout-out naar Ore en Ibukun. *Gang gang.*

Mijn volgers op Twitter, die me door de jaren heen hebben zien groeien. Jullie zijn de liefde, aardigste, grappigste en meest attente mensen die ik ken. Schrijven is vaak eenzaam werk, en ik had Twitter nodig om stoom af te blazen, te lachen en uit mijn nek te lullen. Jullie hebben me allemaal de ruimte gegeven om mezelf te zijn, en jullie hebben me omarmd. Jullie versterkten mijn stem. Jullie weten het misschien niet eens, maar de berichtjes waarin jullie me steunden en aanmoedigden, de grappige memes en verwijzingen, hebben tranen gedroogd, me door een depressie heen gesterkt, me opgepikt uit een moeras van zelfmedelijden. Ik ben er heel dankbaar voor jullie in mijn team te hebben, echt waar.

Voor de jonge vrouwen die me berichtjes stuurden en me verteld hebben wat dit boek voor ze betekent, die zichzelf in mij zagen en de tijd namen om me aan te moedigen. Dank jullie wel. Dit is voor jullie.

Zonder het voorgaande zou dit boek niet bestaan. Het is waar ik me aan vastklampte en wat me voortdreef. Ik ben dankbaar voor alles. Bedankt dat jullie deel uitmaakten van mijn reis.

Wij zijn een wereldwijde beweging van mensen die samen armoede verslaan.

Wij zijn krachtige vrouwen, hardwerkende boeren, ambitieuze jongeren, gedreven onderzoekers en betrokken donateurs. We zijn de stem van miljoenen mensen wereldwijd, die de problemen aanpakken die armoede veroorzaken en in stand houden: honger, onveiligheid, onrechtvaardigheid en gebrek aan perspectief.

Armoede wordt door mensen veroorzaakt. En kan dus ook door mensen worden opgelost. Samen met lokale partners bieden we mensen de middelen en kennis om op eigen benen te staan.

Niemand kan zonder eten. Daarom zorgen we dat mensen in hun eigen voedsel kunnen voorzien. Oorlog en natuurgeweld vagen weg wat mensen hebben opgebouwd. Bij een ramp zorgen we dat mensen zich kunnen redden. In een wereld die extreem ongelijk is, helpen we mensen voor hun rechten op te komen. En we delen de kennis waarmee mensen aan de toekomst kunnen werken, voor zichzelf, hun kinderen, hun dorp, stad en land.

Wij verslaan armoede. Doe mee!

Meer informatie over Oxfam Novib vindt u op oxfamnovib.nl. Kijk voor meer boeken van Oxfam Novib in onze webshop: oxfamnovib.nl/webshop of wordt abonnee van ons Werelds Abonnement. Daarmee ondersteunt u ons werk en ontvangt u 4x per jaar een roman of iets moois uit onze webshop in uw brievenbus. Oxfamnovib.nl/abonnementen

Oxfam Novib, Postbus 30919, 2500 GX Den Haag. Telefonisch bereikbaar op 070-3421777 en per mail op info@oxfamnovib.nl

OXFAM Novib